A educação da vontade

JULES PAYOT

A educação da vontade

Prefácio da edição brasileira
LARA BRENNER
Professora de Língua Portuguesa e advogada licenciada.

Tradução
EDSON BINI
Consagrado tradutor com mais de quarenta anos de experiência.
Graduado em Filosofia na Faculdade de Filosofia,
Letras e Ciências Humanas da USP.

edipro

Título original: L'Éducation de la volonté. Publicado pela primeira vez em Paris, na França, em 1894. Traduzido com base na 2ª edição, de 1895.

Grafia conforme o novo Acordo Ortográfico da Língua Portuguesa.

1ª edição, 2025.

Editores: Jair Lot Vieira e Maíra Lot Vieira Micales
Coordenação editorial: Karine Moreto de Almeida
Produção editorial: Richard Sanches
Edição de textos: Marta Almeida de Sá
Assistente editorial: Thiago Santos
Preparação de texto: Aline Canejo
Revisão: Thiago de Christo
Diagramação e capa: Carlos Renato

Dados Internacionais de Catalogação na Publicação (CIP)
(Câmara Brasileira do Livro, SP, Brasil)

Payot, Jules, 1859-1940

A educação da vontade / Jules Payot ; prefácio da edição brasileira Lara Brenner ; tradução Edson Bini. — 1. ed. — São Paulo : Edipro, 2025.

Título original: L'Éducation de la volonté

ISBN 978-65-5660-184-7 (impresso)
ISBN 978-65-5660-185-4 (e-pub)

1. Autodidatismo 2. Vontade I. Brenner, Lara. II. Título.

25-265032 CDD-370.114

Índice para catálogo sistemático:

1. Educação moral 370.114

Cibele Maria Dias - Bibliotecária - CRB-8/9427

CÓPIA NÃO AUTORIZADA É CRIME
ABDR
ASSOCIAÇÃO BRASILEIRA DE DIREITOS REPROGRÁFICOS
RESPEITE O DIREITO AUTORAL
EDITORA AFILIADA

edipro

São Paulo: (11) 3107-7050 • Bauru: (14) 3234-4121
www.edipro.com.br • edipro@edipro.com.br
@editoraedipro @editoraedipro

O livro é a porta que se abre para a realização do homem.

Jair Lot Vieira

Sumário

Ao Monsieur Th. Ribot,
diretor da Revue Philosophique,
professor de psicologia experimental no Collège de France,
num testemunho de estima e respeito.
J. P.

Prefácio da edição brasileira

Educação da vontade

Quando li *A educação da vontade* pela primeira vez, ela me desafiou desde o título. Que raios seria "educar a vontade"? Para mim, "desejo" e "vontade" eram a mesma coisa, e a possibilidade de educá-los parecia incongruente com sua própria natureza instintiva.

Passadas as primeiras páginas, porém, percebi tratar-se do termo em seu sentido aristotélico; a vontade ali era uma ação deliberada da mente sobre o corpo, o que de fato exigia educação. E mais: esse processo não deveria ser uno, mas, sim, desdobrar-se no tempo por toda a vida daquele que quisesse se ver dominante sobre as próprias más inclinações.

Ordenando a vida interior

No primeiro capítulo, Payot se lamenta das condições de vida dos jovens da época (o livro foi publicado em 1894), as quais "tendem a reduzir a nada nossa vida interior" e "levam a dispersão do espírito a um grau que dificilmente poderá ser ultrapassado".

Mal sabia o autor — falecido em 1940 — como suas palavras seriam a precisa leitura do século XXI, com o advento da internet, das telas e das facilidades cotidianas. Ademais, mal sabia o autor que educar a vontade soaria para os moderninhos — jovens e adultos — objetivo ultrapassado, num mundo que ultravaloriza os afetos, responsáveis pelo leme quebrado que guia a maior parte das vidas.

Payot parte do pressuposto de que a liberdade não é um direito, mas uma recompensa, e que somente é livre quem faz por onde sê-lo, após penosamente domar sua preguiça, sua sensualidade e outros vampiros que nos sugam a energia vital. Hoje, o que Payot queria domar é o mantra regente da vida de tantos, que se vangloriam de viver "guiados pelo coração" (leia-se: pelos afetos e vícios). Produzimos pessoas completamente alheias às doenças de seu próprio espírito, e pior: orgulhosas de suas enfermidades, rendidas às inclinações animais em detrimento das trabalhadas virtudes humanas.

Felizmente, muitos parecem ter entendido que o discurso moderno é mentiroso: ninguém é feliz cedendo aos próprios vícios, pois subordinar-se a eles é render-se à escravidão. Dessa forma, alegra-me ver mais uma publicação de obra tão austera, lúcida, que nos orienta para uma vida ordenada e, por isso mesmo, feliz.

Aproveitando os sentimentos em prol da vontade

Payot sabia que os sentimentos são mais fortes que a vontade e que as decisões, em grande parte, são tomadas "em nós", não "por nós": de frente para as inclinações (especialmente as ruins), a inteligência dobra seus joelhos e reza. Em vez de socar esse muro, ele então opta por utilizar-se dos sentimentos para impulsionar a educação da vontade, daí ser a maioria das orientações uma espécie de aproveitamento e autoindução sentimental.

Nessa toada, é preciso contar com o tempo, uma vez que, enquanto os estados afetivos são imediatistas e brutais, a inteligência deve ser paciente e hábil, insistindo em seu desiderato de comandante da vida: "O que é a educação senão o uso de poderosos sentimentos para criar hábitos de pensar, de agir, ou seja, para organizar no espírito da criança sistemas coordenados de ideias com ideias, de ideias com sentimentos, de ideias com atos?", ele questiona. Todo o livro é um cardápio de possibilidades para sabermos o caminho de educar essa vontade.

Confrontando o autor

Ressalto que o leitor precisa ter o bom senso de ler a obra sem anacronismos. Tendo sido escrita na primeira metade do século XX, ela naturalmente reflete os hábitos daquela época, e alguns deles podem soar descolados da realidade. Nada que comprometa, porém, o classicismo das ideias, que, embora se arvorem em alguns exemplos práticos de outro tempo, falam sobre estados permanentes da alma.

Payot conversa com os corações que vieram antes e com os que virão depois de si.

No decorrer das páginas, se o leitor for como eu, talvez sinta falta de um manual de instruções mais detalhado. Fiquei esperando o autor me dar um passo a passo de como eu deveria organizar minhas horas e lidar com cada intempérie singular de meu caminho. No fundo, eu esperava um cronograma de como deveria guiar cada hora do meu dia. Mas qual não foi minha surpresa ao notar que esse desejo era expressão precisa da lassidão apontada pelo autor. Eu queria que alguém fizesse por mim o trabalho de educar minha vontade. Ironias...

O que a obra nos entrega é, em verdade, mais precioso do que qualquer cronograma: é a iluminação da consciência a respeito das hierarquias desordenadas de nossa alma. Ao cabo da última linha, vemos acesa a luz de um quarto interior badernado. Nosso presente é o discernimento: ganhamos clareza de como arrumar esse cômodo e ferramentas para fazê-lo. Como cada um montará as estratégias de percurso desse caminho, cabe à realidade e aos limites individuais, mas saímos de *Educação da Vontade* muito bem munidos.

A forja da inteligência

Esta obra nos convida a fixar os olhos no mundo interior, num movimento dolorido de reconhecimento e combate dos destemperos e das desordens:

> Em nosso século, colocamos todos os nossos esforços na conquista do mundo exterior. E assim, o que fizemos foi multiplicar nossos apetites, exasperar nossos desejos e, por conseguinte, tornamo-nos mais inquietos, mais perturbados, mais infelizes do que antes. É que essas conquistas exteriores desviaram nossa atenção das melhorias interiores. Deixamos de lado a obra essencial, a educação de nossa vontade. Assim, por uma aberração inconcebível, deixamos ao acaso o cuidado de forjar o instrumento por excelência do nosso poder intelectual e de nossa felicidade.

Forjemos os instrumentos. Busquemos a felicidade.

Boa leitura!

Lara Brenner

Prefácio da primeira edição

"O que é admirável é reconhecerem que necessitam de mestre e de instrução para todas as outras coisas; eles as estudam com algum cuidado: é somente a ciência de viver que não aprendem e que não desejam aprender."

Nicole. Discours sur la nécessité de ne pas se conduire au hasard (Discurso acerca da necessidade de não se conduzir ao acaso)

No século XVII e durante parte do século XVIII, a religião imperava sem ser contestada. O problema da educação da vontade não podia ser formulado abrangendo toda a sua generalidade: as forças das quais dispunha a Igreja Católica, esta incomparável educadora dos caracteres, bastavam para orientar, em suas grandes linhas, a vida dos fiéis.

Hoje,[1] porém, essa orientação está ausente para a maioria dos espíritos pensantes. Não foi substituída. Assim, jornais, revistas, livros, os próprios romances[2] deploram, rivalizando uns com os outros, o nível baixíssimo da vontade na atualidade.

Essa enfermidade geral das vontades produziu o surgimento de médicos. No entanto esses médicos da alma infelizmente estão imbuídos das doutrinas psicológicas vigentes. No que diz respeito à vontade, atribuem uma importância capital à inteligência. Imaginam que o que nos falta é uma teoria metafísica *provada* sobre o além-túmulo.

Sua ignorância é bastante desculpável. Há uma lei aceita na economia política segundo a qual a cultura sempre parte dos terrenos

1. Esta obra foi publicada pela primeira vez em 1894. (N.T.)
2. Ver, sobretudo, *l'Effort*, de autoria de Bérenger, Armand Colin, 1893. O que, em nosso ponto de vista, transmite a este livro uma significação característica é ter sido o autor presidente da Associação dos Estudantes de Paris.

mais improdutivos, porém os mais fáceis, para os terrenos mais férteis — no entanto, os mais difíceis de terem sua importância destacada. O mesmo acontece no campo da ciência psicológica. Estudamos, a princípio, os fenômenos mais fáceis, os menos fecundos quanto às consequências importantes para a conduta, antes de abordar os fenômenos essenciais, mas cujo estudo é difícil. É com dificuldade que começamos a ver com nitidez a insignificância da ideia na esfera do caráter e sua inferioridade irremediável no conflito dos pendores. A vontade é uma potência sentimental, e toda ideia, para atuar sobre ela, deve se colorir de paixão.

Se tivéssemos estudado de perto o mecanismo da vontade, compreenderíamos que as teorias metafísicas têm pouca importância, e que não existe sentimento que, deliberadamente escolhido, não possa, mediante o emprego inteligente de nossos recursos psicológicos, assumir a direção de uma vida inteira. Um avarento sacrifica todas as satisfações do corpo, alimenta-se mal, dorme num leito duro, vive sem amigos, desprovido de satisfações, por amor ao dinheiro, e você desanima quanto a conseguir, optando por um sentimento superior, expressar esse sentimento suficientemente poderoso a fim de que ele assuma a direção da vida? O problema é que ignora como são variados os meios que nos apresenta a psicologia a nos permitir nos tornarmos ser o que queremos ser.

Infelizmente, até hoje, os estudiosos se ocuparam pouquíssimo do estudo de nossos recursos sob esse ponto de vista. As mentes que têm dirigido o pensamento europeu durante os últimos trinta anos estão, com efeito, divididas por duas teorias que são a negação pura e simples da educação da vontade. A primeira consiste em considerar o caráter como um bloco imutável do qual não temos o menor entendimento. Mais adiante, examinaremos essa teoria pueril.

A segunda parece, ao menos, favorável à educação da vontade. É a teoria do livre-arbítrio. O próprio Stuart Mill[3] chega a dizer que essa doutrina manteve entre seus defensores um sentimento vivo "da cultura pessoal". Ora, apesar dessa afirmação de um determinista, não

---

3. *Logique*, II, liv. VI, cap. II.

hesitamos em considerar a teoria do livre-arbítrio como tão perigosa para o autodomínio quanto a anterior, e como igualmente, afinal de contas, desalentadora. Com efeito, tal teoria levou a se considerar como coisa fácil, natural, a autolibertação, a qual, pelo contrário, é uma obra de grande fôlego, que requer muitos cuidados e exige um conhecimento muito preciso de nossos recursos psicológicos.

Em virtude de sua simplicidade, essa teoria desviou muitas mentes de grande perspicácia e sagacidade do estudo das condições da vontade: causou, assim, para a psicologia e, devemos dizer, para a humanidade, um erro irreparável.

E é por isso que dedicamos este livro a M. Ribot. Fazemos isso menos ao nosso antigo professor, a quem devemos o gosto pelos estudos da psicologia, do que ao homem de iniciativa, que, primeiro a realizá-lo na França, expulsou a metafísica da psicologia. Foi aquele o primeiro a resolutamente deixar de lado o estudo da natureza dos fenômenos da consciência para estudar, à maneira dos cientistas, os antecedentes e os concomitantes incondicionais dos estados intelectuais, volitivos, etc. Esse método, que o frisemos bem, absolutamente não nega a metafísica; não exclui a psicologia da metafísica, mas simplesmente a metafísica da psicologia, o que é muito diferente.

Consiste em tratar a psicologia como uma ciência. Ora, o objetivo do cientista não é saber, mas *prever para poder.* Por exemplo, para o físico, pouco importa que a teoria ondulatória da luz não passe de uma hipótese inverificável, contanto que essa hipótese seja um *sucesso.* Que importa ao psicólogo se sua hipótese, por exemplo, a hipótese da correlação absoluta dos estados nervosos e dos estados psicológicos, é inverificável, desde que seja um sucesso? Ter sucesso, ser capaz de prever o futuro, de modificar os fenômenos conforme nos agrada e, em suma, *fazer o futuro ser o que queremos que ele seja*, eis aí o papel do cientista e, portanto, o do psicólogo. É, ao menos, a concepção que construímos de nossa tarefa.

Temos de investigar as causas da fraqueza da vontade na atualidade. Acreditamos que o único remédio para essa fraqueza deve ser procurado na cultura engenhosa dos estados afetivos. Os meios de produzir ou de fortalecer os sentimentos liberadores, de aniquilar ou de reprimir os sentimentos hostis ao nosso autodomínio, tal poderia ser o subtítulo do livro que apresentamos ao público. Tudo era para ser feito nessa via. Trazemos aqui nossa parcela de contribuição aos esforços para esta obra de fundamental importância.

Em vez de tratar da educação da vontade *in abstracto*, tomamos como objeto essencial de estudo *a educação da vontade conforme exigida pelo trabalho intelectual prolongado e perseverante*. Estamos convencidos de que os estudantes e, em geral, todos os trabalhadores da inteligência encontrarão na abordagem adotada para este livro indicações muito úteis.

Tenho ouvido muitos jovens se queixarem da ausência de um *método para a obtenção do autodomínio*. Eu lhes ofereço quase quatro anos de estudos e de reflexões minhas acerca do assunto.

Jules Payot

Chamonix, 8 de agosto de 1893

Prefácio da segunda edição

A acolhida tão benevolente da imprensa francesa e da estrangeira e o interesse dos leitores que esgotaram a primeira edição em algumas semanas provam que este livro chegou na hora certa e que ele atende a uma profunda necessidade do público esclarecido.

Agradecemos aos nossos numerosos correspondentes e, principalmente, aos estudantes de direito e de medicina que nos enviaram uma grande quantidade de documentos preciosos em apoio ao capítulo I do livro V. Alguns se opõem energicamente ao nosso "pessimismo". Jamais, dizem, a juventude falou tanto de agir e de ação. Ai de nós! Falar pouco significa quando é necessário agir. Parece-nos que a maioria dos jovens confunde o ruído e a agitação com a ação criativa. Alguns, que detêm maior autoridade, creem que a juventude das escolas é composta de uma boa parte de indivíduos diletantes e indivíduos excitados. Ora, o diletantismo e a excitabilidade são duas doenças da vontade que é necessário tentar curar.

Para a parte prática da educação da vontade, só houve rasgados elogios. O mesmo não aconteceu com os capítulos III (livro I) e I do livro II. Esperávamos ser combatidos a respeito desses pontos, porém muitas críticas a nós pareceram passar ao largo da questão.

E, em primeiro lugar, que se cuide bem de observá-lo, nunca afirmamos que a ideia não exerce alguma influência sobre a vontade. Ampliamos muito a parte em nossas vontades dos impulsos instintivos e dos hábitos. Contudo, o que sustentamos é, por um lado, que a vontade superior consiste em submeter nossas tendências às ideias e, por outro, que a ideia não tem *direta* e *imediatamente* nenhuma força contra a "coorte brutal dos pendores inferiores". A força da ideia contra tais adversários é indireta: a ideia deve, sob pena do insucesso, tomá-la emprestada ali onde ela existe, ou seja, nos estados afetivos.

Curiosamente, enquanto contávamos em ver nossa teoria da liberdade vivamente combatida pelos defensores do livre-arbítrio, são, de preferência, os partidários do inato do caráter que nos atacaram. Ademais, a teoria do livre-arbítrio parece cada vez mais abandonada pelos educadores que lutam não com abstrações, mas, sim, com vivas realidades. A mim, ocorreu quanto a isso que M. Marion, detentor de grande autoridade nessas matérias, enfaticamente indicava no seu curso de 1884-1885 o mal que nos causou na prática a hipótese metafísica do livre-arbítrio ao nos impedir de estudar as condições da liberdade real, restrita, que nos cabe conquistar por nossos próprios esforços. M. Marion, no prefácio de sua tese sobre a solidariedade moral, opõe precisamente a fórmula de M. Fouillée, de que a ideia de nossa liberdade nos torna livres, com a visão praticamente mais verdadeira e mais útil de que, nos crendo tão livres, nos omitimos quanto a assegurar aquilo que podemos ter de liberdade. Nada mais justo do que essas palavras de M. Marion. Apenas somos livres se soubermos conquistar nossa liberdade mediante uma dura luta.

Quanto à censura feita ao autor por não haver abordado mais extensivamente o caráter inato, parece-nos ter como fundamento uma concepção muito imperfeita do que seja um caráter.

Um caráter não é uma substância simples. É uma resultante muito complexa de pendores, ideias, etc. Consequentemente, afirmar o inato de um caráter significa afirmar muitos absurdos.

Corresponde, em primeiro lugar, a afirmar que uma resultante, que uma dosagem de elementos heterogêneos, que um modo de agrupamento de forças podem ser inatos, o que é ininteligível.

Corresponde, além disso, a afirmar que é possível obter no estado de pureza perfeita o elemento inato, separá-lo da ganga da qual o envolvem as influências do meio, da educação, o que se mostra impossível. Essa impossibilidade nos impõe a maior desconfiança na fixação da parte devida ao inato.

Em último lugar, afirmar que o caráter é inato implica uma certeza contra a qual se insurge toda a nossa experiência íntima, toda a experiência dos educadores e a prática da humanidade inteira, a saber, que os elementos essenciais do caráter, as tendências, jamais serão passíveis de modificação! De resto, provamos que não é nada disso (II, iii) e que se pode modificar, reprimir ou fortalecer um sentimento. Se toda a humanidade não fosse dessa opinião, não se despenderia o esforço de educar as crianças. A natureza se encarregaria sozinha disso por meio de suas leis imutáveis.

Essas concepções teóricas bastam para invalidar a doutrina do inato do caráter. Que se leia, ademais, a fim de consolidar essa convicção, os trabalhos recentes acerca do caráter.[4] Que se estude especialmente a terceira parte da obra de M. Paulhan, e nesta se verá que há na maior parte do tempo pluralidade de tipos num mesmo indivíduo; que a evolução faz desaparecer tendências ou as traz com a idade; que numa mesma pessoa são frequentes as trocas de caráter. O que dizer senão que nada é mais raro do que um caráter!

A maior parte das crianças apresenta o espetáculo de uma anarquia de tendências; não é justamente o objetivo da educação instaurar a ordem nessa desordem, nela organizar a estabilidade e a unidade? Acontece até de, frequentemente, quando se crê estar a obra consumada, chegar à crise da puberdade, que, como um vento de tempestade, tudo transtorna: a anarquia recomeça, e se o jovem, agora isolado, não retoma por sua conta a obra de unificação moral, se ele não cria seu caráter, se tornará uma dessas "marionetes" a que nos referimos.

Além disso, se o caráter fosse inato, se cada um encontrasse como uma dádiva no advento jubiloso por ocasião de seu nascimento a plena unidade produzida de sua vida, deveríamos topar com caracteres a nossa volta.

Onde estão eles?

Será o mundo político que os fornecerá a nós? Salvo por gloriosas exceções, que tornam o contraste penoso, não se vê absolutamente quaisquer vidas plenamente íntegras e constituídas orientadas para um fim superior; a dispersão das ideias e dos sentimentos na esfera política é tão grande, a agitação, tão comum, e a ação fecunda, tão rara, que com muita frequência só encontramos aí almas de crianças em corpos de homens.

Na literatura, não se tem visto a quase unanimidade dos que empunham uma pena consagrarem suas forças, depois do terrível

4. Theódule-Armand Ribot, *Revue philos.*, nov. 1892; Paulhan, *Les Caractères*, 1 vol., 237 páginas, Alcan, 1894; Bernard Perez, *Le Caractère de l'enfant à l'homme*, Alcan, 1892.

ciclone de 1870, à glorificação do animal humano? E o que mostra bem a soberana justeza da opinião de Manzoni é que a natalidade decresce quanto mais aumentam as excitações. Em vez de estimular o que há de mais grandioso e nobre em nós, quase todos nossos escritores recorrem aos nossos instintos inferiores; eles nos têm considerado como reduzidos à medula espinhal e à medula alongada; em vez de uma literatura de pensadores, eles nos têm dado uma literatura de decapitados.

Mas o que há de bom para perseguirmos? Não está claro que, se o caráter implica unidade e estabilidade, que, por outro lado, se ele envolve orientação rumo a fins superiores, não é possível que seja inato? Essa unidade e essa estabilidade que repudiam intensamente a anarquia natural que somos nós devem ser lentamente conquistadas. Aqueles que não podem ou não querem aspirar a isso deverão, nessas condições, renunciar ao que constitui a grandeza da personalidade humana, isto é, à liberdade e ao autodomínio.[5]

Bar-le-Duc, 20 de janeiro de 1894

5. Tem-se frequentemente censurado o autor por haver deixado sem resposta a seguinte questão: *uma vez conquistado o autodomínio, o que fazer com ele?* O autor poderia dizer que sua obra é de um psicólogo e que ela se basta. Mas, na realidade, ele considera que sua *educação da vontade* estaria incompleta sem a filosofia da vida, que é dela o complemento e que, além disso, está sendo preparada há bastante tempo.

I. Parte teórica

Livro I — Considerações preliminares

Capítulo I — O mal a ser combatido: as diversas formas da abulia do estudante e do trabalhador intelectual

Calígula[6] desejava que os romanos tivessem uma só cabeça, a fim de decapitá-los com um único golpe. É inútil formar um desejo semelhante quanto aos inimigos que temos de combater: a causa de quase todos os nossos fracassos e de quase todas as nossas infelicidades é única, e é a fraqueza de nossa vontade; é o nosso horror pelo esforço, principalmente pelo esforço duradouro. Nossa passividade, nossa leveza, nossa dissipação, são tantos outros nomes para designar esse fundo de preguiça universal que é para a natureza humana o que é para a matéria o peso.

Está bastante claro que o verdadeiro antagonista da vontade perseverante só pode ser uma força contínua. As paixões são naturalmente transitórias; quanto mais violentas, menos duram; sua intermitência não permite que as consideremos em si mesmas, exceto nos casos raríssimos nos quais alcançam uma firmeza e uma força que ficam confinadas na alienação, na qualidade dos verdadeiros obstáculos à continuidade do esforço. Há lugar nos intervalos de seus acessos para uma grande soma de trabalho. Mas existe um estado de alma fundamental, de ação absolutamente contínua, que se chama de moleza, apatia, preguiça, indolência. Renovar esforços frequentes é simplesmente renovar a luta contra esse estado natural, sem, de resto, obter contra ele uma vitória definitiva.

Dizemos que se trata de um estado fundamental, natural: o caso é que, com efeito, o esforço contínuo durante muito tempo só é aceito pelo ser humano sob a pressão da necessidade. Os viajantes são unânimes quanto a declarar que, entre todos os povos não civilizados, constata-se a incapacidade absoluta de todo esforço perseverante. M. Ribot observa judiciosamente que os primeiros esforços da atenção voluntária devem ter sido realizados pelas mulheres submetidas, por

6. Terceiro imperador romano, de 37 a 41 d.C. (N.T.)

medo de agressão, a um trabalho regular, enquanto seus senhores repousavam e dormiam. Não vemos desaparecerem de alguma maneira sob nossos olhos os peles-vermelhas, que preferem se deixar exterminar a tentar executar um trabalho regular que lhes proporcionaria maior comodidade?

Mas sem ir buscar tão longe exemplos muito conhecidos, não se sabe com que lentidão a criança se obriga ao trabalho regular? Quão raros são os camponeses e os operários que procuram fazer melhor o que não se fez antes deles e o que não se faz em torno deles? Podes, com Spencer,[7] passar em revista os objetos dos quais se serve durante o dia; não existe um dia que um ligeiro esforço de inteligência não haja tornado mais bem adaptado ao uso que dele fazemos, e concluirás como o autor que, "em verdade, parece que quase a maioria dos homens se propõe como meta atravessar a existência despendendo o mínimo de pensamento possível". Se agora questionamos nossas lembranças de estudantes, quantos entre nossos colegas poderíamos citar como trabalhadores? Será que quase todos não despendem o mínimo de esforços necessários para serem aprovados em seus exames? De resto, desde o colégio, o esforço pessoal, o esforço de reflexão lhes é tão penoso! Eles se livram tão bem de seus exames, em todo o país, mediante meros esforços de memória! Assim, o ideal deles não é muito elevado. O que desejam, e M. Maneuvrier o expressa em termos excelentes no que diz respeito ao nosso país, "são cargos de funcionários, cargos mal pagos, pouco considerados, sem futuro, destituídos de horizonte, nos quais um homem envelhece na condição de um burocrata, nos quais ele assiste diariamente, no nada de uma ocupação quase estéril, à decadência e ao entorpecimento gradual de suas faculdades, mas nos quais, em compensação, ele encontra o gozo inefável de estar dispensado de pensar, de querer e de agir. Uma regulamentação tutelar [...] imprime à sua atividade o movimento regular de um relógio e o dispensa da honra fatigante de agir e de viver".[8]

De resto, não convém acusar exclusivamente o funcionário. Toda profissão, toda carreira, por mais elevada que seja, jamais é suficiente

---

7. Herbert Spencer. *La Science sociale*, p. 327-328. (Herbert Spencer [1820-1903], filósofo britânico. [N.T.])
8. *L'Éducation de la bourgeoisie*, 3. ed. Léopold Cert, 1888.

para salvaguardar a personalidade, o vigor e a energia. Durante os primeiros anos, a mente é capaz de encontrar algo em que se exercer ativamente. No entanto, logo o número das combinações novas, o número e a possibilidade dos casos que exigem o esforço de reflexão, de investigação, diminuem. A execução das funções mais elevadas e que, aparentemente, requerem vigorosos esforços da mente se torna puramente negócio habitual. O advogado, o magistrado, o médico, o professor vivem com base num fundo adquirido que só aumenta mais muito lentamente e muito esporadicamente. O esforço diminui de ano a ano — de ano a ano se esgotam as oportunidades de empregar as faculdades superiores da mente. O sulco está agora cavado, a inteligência perde sua força por falta de exercício, e com ela a atenção e o vigor do raciocínio e da reflexão. Caso não se crie ao lado da carreira uma ordem de preocupações intelectuais, não há como escapar desse entorpecimento gradual da energia.

No entanto, como nosso livro se dirige sobretudo aos estudantes e aos trabalhadores da inteligência, é necessário considerar de muito perto as formas que junto a eles o "*mal a ser combatido*" assume.

A forma mais grave do mal junto ao estudante é essa atonia, essa "languidez de alma"[9] que se manifesta em todas as ações do jovem. Ele dorme demais, levanta-se entorpecido, mole, indolente, vai ao banheiro lentamente, a bocejar, e aí perde um tempo considerável. Não se sente "em forma", não experimenta um gosto por nenhum trabalho. Faz tudo "de um modo frio, triste, covarde". Sua preguiça transparece até na sua fisionomia: nesta, pode-se ler sua languidez; seu ar é vago — ao mesmo tempo, desalentado e preocupado. Nem vigor, nem precisão de movimentos. Depois da manhã perdida, ele vai almoçar, vai ao café ler os jornais, inclusive os anúncios, porque isso ocupa sem exigir esforços. Reencontra, todavia, um pouco de vigor à tarde, mas esse vigor é por ele gasto em conversas, em discussões estéreis e, principalmente (pois todo preguiçoso é invejoso), denegrindo as pessoas: políticos, escritores, professores, todos esses recebem sua parcela de críticas. À noite, o infeliz deita-se desesperado, um pouco mais exasperado do

9. Fénelon. *Éducation des filles*, cap. II.

que na véspera — pois essa atonia que ele transmite ao trabalho, ele a transmite a maior parte do tempo às horas de prazer: não se colhe nenhuma alegria sem esforço, toda felicidade supõe algum esforço. Um livro para ser lido, um museu a ser visitado e um passeio nos bosques são prazeres que exigem uma iniciação, são prazeres ativos. Como, por outro lado, os prazeres ativos são os únicos que contam, os únicos renováveis indefinidamente e à vontade, o preguiçoso inflige a si mesmo a vida mais vazia possível de ser infligida a si mesmo. Os preguiçosos deixam escapar entre seus dedos os prazeres por falta de fechar a mão. São Jerônimo[10] os compara, de uma forma agradável, a esses soldados das gravuras que têm sempre a espada erguida sem nunca golpear.

A preguiça fundamental de modo algum impede instantes de energia, de maneira intermitente. O que repugna os povos não civilizados não são os esforços violentos: é unicamente o trabalho regularizado, contínuo, que, afinal, consome uma quantidade de energia muito superior; um dispêndio, ainda que débil, porém constante, acaba por desgastar mais do que grandes dispêndios separados por períodos de repouso muito longos. O preguiçoso suporta perfeitamente a guerra, que exige esforços violentos momentâneos seguidos de longos períodos de inatividade. Os árabes conquistaram um vasto império. Não o conservaram porque lhes faltou a constância dos esforços que organizam a administração de um país, constroem as estradas, fundam as escolas e as indústrias. Do mesmo modo, quase todos os estudantes preguiçosos, atormentados pela aproximação do exame, são capazes de produzir "um esforço intenso". O que os repugna são os esforços moderados, mas reiterados, a cada dia durante os meses e os anos.

É, por isso, no esforço moderado, mas contínuo, que reside a energia real e fecunda que todo trabalho, caso se distancie desse tipo, pode ser considerado como um *trabalho indolente*. O trabalho contínuo envolve, o que é evidente, continuidade de direção. Com efeito, a energia da vontade se traduz menos pelos esforços múltiplos do que pela orientação rumo a um mesmo fim de todos os poderes da mente. Eis aqui, efetivamente, um tipo de preguiçoso muito frequente. O jovem é vivaz,

10. A alusão do autor deve ser a São Jerônimo (cerca de 347 a 420), responsável pela Vulgata. (N.T.)

alegre, enérgico. Raramente ele permanece sem nada fazer. Durante seu dia, leu algum tratado de geologia, um artigo de Brunetière sobre Racine,[11] percorreu com o olhar alguns jornais, releu algumas notas, esboçou um plano de dissertação, traduziu algumas páginas de inglês. Não permaneceu inativo um só instante. Seus colegas admiram sua capacidade de trabalho e a variedade de suas ocupações. Entretanto, devemos marcar de maneira desonrosa esse jovem com o título de preguiçoso. Para o psicólogo, não há nessa multiplicidade de trabalhos senão a indicação de uma atenção *espontânea* de uma certa riqueza que ainda não se transformou em atenção *voluntária*. Essa pretensa capacidade de trabalho variado tão só testemunha uma grande fraqueza de vontade. Esse estudante nos fornece um tipo de preguiçoso muito frequente, que chamaremos de *o tipo disperso*. Essa "caminhada da mente"[12] é, com certeza, agradável, mas não passa de uma caminhada de prazer. Nicole chama de "intelectos de mosca"[13] esses trabalhadores que assentam aqui e ali, sem proveito. São, para evocar a bela imagem de Fénelon,[14] "como uma vela acesa num lugar exposto ao vento".

O grande inconveniente dessa dispersão dos esforços é que nenhuma impressão tem tempo de se consumar. Pode-se dizer que a lei absoluta que rege o trabalho intelectual é que as ideias e os sentimentos que temos somente alojados em nós, como se alojam numa "hospedaria" hóspedes de passagem, são e permanecem para nós estrangeiros, que logo teremos esquecido. Veremos no capítulo seguinte que o trabalho intelectual verdadeiro envolve a orientação de todos os esforços numa direção única.

Esse horror sentido pelo esforço verdadeiro, isto é, pela coordenação de todos os esforços particulares em vista de uma meta precisa, se complica em virtude de um horror não inferior pelo esforço pessoal. Uma coisa, com efeito, é a criação de uma obra, o trabalho de invenção, de disposição original, outra coisa é o armazenamento na

---

11. Jean Racine (1639-1699), dramaturgo francês. (N.T.)
12. Leibniz, *Teodiceia*, § 56. (Gottfried Wilhelm Leibniz [1646-1716], matemático e filósofo alemão. [N.T.].)
13. Pierre Nicole, *Du danger des entretiens*, L.
14. *Éducation des filles*, cap. V. (Fénelon [1651-1715], escritor e prelado francês. [N.T.])

memória dos que produzem os outros. Além disso, se o esforço pessoal é tão penoso é porque envolve necessariamente coordenação. As duas formas supremas do labor intelectual estão indissoluvelmente unidas em todo trabalho produtivo. Assim, pode-se constatar quanto esse trabalho desagrada a maioria dos alunos que serão, contudo, amanhã, a "classe dirigente". Os estudantes das aulas de filosofia, por exemplo, são bons alunos estimulados pelo exame final. São esforçados e, em geral, revelam exatidão em seus trabalhos. Infelizmente, não refletem. Essa preguiça intelectual se traduz mediante uma propensão de pensar com as palavras, e nada mais. Assim, estudando a psicologia, nenhum deles terá a noção de que, adotando a psicologia aplicada desde seu nascimento e o dia todo, como Jourdain fazia com a prosa, sem o saber, seria infinitamente simples realizar um autoexame e descobrir exemplos pessoais em lugar de reter os exemplos citados por seus livros. Mas não! Eles têm um pendor invencível de *aprender*, de preferência, a *investigar*. A enorme sobrecarga que deverão, assim, impor à sua memória os amedronta menos do que o mais ligeiro esforço pessoal. Em toda parte, eles são passivos, exceção feita, bem entendido, porém numa modesta medida, por uma elite dos bons alunos.

A prova experimental dessa incapacidade de esforços pessoais nos é fornecida pelos concursos trimestrais ao primeiro lugar. A maioria dos alunos teme esse exercício. Ser obrigado a compor em torno de um tema no qual é necessário não encontrar por si mesmo, mas a maior parte do tempo simplesmente redistribuir segundo um plano novo materiais fornecidos pelo curso — introduzir em sua composição nitidez e o *lucidus ordo* que reclama o leitor —, constitui um exercício para eles francamente desagradável.

Que se entenda bem que esse horror pelo trabalho pessoal será levado consigo às universidades — e sem que se produza um grande dano, uma vez que nenhum exame se ocupa do que é o candidato, do que ele vale — e que tudo que se examina é o estado de sua memória e o nível, a transpiração alcançada pelas coisas sabidas. Todo estudante consciencioso e reflexivo confessará a si mesmo quão pequena é — num ano de medicina, de direito, de ciências naturais, de história — a soma dos esforços que não são esforços de memória.

Assim, é curioso acompanhar, até para os cientistas, as formas sutis que a preguiça sabe assumir. A preguiça, bem entendido, em absoluto exclusiva de um grande esforço, de desmedidas tarefas, pois aqui a quantidade não substitui a qualidade. Muito mais que isso, a quantidade do trabalho é, com frequência, prejudicial à sua qualidade. Por exemplo, os intelectuais alemães zombam de bom grado de nós; como o ratinho da fábula, eles tiram do fogo as castanhas que trincamos. A comparação nos parece muito justa. O ratinho é bem o símbolo do trabalho de erudição.

> [...] Ratinho com sua pata
> de uma maneira delicada,
> afasta um pouco a cinza e retira os dedos;
> em seguida, os desloca diversas vezes,
> tira uma castanha, depois duas, e depois três surrupiando [...]

Trata-se, com efeito, de um trabalho que se deixa e que se retoma. Constantemente sustentado por textos, o intelecto não tem que atuar como criador, e pode estudar de maneira frutífera mesmo quando perdeu sua mais aguda penetração. Nesse ponto, o tempo se encarregará de confirmar as previsões de Renan[15] acerca das ciências de pura erudição. Estas não têm futuro. Seus resultados são muito precários, extremamente sujeitos a controvérsias. Além disso, os vinte mil volumes que, a cada ano, serão empilhados na Biblioteca Nacional terão antes de cinquenta anos somado, sem contar os jornais e os periódicos, um milhão de volumes à coleção atual. Um milhão de volumes! Tomando como espessura média de um volume dois centímetros, isso produziria uma pilha quatro vezes mais alta do que Mont-Blanc! Não é evidente que cada vez mais a história se desembaraçará dos nomes próprios para se ater aos grandes fatos sociais, sempre muito hipotéticos no que diz respeito às suas causas e aos seus efeitos, e que a erudição pura perderá — exterminada pela imensidão do amontoado dos materiais — toda a autoridade junto aos espíritos pensantes? Cada vez menos a acumulação será considerada trabalho. No

15. Ernest Renan (1823-1892), escritor francês. (N.T.)

caso, chegaríamos a atribuir a essas tarefas seu verdadeiro nome de *tarefas*. Iria se reservar o nome de *trabalho* à realização, à eliminação dos detalhes ociosos, à concentração que produz o esforço supremo do pensamento. Criar, com efeito, é procurar a silhueta essencial, dominante, e instalá-la em plena luz. Tudo o que os detalhes ociosos, "ao lado", fazem é alterar a verdade, e indicam de algum modo ao olho experiente as infiltrações nos impulsos de energia intelectual, do fundo de preguiça incoercível que reside em nós.

Pode-se dizer, ai de nós, que todo o nosso sistema de ensino tende a agravar essa preguiça intelectual fundamental. Os programas do ensino secundário parecem destinados a transformar todo aluno em um *indivíduo de mente dispersa*. Obrigam os infelizes adolescentes a abordar tudo superficialmente e os proíbem, por meio da variedade dos materiais a serem assimilados, de penetrar a fundo qualquer questão. Como iria o jovem pensar que todo o sistema do ensino secundário atual é absurdo? E, entretanto, esse sistema tende a destruir no aluno todo o espírito de iniciativa e toda a veleidade de lealdade no trabalho. Há alguns anos, o poder de nossa artilharia era medíocre; hoje, está dez vezes maior. Por quê? Porque a granada estourava golpeando o obstáculo; estourava contra ele sem lhe causar grande dano. Hoje, graças à invenção de um *detonador* especial, a granada se move ainda alguns segundos após haver atingido o obstáculo; penetra profundamente e é ali, alojada em pleno cerne da parede, num estreito contato de todas as partes, que ela estoura, triturando e pulverizando tudo. Em nossa educação atual, esquecemo-nos de juntar ao intelecto seu detonador. Não se deixam jamais os conhecimentos adquiridos penetrarem com profundidade. Queres parar? Anda! Anda! Mas não compreendi bem. Esse sentimento foi apenas esboçado em mim por essa leitura... Anda! Anda! Novo judeu errante, deves ir em frente sem repouso; deves percorrer as matemáticas, a física, a química, a zoologia, a botânica, a geologia, a história de todos os povos, a geografia das cinco partes do mundo, duas línguas vivas, diversas literaturas, a psicologia, a lógica, a moral, a metafísica, a história dos sistemas... Anda, anda na direção da mediocridade; leva do liceu ou do ginásio o hábito de tudo ver superficialmente, julgar pelas aparências...!

Esse curso rápido reduzirá muito pouco sua velocidade na universidade e, para muitos estudantes, se tornará ainda mais rápido.

Que se some a isso que as condições da vida moderna tendem a reduzir a nada nossa vida interior, que elas conduzem a dispersão intelectual a um grau que dificilmente se poderá ultrapassar. A facilidade das comunicações, a frequência das viagens e os deslocamentos para o mar, para as montanhas, dissipam nosso pensamento. Sequer dispomos mais do tempo para ler. Vive-se de uma vida ao mesmo tempo agitada e vazia. O jornal, a excitação artificial proporcionada por ele à mente, e a ligeireza com a qual as informações promovem o interesse por meio dos fatos diversos das cinco partes do mundo fazem com que, para muitos, a leitura de um livro pareça sem graça.

Como resistir à dispersão da mente que o meio tende a produzir quando nada na educação nos preparou para essa resistência? Não é desolador pensar que a obra capital, a educação da vontade, não é em lugar algum empreendida de forma direta, consciente? Tudo o que se faz nesse sentido é feito em vista de outra coisa; a única preocupação consiste em equipar a inteligência, e somente se cultiva a vontade na medida em que ela se faz necessária ao trabalho intelectual... Mas o que digo eu? Nós a cultivamos? Apenas a excitamos, e isso é tudo. Só se pensa no presente. Hoje, há todo um aparato de repressão e de galvanização: a censura do mestre, as zombarias dos colegas, as punições por um lado e, por outro, as recompensas, os elogios. Amanhã, nada mais do que a perspectiva distante, vaga, de um teste de graduação em Direito, de um doutorado em Medicina que os mais preguiçosos chegam a conquistar. A educação da vontade se faz ao acaso, não importa como; contudo, não é a energia que constitui o ser humano de modo integral? Não é o caso de, sem ela, os mais brilhantes dons da inteligência permanecerem estéreis? Não é ela o instrumento por excelência de tudo o que os homens fizeram de grande e de belo?

Coisa estranha! Todos dizem para si mesmos o que dizemos aqui. Todos sofrem dessa desproporção entre a cultura superaquecida do espírito e essa debilidade do querer. No entanto, ainda não apareceu nenhum livro tratando dos meios de conduzir a bom termo a educação da vontade. Não se sabe o que fazer para retomar essa obra que nossos mestres sequer esboçaram. Se interrogarmos dez estudantes tomados de forma aleatória entre aqueles que trabalham pouco, veremos que suas confissões se resumem nisto: ontem, no liceu, o professor definia para cada dia, ou melhor, para cada hora, a tarefa a ser realizada por nós. A ordem de execução era simples e precisa: tínhamos de estudar um determinado capítulo de história, um teorema de geometria, fazer um determinado dever, traduzir uma determinada passagem. Além disso, éramos respaldados, incentivados ou repreendidos; a emulação era mantida com ardor e habilidade. Hoje, não há mais nada semelhante a isso. Nenhuma tarefa precisa ser estabelecida. Dispomos de nosso tempo conforme o que nos agrade. Como jamais tivemos iniciativa na distribuição de nosso trabalho e, além disso, não nos foi ensinado nenhum método apropriado à nossa fraqueza, somos exatamente como pessoas lançadas completamente nuas em plena água depois de terem sido ensinadas a nadar, envolvidas de modo cuidadoso por uma cinta tripla de cortiça. É evidente que acabamos afogados. Não sabemos nem trabalhar nem querer; muito mais do que isso, desconhecemos onde possam nos ensinar os meios de produzirmos nós mesmos a educação de nossa vontade. Não existe nenhum livro prático sobre esse assunto. Assim, resignamo-nos e nos empenhamos em não pensar em nossa abdicação. Isso é muito doloroso. E, além do mais, há o café, a cervejaria e os amigos, que são de uma alegria relativa. De uma forma ou de outra, o tempo passa...

É este livro que tantos jovens se queixam de não possuir que tentamos escrever.

Capítulo II — A meta a ser perseguida

Ainda que os programas de ensino ignorem a vontade da criança e do jovem, percebemos muito bem que nosso valor reside unicamente em nossa energia e que nada há a investir, sob nenhum ponto de vista, num ser humano fraco. Como, por outro lado, sabemos que nosso trabalho fornece a medida aproximativa do poder de nossa vontade, ficamos muito confortáveis quanto a nos fazer valer acerca desse ponto. Exageramos o trabalho que executamos. Nada nos custa confessar que nos levantamos às quatro da manhã cientes de que ninguém cometerá o insulto de vir controlar o que dizemos. E quando, às oito horas, te defrontas com essa "efusão" de trabalho, e o encontra na cama, observas sem dificuldade que cada uma de suas raras visitas coincide com uma infelicidade extraordinária, com um amanhã de teatro ou de serão que explica que não esteve no trabalho desde as quatro horas. Durante esse tempo, esse trabalhador arrebatado não é admitido para seus exames.

Não há assunto em torno do qual a mentira entre os estudantes seja tão geral.

Bem mais do que isso, há pouquíssimos jovens que não mentem para si mesmos e que não constroem grandes ilusões acerca de seu próprio trabalho e acerca de sua capacidade de produzir esforço. Mas o que são essas mentiras senão uma homenagem prestada a essa grande verdade que é que o ser humano tão só vale por sua energia?

Toda dúvida emitida por outra pessoa a respeito de nossa vontade nos fere de forma cruel.

Contestar nossa capacidade de trabalho não é acusar nossa fraqueza e nossa covardia? Crermo-nos incapazes dessa perseverança nos esforços, sem a qual é preciso renunciar a elevar-se acima da pobreza intelectual da maioria das pessoas que atravancam as carreiras ditas liberais, não é nos considerar como irremediavelmente medíocres?

Essa homenagem prestada ao trabalho prova a existência de um desejo de energia junto a todos os estudantes. E nosso livro é apenas uma análise dos procedimentos que pode pôr em ação um jovem dotado de caprichos desafiadores, visando a nele fortalecer o desejo de trabalhar até o ponto de transformá-lo, a princípio, numa firme resolução, ardente e durável e, enfim, em hábitos invencíveis.

E, para começar, por trabalho intelectual é preciso entender ou o estudo da natureza, das obras alheias, ou então a produção pessoal. O trabalho produtivo exige, a princípio, o estudo e encerra todos os gêneros de esforços intelectuais. O instrumento de trabalho é, no primeiro caso, a atenção propriamente dita e, no segundo, a meditação ou a concentração em si. Porém em ambos os casos se trata, em suma, de atenção. E trabalhar é estar atento. Infelizmente, a atenção não é uma condição estável, fixa, durável. Não se poderia compará-la a um arco constantemente distendido. Em vez disso, ela consiste em um número repetido de esforços, de tensões mais ou menos intensas, que se sucedem a uma rapidez mais ou menos grande. Numa atenção enérgica e habituada aos perigos, esses esforços ocorrem tão próximos uns aos outros que produzem a ilusão da continuidade, e essa aparente continuidade pode durar algumas horas por dia.

A meta a ser perseguida é, portanto, obter esforços de atenção intensos e perseverantes. Com certeza, é um dos mais belos resultados que pode obter a cultura de nosso poder sobre nós mesmos, a repetição diária corajosamente aceita de esforços, enfim, penosos para os estudantes, pois nestes a juventude ardente, transbordante, tende a fazer constantemente a vida animal predominar sobre a vida aparentemente fria, descolorida e antinatural da maioria dos trabalhadores da inteligência.

No entanto, esforços intensos e perseverantes não são suficientes; podem ser anárquicos e do tipo disperso. Por consequência, devem, além de tudo, ser orientados para um mesmo fim. Existem para que uma ideia ou um sentimento se aclimatem em nós e aí obtenham a naturalização, condições de estadia, de frequentação, de intimidade. É necessário que, por meio de uma progressão lenta e perseverante de influência, essa ideia e esse sentimento estendam o círculo de suas relações, que se imponham pouco a pouco em virtude do seu valor pessoal. Observem como são criadas as obras de arte: um pensamento, com frequência um pensamento de um jovem, nascido viável, permanece a princípio tímido e obscuro no homem de gênio. Uma leitura, algum incidente da vida, uma expressão feliz lançada de passagem por algum autor que esteja ocupado em outro lugar, ou não preparado para essa ordem de pensamentos, percebe a ideia sem apreender sua fecundidade, transmite a essa ideia que está em incubação consciência de seu valor e de seu papel possível. A partir desse dia, ela se alimentará de tudo. Viagens, conversações, leituras variadas lhe fornecerão elementos assimiláveis dos quais irá se empanturrar e se fortalecer. É assim que

Goethe[16] conduz durante trinta anos sua concepção de Fausto. Essa concepção se põe por todo esse tempo a germinar, a crescer, a fazer brotar raízes mais e mais profundas, a coletar na experiência os sucos nutrientes dos quais é feita essa obra de gênio.

Guardadas todas as proporções, assim deve ser em relação a toda ideia importante. Se tudo que faz é passar por nós, ela é considerada como jamais tendo existido. É preciso que a ela se conceda uma atenção reiterada, frequente, cordial; é preciso guardar-se de abandoná-la antes que possa viver de si mesma, antes que se torne um centro de organização. É preciso mantê-la na consciência por muito tempo, aí retornar frequentemente: ela adquirirá, assim, a vitalidade necessária para atrair para si essa força misteriosa de magnetização, a qual chamamos de associação das ideias, pensamentos fecundos e sentimentos vigorosos, incorporando-os. Esse trabalho de organização da ideia ou do sentimento é realizado lentamente por meio da meditação tranquila e paciente. O que ocorre com esses desenvolvimentos é algo semelhante ao que ocorre com esses cristais admiráveis de laboratório: exigem no seio de um líquido absolutamente tranquilo a sedimentação lenta e regular de milhares de moléculas. Eis aí em que sentido toda descoberta é obra da vontade. É "mantendo o pensamento sempre nisso" que Newton[17] corroborou sua descoberta da gravitação universal. Se insistimos em duvidar de que o gênio não passa de uma "longa paciência", escutemos a confissão de Darwin:[18] "Como objeto de meditação e de leitura, eu não escolheria senão os que me fizessem pensar diretamente no que tinha visto ou no que provavelmente veria... Estou seguro de que foi essa disciplina que me capacitou a realizar o que realizei na ciência". E seu filho acrescenta: "meu pai tinha a capacidade de não perder de vista um objeto de estudo durante muitos anos".[19]

Qual o proveito de insistir numa verdade tão evidente? Basta sintetizarmos. A meta a ser perseguida pelo trabalhador intelectual é a

---

16. Johann Wolfgang von Goethe (1749-1832), escritor alemão. (N.T.)
17. Isaac Newton (1642-1727), matemático, físico, astrônomo e inventor inglês. (N.T.)
18. Charles Darwin (1809-1882), cientista naturalista britânico. (N.T.)
19. *Vie et correspondance de Darwin*, trad. Varigny, Reinwald, 1888, 2 vol., p. 69, 135.

energia da atenção voluntária, que se traduz não só pelo vigor, pela frequência dos esforços, mas também e, sobretudo, por uma orientação muito nítida de todos os pensamentos para um fim único e pela subordinação durante o tempo necessário de nossas vontades, de nossos sentimentos, de nossas ideias, à grande ideia diretriz, dominante, pela qual trabalhamos. Trata-se de um ideal do qual a preguiça humana sempre nos afastará, mas que devemos tender a concretizar o mais completamente possível.

Antes de examinarmos com minuciosidade os meios de transformar numa vontade durável um desejo débil e vacilante, é importante nos desvencilharmos de duas teorias filosóficas que se opõem, mas que são também nocivas no que se refere à obra do autodomínio.

Capítulo III — Repúdio das teorias desestimuladoras e falsas relativas à educação da vontade

Parágrafo I

A polêmica não deve jamais passar de um trabalho preparatório que o escritor deve executar com cuidado, mas guardar para si. Nada é mais impotente do que a negação pura; a fim de convencer, criticar, de nada serve — é preciso ser construtiva.

Assim, como esta é uma obra de construção, pois fornece uma doutrina mais íntegra, sobretudo mais solidamente apoiada nos mais claros resultados da psicologia, atacamos aqui de maneira direta duas teorias muito difundidas, tão deploráveis (em razão de seus resultados práticos) quanto falsas no âmbito especulativo.

A teoria que considera o caráter como imutável é, no mais alto grau, em si, falsa e, na prática, lamentável. Exposta por Kant,[20] renovada por Schopenhauer,[21] essa hipótese conta com o apoio de Spencer.

20. Immanuel Kant (1724-1804), filósofo alemão. (N.T.)
21. Arthur Schopenhauer (1788-1860), filósofo alemão. (N.T.)

De acordo com Kant, elegemos nosso caráter no mundo noumênico,[22] e essa escolha é irrevogável. Quando "descemos" ao mundo do espaço e do tempo, nosso caráter e consequentemente nossa vontade mantêm-se do modo que são, sem que possamos modificá-los, por menos que seja.

Schopenhauer declara, também, que os diferentes caracteres são inatos e imutáveis. Não é possível mudar a espécie de motivos à qual a vontade do egoísta, por exemplo, é acessível. Podes, mediante a educação, *enganar* um egoísta ou, melhor, corrigir suas ideias, levá-lo a compreender que, se existe um meio seguro de alcançar o bem-estar, é o trabalho e a honestidade, e não a trapaça. Contudo, quanto a tornar sua alma sensível ao sofrimento alheio, é preciso renunciar a isso; tal coisa é certamente muito mais impossível do que transformar chumbo em ouro. "Pode-se mostrar a um egoísta que, renunciando a uma pequena vantagem, é possível para ele, com isso, obter uma [vantagem] muito maior; à pessoa maldosa, que, para causar um sofrimento a outra, inflige a si mesma um sofrimento mais intenso. Porém, quanto a refutar o egoísmo e a maldade em si mesmos, estamos diante do que não se pode fazer; não, muito menos do que provar ao gato que está errado no que se refere a gostar de camundongos."[23]

Herbert Spencer, ainda que de um ponto de vista muito diferente, admite com a escola inglesa que o caráter humano pode ser transformado a longo prazo, sob o império das forças exteriores, das condições da vida; mas essa obra requer séculos e, na prática, essa teoria é desestimulante. Isso porque, estudante, não posso contar com dez séculos de vida, mas apenas com vinte anos de plasticidade. Se quero empreender a obra de meu aprimoramento moral, não poderei fazer isso. Não poderei lutar contra meu caráter, herança que me foi legada por meus ancestrais e que representa milhares, talvez milhões de anos

---

22. Termo filosófico que se refere a algo (como um acontecimento ou um objeto) que seja reconhecido sem a ajuda dos sentidos. O termo é derivado do grego "noúmenon", que significa "algo que é percebido". Na filosofia de Kant, o *noúmeno* é usado para se referir à "coisa em si", ou seja, a coisa em sua existência pura, independentemente de qualquer representação. (N.E.)

23. *Fondement de la morale*, trad. Burdeau, Alcan, p. 172.

de experiências organicamente registradas em meu cérebro. O que fazer contra essa formidável coalizão de ancestrais associados contra minha fraca vontade pessoal, a partir do momento em que eu quero me desembaraçar de uma parte do legado que me transmitiram? Não é sequer razoável tentar a insurreição: já existe, com certeza, a antecipação da derrota. Posso, todavia, me consolar pensando que, em cinquenta mil anos, meus descendentes, por intermédio do jogo regular do meio social e da hereditariedade, se tornarão semelhantes a máquinas aperfeiçoadas, remontadas ao longo dos séculos, e fornecendo como resultado dessa moagem a dedicação, o espírito de iniciativa, etc.

Embora essa questão do caráter considerado por esse prisma vá além da esfera de nosso assunto, preferimos examiná-la em toda a sua generalidade e no âmbito da situação mais vigorosa da parte de nossos adversários.

As teorias que acabamos de expor nos parecem um exemplo notável da preguiça intelectual, a qual é como o pecado original — impossível de ser apagado das maiores inteligências —, preguiça intelectual que os fez passivamente se sujeitarem à sugestão da *linguagem*. Estamos todos tão acostumados a pensar com as palavras que a palavra nos oculta a realidade da qual ela é o signo. Por ser única, a palavra nos inclina poderosamente a crer na unidade real das coisas. É a essa sugestão produzida pela palavra *caráter* que devemos a teoria preguiçosa do caráter imutável. Quem, com efeito, não percebe que *o caráter não passa de uma resultante*... e uma resultante de forças sempre a caminho de se modificar? Nosso caráter tem uma unidade análoga à unidade da Europa: o jogo das alianças, a prosperidade ou a decadência de um Estado modificam de forma incessante a resultante. Ora, o mesmo não acontece com nossas paixões, nossos sentimentos, nossas ideias que estão num perpétuo devir e que, por outro lado, mediante as alianças que contraem em conjunto ou que rompem, podem mudar a intensidade e mesmo a natureza da resultante. De resto, nosso tratado inteiro será a demonstração da possibilidade de uma transformação do caráter.

Se agora examinamos quais são os argumentos a favor da teoria, tudo o que encontramos em Kant são concepções *a priori*, e essas concepções *a priori* julgadas por ele necessárias para fundar a possibilidade da liberdade seriam destacadas do sistema como um ramo morto, caso Kant não houvesse confundido fatalismo e determinismo, como veremos na sequência.

Em Schopenhauer, encontramos mais "aquecedores de leitos" do que argumentos, pois ele gosta de exibir sua erudição e agrupar autoridades. As autoridades não valem o que vale a menor prova factual. Eis os únicos argumentos que nele encontramos: 1. se o caráter fosse passível de aperfeiçoamento, "se deveria encontrar notoriamente mais virtude na metade mais idosa da humanidade do que na mais jovem", o que não acontece; 2. todo aquele que, por uma vez, se mostrou uma pessoa má perdeu para sempre nossa confiança, o que prova que todos nós cremos ser o caráter imutável.

O que provam, para quem reflete por um instante, tais argumentos? E serão de fato argumentos? Em que tais afirmativas, *grosso modo*, exatas, provam que ninguém é capaz de modificar seu caráter? Provam apenas que (e isso não é discutível para ninguém) a maioria das pessoas que vivem jamais empreendeu com seriedade alguma reforma de caráter. Constatam que as propensões representam quase todas as atividades da vida, sem a intervenção da vontade. A maioria dos seres humanos é comandada pelo que lhes é externo: segue a moda, a opinião, sem mais pensar em resistir, como não pensamos em nos negar a seguir a Terra em seu movimento de translação em torno do Sol. Será possível contestarmos que a preguiça é quase universal? A maioria dos seres humanos passa a própria vida em busca do que subsistir: os trabalhadores, os pobres, as mulheres, as crianças, as pessoas mundanas refletem pouquíssimo — são "marionetes,[24] marionetes um tanto complexas e, com certeza, conscientes, mas que têm o princípio de todos os seus movimentos na região dos desejos involuntários e das sugestões estrangeiras". Saídas da animalidade por meio de uma lenta evolução, sob a pressão das necessidades cruéis da luta pela vida, a maioria delas, desde o momento em que as circunstâncias externas deixam de incitá-las, experimenta a tendência de descer de novo, de regredir. E todos

24. Port-Royal. *Logique.*

aqueles a quem uma sede ardente de ideal e uma certa nobreza de alma não fornecem motivos internos para perseguir a tarefa penosa de sua libertação cada vez mais completa da animalidade se deixam ir à deriva. Não há, portanto, nada de surpreendente na constatação de que o número dos anciãos virtuosos não ultrapassa o dos jovens, e tem-se razão em desconfiar de um patife confirmado como tal.

O único argumento válido seria provarmos que toda luta é inútil, que um egoísta jamais pôde realizar, desejando-os, importantes sacrifícios. Uma semelhante afirmação não merece análise. Vemos covardes afrontarem a morte para ganhar dinheiro! Não existe uma paixão que não possa impedir o medo da morte! Ora, o maior bem que o egoísta possui é, seguramente, a vida. Não vimos algum dia egoístas movidos por um entusiasmo passageiro sacrificarem sua existência pela pátria ou por alguma causa nobre? E se esse estado passageiro foi possível, no que se converteria durante esse tempo o famoso *operari sequitur esse*? Um caráter que se transforma radicalmente, que seja por meia hora, não é um caráter imutável, e há esperança de renovar essas mudanças de maneira crescente com frequência.

Aliás, onde Schopenhauer encontrou caracteres absolutamente coerentes, egoístas, por exemplo, do primeiro ao último pensamento, do primeiro ao último sentimento? Tal simplificação da natureza humana, provavelmente, nunca foi realizada. E, ainda uma vez, essa crença segundo a qual o caráter é uma coisa una, um bloco homogêneo, apoia-se na mais superficial das observações. O caráter é resultante de forças heterogêneas, e essa afirmação fundada na observação dos homens vivos, e não em abstrações, basta para lançar por terra a ingênua teoria de Kant e de Schopenhauer. Quanto a Spencer, bastará observar a ele que as boas tendências são tão hereditárias e tão fortemente organizadas quanto as más, e se pode ter *para si*, com habilidade, tanta capacidade ancestral quanto se pode ter dela *contra si*. Em todo caso, a questão é tão somente de mais ou de menos, e a sequência deste livro, assim o esperamos, de resto, a resolverá.

Deixemos, portanto, essa teoria do caráter imutável, até porque ela não se mantém de pé. Abençoemos Schopenhauer por havê-la inoculado na Alemanha. Ela teria para nós o valor de duas unidades militares autônomas se não tivéssemos também nossos teóricos do desencorajamento e, em particular, Taine.[25] Este, com uma inconcebível estreiteza de visão num intelecto tão grande, não soube distinguir o fatalismo do determinismo e, em virtude da reação contra o espiritualismo cousiniano, chegou ao ponto de considerar nossa vida como independente de nossa vontade, e a virtude como um produto, assim como o açúcar. Imagem ingênua, infantil, que, em razão de sua brutalidade, por muito tempo barrou os intelectos no que se refere ao estudo do determinismo psicológico, e que falseou, por ocasião de seu aparecimento, e muitos anos depois, a significação do livro de M. Ribot sobre as enfermidades da vontade. Tanto isso é verdade que, sobretudo, nessas matérias delicadas, mais vale uma legião de adversários do que um amigo cuja atitude é decisiva, mas que é desajeitado.

Parágrafo II

Resta-nos agora desobstruir nosso caminho de uma teoria de aspecto bem mais altivo, que afirma a possibilidade de se tornar senhor de si mesmo, mas que, por haver considerado essa obra de libertação como fácil demais, produziu um número de desencorajados, destituídos de energia, tão grande quanto as teorias fatalistas, e mesmo maior. Queremos abordar a teoria do livre-arbítrio.

O livre-arbítrio, cuja espécie procuramos ligar àquela da liberdade moral, não só nada fez com ela como é dela o inverso. Com efeito, apresentar aos jovens como fácil, como dependente de um *fiat*,[26] a obra extensa, penosa, toda feita de perseverança, que é a libertação pessoal, é, de antemão, orientá-los rumo ao desencorajamento. No momento em que oito anos de frequência assídua dos homens de vontade da Antiguidade, engrandecidos pela perspectiva, impregnaram o jovem de entusiasmo, é bom colocá-lo na presença da tarefa por excelência, não lhe dissimulando nenhuma das dificuldades, mas também lhe mostrando o triunfo assegurado, se ele perseverar.

25. Hippolyte Taine (1828-1893), filósofo e historiador francês. (N.T.)

26. Decreto, ordem, ordenança. (N.E.)

Como a França depois de 1870 por meio de um *fiat* não se tornou a poderosa França de hoje,[27] também ninguém se torna mais senhor de si por meio de um *fiat*. A pátria despendeu vinte anos de esforços perseverantes, penosos, para se reabilitar. Do mesmo modo, nossa reabilitação pessoal será uma obra de paciência. Como? Assistimos às pessoas passarem trinta anos exercendo uma profissão árdua a fim de conquistar o direito de repousar no campo, e a essa obra da grandiosidade e da nobreza do autodomínio não se dedicaria nenhum tempo! Dela depende o que valemos e, portanto, o que seremos; dela depende o papel que desempenharemos. Por meio dela poderemos impor a estima, o respeito a todos. Ela nos abrirá todos os amplos caminhos para as fontes da felicidade (pois toda felicidade profunda provém de nossa atividade bem regrada), e essa obra não é objeto de preocupação de quase ninguém adulto! Esse desprezo afetado por ela esconde, de forma evidente, um sofrimento secreto que, ademais, todos nós experimentamos. Qual o estudante que não provou de maneira dolorosa a desproporção entre seus desejos de realizar bem as coisas e a fraqueza de sua vontade? "Sois livres...!", diziam nossos mestres. E essa afirmação, nós a percebíamos acompanhada de um desespero falacioso. Ninguém nos ensinava que a vontade é conquistada lentamente, ninguém pensava em analisar o modo como ela é conquistada. Ninguém nos treinava para essa luta, ninguém nos sustentava e, então, graças a uma reação bastante natural, aceitávamos com veemência as doutrinas pueris de Taine e dos fatalistas, que, ao menos eles, nos consolavam, ensinavam-nos a resignação diante da inutilidade da luta. E nós nos deixamos tranquilamente ir à deriva, perplexos por não perceber a mentira dessas doutrinas consoladoras de nossas indolências. Ah...! Sim, a causa essencial dessas teorias fatalistas, da vontade é a teoria ao mesmo tempo ingênua e nociva dos filósofos do livre-arbítrio! A liberdade moral, como a liberdade política, como tudo o que tem algum valor neste mundo, deve ser conquistada por meio de uma árdua luta, defendida de forma incessante. Constitui a recompensa dos fortes, dos hábeis, dos perseverantes. *Ninguém é livre se não merecer ser livre.* A

27. O autor escreveu estas linhas no fim do século XIX. (N.T.)

liberdade não é nem um direito nem um fato; é uma recompensa, a mais elevada recompensa, a mais fecunda em felicidade — ela é para todos os acontecimentos da vida o que é a luz do Sol para uma paisagem. E àquele que não a tiver conquistado serão negadas todas as alegrias profundas e duradouras da vida.

Ai de nós! Nenhuma questão tem sido mais obscurecida do que a questão vital da liberdade. Bain a denomina a *fechadura enferrujada da metafísica*. Está claro que entendemos por liberdade o autodomínio, o domínio assegurado em nós aos nobres sentimentos e às ideias morais sobre os impulsos da animalidade. Não convém pensar num autodomínio impecável: são demasiado poucos os séculos que nos separam dos ancestrais selvagens que se abrigavam nas cavernas para que pudéssemos nos desembaraçar absolutamente da herança de irascibilidade, egoísmo, concupiscência e preguiça que nos legaram. Os grandes santos que se sagraram vitoriosos nessa luta sem trégua de nossa natureza humana contra nossa natureza animal não conheceram a alegria dos triunfos serenos e incontestados.

Mas que se observe novamente que a obra da qual traçamos as grandes linhas não é tão difícil quanto a obra de autossantificação, pois são coisas diferentes lutar contra a preguiça e suas paixões e procurar extirpar absolutamente de si o egoísmo.

Mesmo reduzido a esses termos, o combate é longo e difícil. Nem os ignorantes nem os presunçosos são capazes de vencer nesse combate. Há toda uma tática a seguir que é preciso conhecer e um prolongado trabalho que é preciso aceitar. Entrar na arena desconhecendo as leis da psicologia, ou sem seguir os conselhos de quem as conhece, é querer vencer no xadrez desconhecendo a marcha das peças, um adversário experiente. No entanto, dirão os partidários de um livre-arbítrio quimérico, se não podes nada criar, se mediante um *fiat* voluntário não és capaz de transmitir a tal motivo ou móvel uma força que ele naturalmente não tem, não és livre! Se realizado, somos livres, e não desejamos ser livres de outra maneira: em lugar de pretender, como vocês fazem, transmitir a um motivo força mediante uma simples volição (?), mediante um ato misterioso, bizarro, contrário a todas as leis científicas, pretendemos transmiti-la mediante uma aplicação inteligente da lei de associação. Só comandamos a natureza humana obedecendo-a. A única garantia de nossa liberdade são as leis da psicologia, que são igualmente o único instrumento possível de nossa libertação. Não há liberdade para nós senão no seio do determinismo.

Eis-nos aqui abordando o ponto preciso do debate. Dizem a nós: se não aceitais que a vontade pode, *sem absolutamente o desejar*, unicamente mediante sua livre iniciativa, assegurar a preponderância a um motivo destituído de força sobre móveis possantes, *estais a pressupor o desejo. Vosso* estudante, se não deseja trabalhar, nunca trabalhará. Eis vós de retorno a uma predestinação, e uma predestinação mais cruel do que a predestinação calvinista, pois o calvinista predestinado ao inferno desconhece que está predestinado a ele, e a esperança do céu jamais o abandona. Todavia, quanto ao vosso estudante, ele pode, por meio de um exame de consciência aprofundado, saber que não tem o desejo, *nem a graça*, e que, portanto, todo esforço é inútil: deve afastar toda esperança.

Eis aí a questão formulada tão nitidamente quanto possível. Tenho ou não tenho o desejo do que é melhor — se não o tenho, todo esforço é vão — ou, como o desejo não depende de mim, e a graça sopra para onde quer, eis-nos reduzidos ao fatalismo, muito mais do que isso, à predestinação! Muito bem, mas concedendo isso, concedemos menos do que parece. Notai que o desejo do melhor, *por mais fraco que seja*, nos é suficiente, porque pensamos que, empregando os meios culturais convenientes, pode-se desenvolvê-lo, fortalecê-lo e transformá-lo numa resolução sólida e duradoura. No entanto esse desejo, por mais débil que vós o postulais, é necessário a vós! Se ele não preexiste, nada podeis!

Nós o admitimos plenamente: cremos, a princípio, que os próprios partidários da liberdade pelo *fiat* nos concederão que há quase nada que sirva de fundamento a uma decisão de autoaprimoramento que não se apoie em nenhum desejo de se aprimorar! Executar involuntariamente uma obra de grande fôlego, não *amar* o que se procura realizar, é subtrair-se toda chance de sucesso. Para ter êxito, é necessário o amor à sua tarefa. No entanto, ainda mais uma vez, esse amor, esse desejo, o vosso estudante o tem ou não o tem. Se não o tem, ei-lo condenado sem remissão. Admitimos este dilema, nós o dissemos.

Sim, o desejo é necessário; sem desejo de libertação, não há liberdade! Entretanto, os efeitos dolorosos dessa predestinação atingem apenas uma categoria de pessoas, que os partidários do livre-arbítrio mais absoluto consideram, eles também, como predestinados infelizes.

Com efeito, o grupo de nossos predestinados coincide com o grupo desses desafortunados alienados atingidos pela *loucura moral*. Admitimos, sem poder demonstrá-lo, e unicamente porque *jamais* encontramos casos negativos, que, se perguntarmos a um homem *qualquer*, não atingido pela alienação, se prefere a carreira gloriosa de um *Pasteur*[28] à de um bêbado degradado, esse homem responderá que sim. Evidentemente, há nesse caso um postulado, e é nosso postulado. Mas quem o contestará?

Quem conheceu homens *absolutamente* insensíveis ao esplendor do gênio, à beleza, à grandeza moral? Se um ser humano de tal grosseria existe ou existiu, confesso que seu caso me deixa frio. E, se meu postulado é certo, e ele é para a maioria dos homens *humanos*, isso me basta. Pois, desde que um homem prefira à desprezível degradação dos mais repulsivos espécimens da espécie humana a grandeza de um Sócrates,[29] de um Régulo, de um Vicente de Paula,[30] essa preferência, por mais débil que seja, basta. Porque preferir envolve *amar*, desejar. Esse desejo, por mais fugaz que o supomos, pode ser protegido, fortalecido. Ele crescerá se for cultivado e se transformará, mediante o jogo habilmente manejado das leis psicológicas, numa resolução vigorosa. É assim que, a partir de um grão, refeição de uma formiga, emerge um carvalho poderoso que desafia os ciclones.

Consequentemente, sermos reduzidos a essa predestinação em nada nos perturba, uma vez que, fora de um grupo de alienados que sacrificam mesmo os partidários do livre-arbítrio pelo *fiat*, e talvez de um grupo de algumas dúzias de grosseiros irredutíveis, estamos todos predestinados de maneira positiva. A moral, portanto, não tem absolutamente nenhuma necessidade de vincular sua sorte a teorias

---

28. Louis Pasteur (1822-1895), biólogo e químico francês. (N.T.)
29. Sócrates de Atenas (470-399 a.C.), filósofo grego. (N.T.)
30. Vicente de Paula (1581-1660), sacerdote francês canonizado. (N.T.)

tão temerárias — e, nós o repetimos, tão desestimuladoras como a do livre-arbítrio. *Tudo de que a moral necessita é a liberdade, o que é muito diferente. E essa liberdade só é possível dentro do determinismo e por intermédio dele.* Para assegurar nossa liberdade, basta que nossa imaginação seja capaz de conceber um plano de vida a ser realizado. Nosso conhecimento e nossa prática das leis da psicologia nos possibilitarão, mediante desvios, mediante alianças, assegurar a preponderância do plano escolhido e fazer atuar em nossos projetos o tempo, o qual é o grande poder de libertação da ideia em nós.

Talvez nossa concepção da liberdade não seja tão sedutora para nossa preguiça quanto a teoria do livre-arbítrio. No entanto, tem, em relação a essa teoria, a vantagem de ser adequada à realidade de nossa natureza psicológica e moral, e não nos expor ao ridículo de uma afirmação orgulhosa de nossa absoluta liberdade, constantemente contraditada por uma condição de vassalos real demais aos nossos inimigos interiores. Se esse conflito ainda fosse apenas divertido para o psicólogo observador, haveria apenas um mal pela metade; contudo, ele não demorará para produzir o desestímulo junto aos que alimentam as melhores intenções. Além disso, com certeza, essa teoria do livre-arbítrio afastou — o que constitui uma perda irreparável — muitas mentes perspicazes do estudo das condições da vontade.[31]

---

31. Para se imbuir desta convicção, basta saber a que esquecimento profundo foi condenada a mais sólida obra de psicologia produzida pela escola de Cousin que tem como objeto a vontade. Queremos falar desse admirável *Tableau de l'activité volontaire pour servir à la science de l'éducation*, de autoria de Debs, Amiens, 1844, 196 páginas *in-8 (a).*

Acreditamos que Debs morreu quando tinha cerca de 34 anos. Em seu livro, há páginas de uma penetração prodigiosa, se pensarmos na data da obra. Aqui, assinalo uma exposição muito nítida da teoria reproduzida por W. James, segundo a qual a vontade somente liga os termos na ordem mental.

O que não teria produzido nessa ordem de estudos o intelecto tão perspicaz de Jouffroy se não houvesse sido desviado pelas discussões bizantinas então em moda sobre o livre-arbítrio! Essa teoria fatal tem sustado por meio século o estudo da vontade.

Devo a comunicação desta obra à cortesia de M. Egger, professor na Faculdade de Letras de Nancy e conhecido no mundo da ciência por seu belo livro sobre a palavra interior (*parole intérieure*) e por um recente estudo magistral sobre o juízo.

Agora que o caminho foi liberto das teorias em voga a respeito da natureza da vontade, podemos penetrar pontualmente em nosso objeto e estudar de perto a psicologia da vontade.

Livro II — A psicologia da vontade

Capítulo I — Estudo do papel das ideias na vontade

Se os elementos de nossa vida psicológica fossem simples, nada seria mais fácil do que estudar os perigos e os recursos que apresentam na obra do domínio de si. Esses elementos, porém, formam entre si ligas e mesmo combinações que tornam delicado o trabalho minucioso de análise.

Contudo, é fácil observar que todos os elementos de nossa vida íntima se reduzem a três: nossas ideias, nossos estados afetivos e nossas ações.

Parágrafo I

A palavra "ideia" oculta muitos elementos diferentes. A mais profunda distinção que o psicólogo, preocupado com as relações da inteligência com a vontade, pode efetuar entre nossas ideias é a distinção das ideias centrípetas e das ideias centrífugas. Um grande número de ideias nos vem de fora; estão "alojadas na estamenha", como diz Montaigne,[32] verdadeiros hóspedes de passagem que não sofreram nenhum trabalho de assimilação e a quem nossa memória só serve de entreposto. Os contraditórios aí se alojam lado a lado, e todos nós portamos, em nossa cabeça, um amontoado de pensamentos provenientes de nossas leituras, de nossas conversações, até mesmo de nossos sonhos — estrangeiros que aproveitaram para se introduzir em nós por conta de nossa preguiça intelectual, e a maioria sob a responsabilidade e a autoridade de algum escritor ou de algum mestre.

É nesse arsenal, onde há o que é bom e o que é ruim, que nossa preguiça e nossa sensualidade irão encontrar justificações. Das ideias

32. Michel de Montaigne (1533-1592), escritor francês. (N.T.)

dessa natureza, somos senhores; podemos alinhá-las, fazê-las evoluir segundo nossa vontade, mas, se dispomos de todo o poder sobre elas, é quase nenhum o que elas têm sobre nós. A maioria são palavras, quase nada além disso. E a luta das palavras contra nossa preguiça e nossa sensualidade é a luta do vaso de barro contra o recipiente de ferro. M. Fouillée defendeu uma tese correntemente falsa ao falar de ideias-forças. Não percebeu que aquilo que a ideia tem de força executiva lhe vem quase sempre de sua aliança com as verdadeiras potências que são os estados afetivos. A cada instante, a experiência nos vem convencer do pouco poder da ideia. Está longe de existir o assentimento puramente formal à fé eficiente e instigadora dos atos. A partir do instante em que a inteligência se vê na condição de lutar sozinha, sem ajuda externa, contra a brutal coorte das potências sensuais, está condenada à impotência. No estado sadio, esse isolamento da inteligência é impossível; a doença, porém, nos fornece muito nitidamente a prova de que toda força instigadora de atos importantes emana da sensibilidade. Que a inteligência não tenha em si nenhuma força não é o que afirmamos, mas que ela não tem o poder de deslocar ou de reprimir as pesadas e maciças tendências animais é algo que nos parece bastante certo. M. Ribot[33] demonstrou, com o auxílio de exemplos impressionantes, que, quando a sensibilidade é profundamente atingida, quando a *alegria* que sucede a sensação não surge, quando a ideia se mantém seca, fria, um ser inteligente se torna incapaz de sequer mover a mão para uma assinatura. Quem de nós, ao despertar, após uma noite agitada e um repouso imperfeito, não se encontra num estado semelhante? Mergulhados em um torpor profundo, embora com a inteligência suficientemente lúcida, vemos o que seria necessário fazer, mas ai de nós...! Sentimos, de resto, que a ideia tem pouca força por si mesma. Que escutemos nesse momento a criada falar com um visitante anunciado, mas do qual havíamos nos esquecido, e a confusão de ser flagrado no erro, o que constitui um sentimento, nos lança a toda pressa debaixo da cama. Nos casos citados por M. Ribot, há uma viva ilustração desse contraste entre os efeitos da ideia e os efeitos do sentimento. Um dos

33. *Maladies de la volonté*, p. 38, 39, 43, 50, 116, 117.

doentes aos quais ele se refere, incapaz de executar o menor movimento voluntário, embora sua inteligência esteja intacta, foi o primeiro a saltar do carro quando este atropelou e matou uma mulher na estrada.

Infelizmente, acredita-se que os estados patológicos são estados à parte, quando não passam de uma ampliação da realidade. Do mesmo modo que um avarento estará sempre pronto a rir das coisas ridículas de Harpagon,[34] sem em nada identificar-se com ele, ou sem ser em nada confundido com ele, recusamo-nos a nos vermos nos estados explícitos de doenças mentais. No entanto, toda a nossa experiência nos penetrou quanto à impotência da ideia. Sem falar dos alcoólatras, que *conhecem* muito bem as consequências de sua embriaguez, mas que apenas as sentem no primeiro ataque de apoplexia quando é tarde demais. O que é a imprevidência senão a visão das ameaças do futuro destituída do sentimento dessas ameaças? Uma vez presente a miséria, ah...! "Se eu soubesse...!" — é o que se diz. Sabia-se, mas não se tratava desse conhecimento sensível, emotivo, que, no que diz respeito à vontade, é o único que conta.

Abaixo dessa camada superficial de ideias que não penetram encontram-se as ideias que podem se beneficiar do apoio de sentimentos passageiros. Por exemplo, acabamos de passar muitos dias numa preguiça parcial; nós lemos, mas o livro a ser redigido não progride, o esforço está ausente, apesar das excelentes razões que apresentamos a nós mesmos. De forma brusca, o correio traz a notícia do sucesso de um amigo, e eis que nos vemos atingidos pela emulação, e aquilo que as considerações mais nobres e mais sólidas não puderam produzir, uma onda emotiva de ordem inferior, o produz sem demora. Eu sempre me lembrarei de um evento que me mostrou com uma evidência incisiva a diferença entre ideia e emoção. Antes do amanhecer, em Buet, eu atravessava um trecho de neve inclinado que rapidamente se congelava, cujo fundo mergulhava na obscuridade. Eu deslizava, mas em momento algum perdi a cabeça. Tinha consciência de minha situação crítica e uma clara visão do perigo. Consegui ir em frente, mesmo pensando que ia morrer, primeiro, reduzindo a marcha e,

34. Personagem da célebre peça teatral *O avarento*, de Molière. (N.T.)

em seguida, abrindo um caminho cem metros mais abaixo. Bastante calmo, atravessei muito lentamente o trecho de neve congelado com a ajuda de meu bastão de alpinista e, uma vez em segurança nos rochedos, definitivamente salvo, fui tomado (talvez por causa do esgotamento provocado por esforços excessivos) por um tremor violento. Meu coração batia, meu corpo se cobria de um suor frio, e *apenas então* experimentei medo, um terror extremo. Num instante, *a visão do perigo tornou-se sentimento do perigo.*

Mais profundamente ainda que essas ideias de origem externa, adotadas provisoriamente por estados afetivos transitórios, encontram-se as ideias que, embora também de origem externa, acham-se em harmonia com sentimentos fundamentais, e que formam com eles uma aliança tão estreita que não se sabe se é a ideia que absorveu o sentimento ou o sentimento que absorveu a ideia. Nesse nível, elas se confundem com as ideias de origem interna, nascidas estas de nosso íntimo, que são a tradução para fórmulas nítidas de nosso próprio caráter, de nossas tendências profundas. Nossa personalidade sensível lhes transmite uma cálida coloração; elas são, de algum modo, sentimentos. Como a lava já resfriada à superfície conserva-se durante anos ardente a uma certa profundidade, essas ideias conservam na sua metamorfose em inteligência o calor de sua origem afetiva. Essas ideias são, ao mesmo tempo, as inspiradoras e os sustentáculos de toda atividade prolongada numa dada direção. Todavia, que o observemos bem, essas ideias não são inteiramente ideias: são os substitutos nítidos, precisos, comodamente manejáveis dos sentimentos, isto é, estados psicológicos poderosos, mas lentos, pesados, de difícil manejo. São muito diferentes dessas ideias superficiais que constituem "o homem verbal" e que frequentemente não passam, inclusive, de palavras, signos esvaziados das coisas significadas. Sua energia lhes é transmitida, por assim dizer, pelas raízes. Trata-se de uma energia emprestada que vai haurir na fonte viva dos sentimentos, das paixões, em síntese, dos estados afetivos. Quando uma ideia como essa da qual falamos nasce numa alma ardente para acolhê-la, mediante um fenômeno duplo e misterioso de endosmose que iremos estudar, a ideia atrai para si os sentimentos próprios para fecundá-la. De algum modo, ela se nutre deles, se fortalece com eles e, por outro lado, a nitidez da ideia passa para os sentimentos, transmitindo-lhes não o vigor, mas a *orientação.* A ideia é, para os sentimentos, o que a magnetização é para as inúmeras correntes de uma pequena barra de ferro sem têmpera, maleável; ela os dirige no mesmo sentido, destrói os conflitos, e a partir daquilo que era tão só um amontoado incoerente forma uma corrente disciplinada de uma força centuplicada. Assim, às vezes, é suficiente na política a fórmula feliz de um homem popular para dirigir a um fim bem nítido todas as forças até então anárquicas e contraditórias de uma democracia.

Contudo, reduzidas a si mesmas, as ideias não têm força contra as brutalidades dos pendores. A quem não aconteceu de ser à noite tomado por um medo irracional, absurdo, de permanecer na própria cama, com o coração a bater de modo violento, as têmporas inchadas em consequência do afluxo de sangue, sentindo-se incapaz, apesar de a razão não ter se debilitado e a inteligência se conservar lúcida, de apaziguar essa emoção ridícula? Aos que não tiveram uma experiência semelhante, aconselho lerem no campo durante uma ventania de inverno, depois da meia-noite, a *Porte murée*, entre os contos fantásticos de Hoffmann:[35] verão bem quão pouco pesam sua razão e suas ideias límpidas diante da emoção do medo. Sem falarmos de sentimentos tão fortes e quase instintivos, pode-se constatar nitidamente a diferença de poder de realização da ideia e dos estados afetivos estudando os sentimentos *adquiridos.* Que se compare a crença "psitácica"[36] puramente intelectual da burguesia das pequenas cidades com a crença sentida por um dominicano. Por *sentir* a verdade religiosa, este último pode submeter-se ao sacrifício absoluto de si mesmo, privar-se de tudo o que o mundo oferece, aceitar a pobreza, as macerações, o mais duro dos gêneros de vida. O burguês, no qual a crença é de ordem intelectual, vai à missa, mas não experimenta nenhuma repugnância pelo mais desprezível egoísmo. É rico e explora sem nenhuma compaixão uma empregada pobre que ele alimenta mal ao mesmo tempo que exige dela um trabalho extenuante. Que se comparem

---

35. Ernst Theodor Amadeus Hoffmann (1776-1822), escritor alemão. (N.T.)
36. Alusão do autor ao psitacismo, que ocorre quando uma pessoa repete de forma mecânica palavras ou frases ouvidas sem ter compreensão delas. A analogia é com os psitacídeos, aves como o papagaio (do latim, *psittacus*), que agem assim. (N.T.)

ainda as veleidades do socialismo do frequentador de bulevares e de seu teatro, que não se privaria nem de um prazer nem de um gasto motivado por pura vaidade, com o socialismo *sentido* de um Tolstói,[37] que, tendo à sua disposição todos os bens, a nobreza, a fortuna, o gênio, vive a vida do camponês russo. É ainda assim que a ideia segundo a qual a morte é inevitável se mantém abstrata na maioria das pessoas. E essa ideia, afinal de contas tão consoladora e tão repousante, tão própria para fazer enfraquecer em nós os sentimentos de ambição, de orgulho e de egoísmo e fazer secar a fonte de nossos sofrimentos, permanece sem influência sobre nossa conduta. E como deixar de ser assim, uma vez que, mesmo com os próprios condenados à morte, essa ideia geralmente só é *sentida* no momento derradeiro. "Esse pensamento se achava sempre presente em sua mente, porém, de uma maneira vaga e geral, e ele era incapaz de nele deter sua mente. Assim, enquanto estremecia de terror e se tornava vermelho como o fogo ao pensar que ia logo morrer, punha-se involuntariamente a contar as pequenas barras da grade do tribunal, se admirava de ver nelas uma partida e se perguntava se seria recomendado (...) Não foi senão na noite desse dia derradeiro e triste que o pensamento de sua situação desesperada e de um medonho desenlace que lhe tocava oferecia-se à sua mente em todo o seu horror; até então, ele não entrevira senão de uma maneira vaga a possibilidade de morrer tão cedo."[38]

É, de resto, inútil acumular outros exemplos. Cada um pode, remexendo na própria experiência passada, descobrir uma grande quantidade de fatos característicos que o farão se convencer fortemente de nossas conclusões. Não, a ideia por si mesma não é uma força. Seria uma força se estivesse só na consciência. Mas, como ela aí se encontra em conflito com estados afetivos, é obrigada a tomar emprestada dos sentimentos a força que lhe falta para lutar.

Parágrafo II

Essa impotência da ideia é tanto mais desoladora pelo fato de termos sobre ela um completo poder. O determinismo da associação

37. Lev Tolstói (1828-1910), escritor russo. (N.T.)

38. Charles Dickens, *Olivier Twist*, Hachette, 1883, capítulo LII.

dos estados de consciência, habilmente utilizado, nos proporciona na esfera intelectual uma liberdade quase absoluta. São as próprias leis da associação que nos possibilitam romper uma cadeia de estados associados, de aí introduzir elementos novos, para depois reatar a cadeia. Enquanto buscava um exemplo concreto visando a "ilustrar" essa afirmação teórica, o acaso, fiel fornecedor das pessoas que adotam uma ideia, o fornece a mim. O apito de uma fábrica se faz ouvir. Esse som, esse estado apresentativo, rompeu, sem que eu o quisesse, a trama das ideias que eu seguia e introduziu bruscamente em minha consciência a imagem do mar, um perfil de montanhas corsas, em seguida, o admirável panorama que se descobre dos cais de Bastia. É que o apito tinha exatamente o mesmo som do apito do navio que eu escutei com tanta frequência durante três anos. Ora! Eis aí nossa libertação: é a lei do mais forte. Um estado apresentativo é, em geral, mais forte do que um estado representativo — e, se o apito ouvido pode romper uma sucessão de ideias nas quais *se quer* pensar, bastará empregarmos de forma consciente o mesmo procedimento.

Podemos, quando quisermos, produzir estados apresentativos em nós — introduzir a fim de nos libertar de associações muito fortes estados apresentativos que possam romper a cadeia de forma brusca. Há, sobretudo, um estado apresentativo notavelmente dócil e cômodo: o movimento, e entre os movimentos, os movimentos que constituem a linguagem. Pode-se pronunciar palavras em voz alta, pode-se ler. Pode-se, inclusive, como fazem os religiosos por conta de suas tentações, fustigar a si mesmos e romper violentamente as associações que se quer romper. A ideia a qual desejamos assegurar a vitória, de modo que ela seja, por sua vez, o ponto de partida de uma nova orientação do pensamento, podemos, assim, impô-la por meio da força.

Aqui somos, de resto, poderosamente auxiliados em nossa tarefa pela grande lei da memória. Para ser gravada profundamente, toda lembrança necessita de uma repetição frequente e prolongada. Necessita, sobretudo, de uma atenção viva e simpática, se posso me expressar nestes termos. Assim, os substratos cerebrais das cadeias de ideias que expulsamos da consciência e que mantemos em exílio se debilitam, se apagam e ocasionam em sua atrofia o desaparecimento das ideias correspondentes. Somos, então, senhores de nossos pensamentos; podemos extirpar as ervas daninhas e, bem mais do que isso, promover a destruição da porção da terra que as trazia consigo.

Ao contrário, quando queremos conservar as associações presentes e deixá-las se desenvolver, temos, a princípio, um grande cuidado de afastar os estados que se apresentam estranhos ao nosso objeto, próprios para produzir a invasão súbita na consciência; buscamos o silêncio, a calma, chegamos mesmo a fechar os olhos se a trama de nossos pensamentos for frágil. Além disso, recorremos à ajuda dos estados apresentativos, que são próprios para nos servirem; falamos em voz alta, escrevemos nossos pensamentos; a escrita, sobretudo, nos presta um auxílio maravilhoso nas longas meditações, pois sustenta o pensamento e faz dos olhos e da mão cúmplices do movimento das ideias. No meu caso, uma disposição natural fortemente cultivada pela profissão me impede de ler sem *articular*, de sorte que o pensamento é sustentado por três cadeias de sensações apresentativas, e mesmo por quatro, uma vez que é difícil articular sem *ouvir* a palavra.[39]

Em resumo, é porque temos um poder completo sobre nossos músculos, e especialmente sobre os músculos dos órgãos dos sentidos ou os músculos colocados em ação na linguagem, que podemos nos libertar da servidão da associação das ideias. Evidentemente, podem existir, nesse caso, diferenças relativas à natureza de cada um de nós, e, em psicologia, atualmente, somos culpados de querer generalizar o próprio caso, visto que se descobre a cada dia novos tipos que até então se confundiam.[40] Desse modo, tudo o que afirmo é que, para mim, a única lembrança prontamente à minha disposição, e sempre a primeira evocada quando desejo intervir no meu pensamento a fim de modificar

39. Sabe-se que a lembrança de uma palavra é muito complexa e que se compõe de quatro elementos: 1. de uma imagem motriz (palavra pronunciada); 2. de uma imagem visual (palavra impressa ou manuscrito); 3. de uma imagem auditiva (palavra ouvida); 4. de uma imagem motriz gráfica (palavra escrita). Como o pensamento é impossível sem a linguagem, fica claro que, sob qualquer trama dele, se desenvolvem uma ou diversas tramas formadas das imagens das quais acabamos de falar. Quando se escreve, as quatro tramas de imagens podem servir de sustentação para o pensamento.

40. Cf. Ribot, *Revue philos.: Enquête sur les idées générales*. Outubro, 1891.

seu curso, é a pré-imaginação de um movimento. Tenho poder sobre meu pensamento apenas porque sou senhor de meus músculos.

Seja o que for, do ponto de vista da educação da vontade por si mesma, a conclusão deste capítulo é bem desestimulante. Temos todo o poder sobre nossas ideias, mas... ai de nós...! O poder de nossas ideias na luta contra a preguiça e a sensualidade é quase desprezível. Vejamos se seremos mais felizes ao estudar os recursos oferecidos pelos estados afetivos para a obra do autodomínio.

Capítulo II — Estudo do papel dos estados afetivos na vontade

Parágrafo I

Não se poderia exagerar o poder que os estados afetivos têm sobre nossa vontade. Seu poder é total, e são capazes até mesmo de nos fazer afrontar sem hesitação a morte e o sofrimento. Constatar seu poder é constatar uma lei empírica universal. É possível, porém, transformar essa lei empírica em uma lei científica, ou seja, derivá-la de uma lei mais elevada e considerá-la como uma consequência deduzida de uma verdade evidente.

Se separarmos mediante análise os elementos fundidos em conjunto que constituem o sentimento, descobriremos que se trata de algo como um adágio de Beethoven:[41] um motivo fundamental flui rapidamente sob todas as variações que ora o encobrem, ora o destacam: essa frase sempre renascente sob mil formas é como a alma ao mesmo tempo diversa e una que concede a vida ao desenvolvimento musical. Essa frase que suporta o adágio inteiro, com suas riquezas prodigiosas, tem por correspondente no sentimento uma tendência elementar. Essa tendência fornece ao sentimento sua unidade. Com base nela, podem se desenvolver as variações muito fecundas das sensações, do prazer e da dor e das lembranças. Mas é ela que colore com um matiz particular todos esses elementos secundários. Como em Descartes,[42] as criaturas

41. Ludwig van Beethoven (1770-1827), compositor alemão. (N.T.)
42. René Descartes (1596-1650), matemático e filósofo francês. (N.T.)

somente existem por uma *criação contínua* de Deus; do mesmo modo, aqui, nossos prazeres, nossas dores, nossas sensações, nossas lembranças só existem graças a uma espécie de criação contínua: é a energia viva da tendência que neles resplandece. Se ela desaparecesse, teríamos apenas um amontoado de estados psicológicos frios, mortos, abstratos puros, carentes de cor e sem eficácia.

Esse fundo substancial de todo sentimento nos possibilita compreender por que esses estados têm em nós um poder de tanta robustez. Com efeito, o que são as tendências senão nossa atividade, nosso querer viver, que, fortemente disciplinado pela dor, foi constrangido a abandonar muitas direções em seu desenvolvimento e que se difundiu por caminhos autorizados, sujeitando-se, de algum modo, à lei de perecer ou fluir em canais que são as tendências particulares organizadas?

Essa atividade dirigida de forma muito autoritária pela dor, e que adiante vai se traduzir por séries de movimentos musculares ligados em conjunto e constituindo uma ação ou um certo grupo de ações nitidamente diferenciado dos outros, é a forma inicial de toda tendência.

A atividade, sem a disciplina da dor, foi dissipada em todas as direções e emasculada: a experiência a constrangeu a canalizar-se em nossas tendências, e essas tendências, nós o percebemos, são, por assim dizer, nossa energia central, primitiva, a qual, mediante massas ardentes, se manifesta por meio da crosta superficial das ideias adquiridas, dos sentimentos secundários de origem externa. É nossa força viva se escoando nos músculos apropriados, traduzindo-se em atos habituais; e isso mesmo explica a potência motriz das inclinações. Estas consistem em um grupo de movimentos, ou melhor, de uma massa de movimentos elementares. Por exemplo, o material muscular posto em ação pela cólera, pelo amor, etc., é sempre em seu conjunto o mesmo em todos os casos. É, além disso, sensivelmente o mesmo na espécie inteira. Tem sido o que é durante as inúmeras gerações que nos transmitiram a existência. Sobre esse fundo um tanto tosco, cada um borda suas inovações pessoais, mas o conjunto é tão coerente que os próprios bebês no berço compreendem sua significação. Essa ligação entre tal tendência e tal série de expressões musculares foi transmitida por hereditariedade. Trata-se de um vínculo, por diversas vezes, secular. Entende-se que as tramas conscientemente ligadas por mim entre tal ideia ou tal movimento muscular tenham pouquíssima força, ao lado desses outros vínculos tornados automáticos; sua única chance de não serem rompidas nessa luta desigual será, é o que se prevê, buscar alianças e fazer causa comum com as tendências hereditárias; dessa maneira se poderá arriscar uma luta na qual a trama frágil que liga a ideia ao movimento não suportará o choque.

A força do sentimento manifesta-se por uma grande riqueza de efeitos. Um sentimento vivo pode perturbar os estados psicológicos mais independentes dele em aparência, como a percepção dos objetos sensíveis. É verdade que toda percepção, mesmo elementar, é uma interpretação de determinados signos. Não vejo esta laranja; julgo apenas por meio de determinados símbolos que deve ser uma laranja. Mas essa interpretação se torna, com o hábito, instantânea, automática e, portanto, bem difícil de ser perturbada. Ora, o sentimento expulsa a cada instante a interpretação verdadeira e sugere uma interpretação alucinatória que toma na consciência o lugar da outra. Sem falar do medo, que, durante a noite, provoca interpretações perfeitamente absurdas dos ruídos mais naturais, não se sabe que o ódio nos torna cegos a respeito dos fatos mais evidentes? Que se pense, a fim de nos darmos conta dessa curiosa falsificação, nos erros cometidos pelas mães no que se refere à beleza de seus filhos, relendo o belo dito espirituoso de Molière[43] que zomba das ilusões provocadas pelo amor:

> O pálido é quanto à alvura ao jasmim comparável;
> a negrura a produzir medo, um crepúsculo adorável...?[44]

Contudo, não é apenas a percepção que o sentimento pode falsear. Os sentimentos mais fortes não respeitam em absoluto os sentimentos mais fracos. Por exemplo, e teremos proximamente que frisar a importância deste fato, a vaidade, sentimento tão vívido em muitas pessoas, é capaz de expulsar da consciência sentimentos realmente experimentados. Os sentimentos convenientes, elegantes de experimentar, são

43. Jean-Baptiste Poquelin (1622-1673), autor teatral e ator francês. (N.T.)
44. *Misanthrope*, II, V.

intensamente sugeridos pelo amor-próprio. E esses estrangeiros instalam-se de forma cômoda na consciência e recobrem os sentimentos reais como um espectro surgido diante de uma parede que esconde do alucinado os desenhos da tapeçaria, como o faria uma pessoa realmente presente. É, consequentemente, por uma autossugestão dessa natureza que o estudante sacrifica as profundas alegrias de sua idade e de seu estado a pretensos prazeres que, desembaraçados da ganga dos sentimentos sugeridos pela vaidade e o meio circundante, são miseráveis. É ainda assim que as pessoas mundanas superficiais, por gosto e por incapacidade, não vão jamais buscar no fundo de si mesmas os sentimentos reais que provam em meio às suas vidas ao mesmo tempo muito ocupadas, tolas e estéreis. Adquirem o hábito de imaginar que provam realmente os sentimentos convencionais que são bem acolhidos em seu mundo, no qual se trata de parecer experimentar sentimentos, e esse hábito acaba por neles exterminar a possibilidade de uma emoção verdadeira. Essa sujeição ao "o que se dirá disso" deles faz seres amáveis, polidos, sem nenhuma originalidade: gentis brinquedos mecânicos cujo barbante está nas mãos de outras pessoas. Mesmo nos momentos mais terríveis, o que sentem é totalmente convencional.

Está claro que, podendo adulterar nossas percepções e nossos sentimentos, coisas pesadas e sólidas, os estados afetivos terão toda a facilidade para perturbar esses estados psicológicos frágeis que são as lembranças. E como todo juízo e toda crença se apoiam em sondagens mais ou menos completas, seguidas de uma avaliação precisa dos elementos de sondagem, é claro que o sentimento poderá ter aqui consequências prodigiosas. "O principal uso que fazemos de nosso amor à verdade é nos convencermos de que aquilo que amamos é verdadeiro."[45] Quase todos nós imaginamos que tomamos partido, que escolhemos entre diversos caminhos a tomar! Ai de nós! Quase sempre nossa decisão é tomada em nós, não por nós; não há nenhuma participação de nossa vontade consciente: os pendores, seguros de sua vitória definitiva, consentem de alguma maneira em deixar a inteligência deliberar; desejam positivamente ceder-lhe a

45. Nicole, *De la connaissance de soi*, I, VI.

estéril satisfação de se crer a rainha, mas na realidade trata-se de uma rainha constitucional que se exibe, que perora, mas que não governa.

Com efeito, a inteligência tão docilmente submetida às violências dos estados afetivos não goza de grande satisfação do lado da vontade. Esta não gosta de executar as ordens secas que dela recebe: faculdade sentimental, necessita de ordens emotivas, coloridas de paixão. A patologia nos mostrou um notário absolutamente incapaz de querer, o qual saltou em primeiro lugar do veículo para dispensar a uma mulher atropelada cuidados urgentes.[46] Eis aí um exemplo de volição particular.

Com maior razão, uma vontade duradoura e poderosa deve ser sustentada por sentimentos poderosos e, se não constantes, ao menos frequentemente excitados. "Uma sensibilidade intensa", diz Mill, "é o instrumento e a condição que possibilitam exercer sobre si mesmo um poderoso império, mas para isso ela precisa ser cultivada. Quando recebe essa preparação, ela forma não só os heróis do primeiro movimento como também os heróis da vontade que se tem. A história e a experiência provam que os elementos mais apaixonados mostram máxima constância e rigor em seu sentimento do dever quando a paixão deles é dirigida nesse sentido."[47] Que se observe com cuidado a si mesmo e se verá que à parte dos atos que se tornaram, graças ao hábito, automáticos, toda volição é precedida por uma onda emotiva, por uma percepção *afetiva* do ato a ser realizado. *Ora*, nós o vimos, a ideia do trabalho que se quer empreender não é capaz de nos fazer pular da cama, ao passo que o sentimento de vergonha de ser surpreendido no leito, apesar do anúncio que se fez na véspera de levantar bem cedo, se mostra suficiente para nos fazer nos vestir apressadamente; ora, o sentimento de uma injustiça nos impele a um protesto que nos custa, etc., etc.

Além disso, a educação tão pouco racional que se ministra às crianças hoje está, em parte, fundada numa percepção vaga da verdade. Todo o sistema das composições, das recompensas, das punições apoia-se na crença confusa de que somente as emoções conseguem pôr em

46. Ribot, *Maladies de la volonté*. Loc. cit., p. 48 e 52, nota.
47. John Stuart Mill, *Assujettissement des femmes*, p. 150 e ss.;. Ribot, *Maladies de la volonté*, 117, 118, 169.

movimento as vontades. Assim, as crianças nas quais a sensibilidade se encontra a um nível muito baixo são ineducáveis no que diz respeito à vontade e, portanto, sob todos os demais pontos de vista. "É preciso confessar que, entre todas as dificuldades da educação, nenhuma é comparável à de educar crianças a que falta sensibilidade (...) Todos os seus pensamentos são distrações (...) *escutam tudo e nada sentem.*"[48]

Se considerarmos as sociedades e suas decisões coletivas como um desenvolvimento do que se passa nos indivíduos, veremos de uma maneira muito evidente que as ideias se limitam a conduzir o mundo indiretamente e se apoiando nos sentimentos. "A chegada de uma ideia", observa Michelet,[49] "não é tanto a primeira aparição de sua fórmula quanto sua incubação definitiva quando, acolhida no calor poderoso do amor, ela se manifesta, fecundada pela força do coração."[50] Spencer sustenta, com razão, que são os sentimentos "que conduzem o mundo".[51] Stuart Mill o objeta[52] dizendo que "não são as emoções e as paixões humanas que descobriram o movimento da Terra". Decerto que não. Mas essa descoberta resultou, em seu benefício, dos sentimentos poderosos sem os quais teria permanecido sem nenhuma influência sobre a conduta humana. É na alma de um Pascal,[53] de um Espinoza,[54] que a ideia germinou. Sobretudo na alma deste último, o sentimento da insignificância de nosso globo no universo e, consequentemente, o sentimento de nosso nada ser penetrou tão profundamente que ninguém pode se relacionar intimamente com suas obras sem experimentar alguma coisa da magna serenidade das coisas eternas. É quase que unicamente com os filósofos meditativos que essa descoberta produziu efeitos práticos, porque apenas com eles provocou a eclosão de emoções profundas. A vontade de uma nação, de um grupo político, é uma resultante de estados afetivos

48. Fénelon, *Éducation des filles*, cap. IV.
49. Jules Michelet (1798-1874), historiador francês. (N.T.)
50. *Les Femmes da la Révolution*, 1854, p. 321.
51. Spencer, *Pourquoi je me sépare d'Aug. Comte.*
52. *Aug. Comte et le Positivisme*, 100 ss.
53. Blaise Pascal (1623-1662), escritor, cientista e filósofo francês. (N.T.)
54. Baruch Espinoza (1632-1677), filósofo holandês. (N.T.)

(interesses, temores comuns, simpatias comuns, etc.), e ideias puras apresentam pouca eficácia para conduzir os povos.

Basta-nos, ademais, no que diz respeito a esse ponto, provocar a atenção de nossos leitores. Eles encontrarão na história numerosas provas da fraqueza da ideia na sua influência sobre a conduta e da força das emoções.

Saberão, por exemplo, descobrir o papel das ideias puras, isentas de emoção, e aquele dos sofrimentos, das cóleras, dos temores e das esperanças no sentimento patriótico que nos anima a todos. Quanto às provas individuais, o mais distraído olhar lançado à "comédia humana" lhes fornecerá dúzias de exemplos. Além dos exemplos citados por nós no primeiro capítulo deste livro, observarão devotos que terão escrúpulos quanto a faltar em a um ofício religioso e que não hesitarão quanto a destruir decididamente a reputação de suas "amigas". Verão políticos fazerem exibição de sua filantropia e que recuariam com horror diante da ideia de visitar casebres repugnantes, entrar em contato com o pobre frequentemente sujo, sempre grosseiro! Assistirão em certos momentos, como que paralisados, aos transtornos provocados em suas próprias consciências pela sensualidade e ficarão surpresos com as ideias desprezíveis que uma secreção acumulada num ponto do corpo consegue fazer germinar no pensamento, o qual é de costume o mais autocontrolado. Colocarão face a face dessa impotência da ideia o sacrifício absoluto, não somente da existência, como mesmo de todo amor-próprio capaz de produzir numa alma um profundo sentimento religioso. Eles se interiorizarão da verdade do provérbio da Imitação: *qui amat non laborat*: com efeito, para quem ama tudo é fácil, agradável de ser realizado. Verão com que facilidade o sentimento maternal pode pôr a perder as ideias de honra, de patriotismo: que ele viva, que viva infame, mas que viva! Mas verão, por meio de um fenômeno inverso, o patriotismo ardente de uma Cornélia[55] provar que aos sentimentos mais poderosos pode-se,

55. Não sabemos exatamente a que *Cornélia* Jules Payot alude, nome um tanto comum na Roma Antiga. Provavelmente, à mãe dos irmãos Graco, tribunos da plebe no século II a.C., ambos assassinados. Outra opção, a título conjectural, seria a primeira esposa de Júlio César. (N.T.)

todavia, opor sentimentos de criação secundária, artificial, e isso vitoriosamente, exemplo que nos é caro porque prova a possibilidade de desenraizar os mais sólidos sentimentos instintivos. Depois de uma tal investigação, mesmo sumária, ninguém poderá se recusar a constatar a onipotência sobre a vontade dos estados afetivos.

Parágrafo II

Infelizmente, se o lado afetivo de nossa natureza tem em nossa vida psicológica uma preponderância tão manifesta, nosso poder sobre ele é bem fraco. E o que é mais grave é que podemos nos convencer da *realidade* dessa fraqueza não só mediante um exame dos fatos, como também provar que ela não pode deixar de existir. Essa impotência, com efeito, não passa de uma consequência da própria natureza do sentimento. Demonstramos em outra parte[56] que toda ação sobre o mundo exterior tem necessariamente nossos músculos por instrumentos: na ausência dos músculos, não há ação exterior. Ora, todo impulso proveniente do exterior, por qualquer via que seja, tem como efeito provocar uma resposta do ser que o recebe, que se entenda bem uma resposta muscular. Mas as impressões externas são extremamente variadas, de modo que os ajustes musculares serão extremamente variados. Mas, independentemente da forma que o ato muscular assuma, ele necessita de esforço. Quanto a esse esforço, a natureza o alavancou engenhosamente; se uma impressão atinge os sentidos, *subitamente* o coração se põe a bater mais depressa, a respiração acelera-se, e o conjunto das funções de nutrição recebe como se fosse uma chicotada. Essa comoção fisiológica imediata é o que constitui propriamente a emoção. A emoção é tanto mais forte quanto essa comoção é mais forte, e, se essa comoção falta, a emoção falta. Ora, essa comoção é automática. Muito mais do que isso: escapa quase absolutamente da intervenção de nossa vontade, o que é muito desfavorável para nosso autodomínio.

Não podemos nem deter nem mesmo moderar diretamente os batimentos de nosso coração; não podemos fazer cessar muito rapidamente um acesso de terror impedindo a quase paralisia dos

56. *Revue philos.*, maio de 1890, *Sensation, plaisir et douleur* [Sensação, prazer e dor].

intestinos. Não podemos, nos acessos de sensualidade, entravar a elaboração do fluido seminal e sua acumulação. Ninguém mais do que nós está imbuído da ideia de que os seres humanos que são senhores de si mesmos são raros, que a liberdade é uma recompensa de esforços prolongados que poucas pessoas têm a coragem de tentar. Disso resulta que quase todos os seres humanos são escravos da lei do determinismo, que são guiados por sua vaidade, seus pendores arrogantes e que, consequentemente, são na sua maioria, como diz Nicole, "marionetes" dos quais se deve ter compaixão. Qualquer vilania que recebamos deles, a única atitude que convém a um filósofo é a calma e uma serenidade superior. Que Alceste, que crê no livre-arbítrio, se irrite, de resto sem resultado, é justiça — mas para nós a tranquilidade sorridente de Filinto:[57]

> (...) Seja o que for que a cada passo possa eu ver aparecer,
> numa viva cólera, como vós, não serei visto estar (...)
> E meu espírito, enfim, não é mais ofendido
> de ver um homem patife, injusto, interesseiro
> do que ver abutres esfaimados por carniça,
> macacos malfazejos e lobos repletos de fúria (...)

Eis aí teoricamente qual deve ser a atitude do pensador. Caso se vingue, isso deve ser com a máxima calma. E, a nos expressarmos propriamente, o sábio não se vinga. Ele procura apenas se garantir para o futuro castigando aqueles que atentam contra seu repouso, de maneira que ninguém ignore que vale mais a pena deixá-lo tranquilo. No lugar dessa grande calma desdenhosa que vemos nós? Um insulto ao amor-próprio, uma indelicadeza que nos atinge, que logo provocam, contra nossa vontade, a comoção fisiológica. O coração se põe a bater irregularmente, convulsivamente; é como se estivesse enlouquecido ou desnorteado. Várias de suas contrações são imperfeitas, espasmódicas, dolorosas. O sangue é impulsionado para o cérebro mediante movimentos bruscos e violentos, congestionando esse órgão tão delicado e produzindo uma torrente de pensamentos envolvendo violência, ideias

57. O autor parece se referir a personagens da comédia *O misantropo*, de Molière. (N.T.)

de vingança, ideias absurdas, exageradas, impraticáveis: nossa filosofia assiste, impotente, a esse desencadeamento totalmente animal que ela reprova e censura. Por que essa impotência? É que a emoção tem por antecedentes incondicionais a perturbação visceral sobre a qual nossa vontade não tem como agir. E, não podendo sustar essa perturbação orgânica, não podemos impedir sua representação, sua tradução em termos psicológicos invadir a consciência.

Será necessário multiplicar os exemplos? Não temos na sensualidade uma prova "crucial" da causa orgânica da perturbação psíquica? Será que a loucura transitória, o automatismo de nossas ideias, não cessa quando a causa presumida é expulsa? É necessário retomar o exemplo do medo analisado mais acima? Não será claro como cristal que *devemos* ser destituídos de poder contra os sentimentos porque suas causas essenciais, as causas de ordem fisiológica que os fazem existir, escapam de nossos meios de atuar sobre elas? Que me permitam uma análise pessoal que mostrará de uma vez por todas esse conflito desigual do pensamento e das vísceras: há algum tempo, vieram me informar que meu filho, que saíra desde de manhã, não havia aparecido na casa de seus amigos, que era onde ele devia estar. De imediato, meu coração passou a bater com uma rapidez muito maior. Eu, porém, raciocinei e logo descobri uma explicação plausível para essa ausência. Todavia, a extrema angústia daqueles que me cercavam e essa ideia sugerida por não sei quem de que a criança podia ter ido brincar às margens de um curso d'água com correnteza e de grande volume, o qual passa próximo de minha casa, acabaram por me perturbar. Não demorou para que, embora eu percebesse que essa hipótese inoportuna encerrava uma improbabilidade ridícula, a comoção fisiológica de que falávamos anteriormente se tornasse extrema: o coração batia com tal violência que parecia que ia arrebentar-se, eu experimentava no couro cabeludo uma viva dor, como se os cabelos se eriçassem, minhas mãos tremiam e as ideias mais malucas me passavam pela cabeça, a despeito de todos os meus esforços no sentido de expulsar esses alarmes que julgava insensatos. Mesmo a criança tendo sido encontrada após uma meia hora de buscas, meu coração continuava a bater violentamente. E, coisa curiosa, como se essa comoção que eu condenava, frustrada no seu desfecho, tivesse querido ser *utilizada* apesar de tudo, ela me impulsionava, o material da cólera e da inquietude violenta sendo sensivelmente o mesmo, a gerar uma situação desagradável na frente dos outros para a pobre criada, que não fora responsável por nada daquilo. Contudo, detive-me brusca e francamente diante da expressão de dor da pobre moça e optei por deixar a tempestade abrandar por si mesma, o que exigiu algum tempo.

Cada um pode fazer em relação a si mesmo observações análogas, e cada um chegará a esta conclusão desoladora, de que diretamente não dispomos de nenhum poder contra nossos sentimentos.

Parágrafo III

Eis-nos aqui, portanto, encurralados. A obra do domínio de si mesmo é visivelmente impossível. O título do livro é mentiroso. A educação de si mesmo é uma impostura. Isso porque, por um lado, só tenho poder sobre meu pensamento. O emprego inteligente do determinismo me torna livre e me permite ignorar as leis da associação das ideias. Mas a ideia é impotente. Só dispõe de uma força irrisória para se opor às potências brutais contra as quais devemos iniciar a luta.

Por outro lado, se os sentimentos são todo-poderosos em nós; se dirigem autoritariamente e segundo sua vontade percepções, lembranças, juízos, raciocínios; se até mesmo os sentimentos fortes aniquilam e expulsam os fracos, e, em síntese, exercem um despotismo quase ilimitado, são déspotas extremistas e não aceitam as ordens da razão nem o controle de nossa vontade.

Dispomos de vários meios de ação apenas onde estes não são utilizáveis. A Constituição que rege nossa vida psicológica garante a onipotência a uma plebe indisciplinada e ingovernável: as potências da sensatez só têm uma potência nominal; seu voto é consultivo, mas não deliberativo.

Tudo que nos resta, portanto, é lançar por terra, mediante um gesto de desespero, nossa lança e nosso escudo, abandonar o local do combate, aceitar resignados nossa derrota e nos refugiar num fatalismo que, ao menos, nos fornecerá consolos para todas nossas degradações, todas nossas preguiças, todas nossas covardias.

Parágrafo IV

Felizmente, a situação não é assim tão desesperadora como nos sentiríamos tentados a crer. A força que a inteligência não possui, um fator essencial que até aqui omitimos, pode nos auxiliar. O que ela não pode atualmente, a grande potência libertadora, *o tempo* vai lhe permitir que venha a poder a longo prazo. Vamos poder substituir a liberdade imediata, que é uma lacuna, por uma estratégia, por meios mediatos, indiretos.

Parágrafo V

Mas, antes de expor o método que temos para nos libertar, é bom não negligenciar nenhum de nossos recursos, e examinar se não podendo nada, ou quase isso, sobre o *essencial* de nossos estados afetivos, não poderíamos exercer alguma ação na tentativa de influir sobre o material *secundário* da emoção.

Sobre o material fisiológico essencial que compreende a maioria dos órgãos não submetidos à vontade, principalmente o coração, não dispomos de nenhum controle direto pelos meios psicológicos. Nossos únicos meios de ação são exteriores e pertencem à terapêutica. Uma cólera violenta pode ser logo controlada pela absorção de um pouco de digitalina, que tem por função regularizar os batimentos cardíacos.

Pode-se fazer cessar as mais violentas efervescências sexuais mediante a absorção de medicamentos especiais. Pode-se vencer a preguiça, o entorpecimento físico e intelectual pela ingestão do café. Mas ele acelera os movimentos cardíacos, transmite a eles uma marcha espasmódica e predispõe muitas pessoas à cólera. No caso de um grande número de pessoas nervosas, o café ocasiona a dispneia, uma sensação de constrição e de tremor dos membros: as predispõe, assim, a sentimentos de angústia, a inquietudes sem motivo, e mesmo a terrores irracionais.

Mas nossos meios de ação são prontamente enumerados e, em resumo, nosso poder direto sobre o essencial dos sentimentos mal merece que nos detenhamos nisso.

Não ocorre o mesmo no que se refere a tudo que, no material do sentimento, é muscular. A tradução exterior do sentimento nos pertence, uma vez que somos senhores quanto a executar ou não executar os movimentos que nos agradam. Há entre o sentimento e sua tradução para o exterior uma associação constante. Ora, constitui uma lei geral em psicologia que, quando dois elementos quaisquer têm sido frequentemente associados, um tem a tendência de despertar o outro.

É em consequência dessa lei que os psicólogos práticos mais profundos que se ocuparam da educação do sentimento, tanto Inácio de Loyola[58] quanto Pascal, recomendam os atos externos da fé como eminentemente próprios para instalar a alma no estado afetivo correspondente. Sabe-se que, no estado de sono induzido pela hipnose, a postura correspondente a uma emoção é soberana para sugerir a emoção. "Seja qual for a paixão que se quer exprimir pela postura do paciente, quando os músculos necessários a essa paixão são postos em ação, a própria paixão manifesta-se de uma só vez e toda a organização responde a isso."[59] Dugald Stewart conta que Burke assegurava ter frequentemente experimentado que a cólera tomava conta dele conforme ele simulava os signos exteriores dessa paixão. Os cães, as crianças e mesmo os adultos que lutam brincando não acabam geralmente por se encolerizarem seriamente? O riso, o choro não são contagiosos? E o povo não tem observado que, quanto mais loucos somos, mais rimos? Uma pessoa triste e rabugenta não é um desmancha-prazeres, uma calamidade para uma família? O cerimonial chinês, tão próprio para proporcionar uma elevada ideia da autoridade, não foi deliberadamente estabelecido por Confúcio,[60] que, como Loyola, pensava que os gestos tendem a sugerir os sentimentos correspondentes? As pompas católicas, acompanhadas de seu cerimonial de uma psicologia tão profunda, não são singularmente próprias a produzir nas almas, mesmo pouco crentes, uma grande impressão? Desafio um homem de fé a tolher em sua alma um vivo gesto de respeito no momento em que o prosternar unânime dos fiéis no mais completo silêncio sucede aos cânticos. Não é verdade que, na mesma ordem de ideias, a visita de um amigo que transborda de alegria não nos traz serenidade em meio das maiores

58. Inácio de Loyola (1491-1556), fundador da Ordem dos Jesuítas, canonizado. (N.T.)
59. Cf. Braid, *Neurypnology*.
60. Confúcio (cerca de 550-480 a.C.), filósofo chinês. (N.T.)

inquietudes? É, ademais, inútil multiplicar os exemplos: se os procurarmos, os encontraremos facilmente.

Infelizmente, o que provocamos são os sentimentos *já existentes*. Assim, nós os despertamos, os reavivamos, não os criamos. Os sentimentos renovados dessa forma permanecem bastante fracos; o procedimento que atua do exterior sobre o interior é sofrivelmente uma ajuda preciosa. Ele serve, de preferência, para *manter* o sentimento na luz plena da consciência. É o que vimos ser os movimentos e, principalmente, a escrita para o pensamento, ou seja, um socorro precioso para impedir que as distrações façam a atenção vacilar, e para manter no primeiro plano a cadeia de estados de consciência sempre pronta a se romper, e permitir a introdução em seu lugar de novos estados. Mas contar assim com o sugerir numa alma um sentimento que aí não está em germe, ou mesmo que só aí está como germe, é ignorar que o elemento essencial de todo sentimento escapa de nossos meios de atuar sobre ele.

Do mesmo modo, quando uma emoção fervilha em nós, podemos nos recusar a permitir que se traduza externamente. A cólera, para se expressar, *tem necessidade* dos punhos cerrados, das mandíbulas apertadas, da contração dos músculos da face, de uma respiração ofegante: *quos ego*...! Posso ordenar aos meus músculos que afrouxem, à minha boca que sorria; posso moderar os espasmos respiratórios. Mas, se não tentei extinguir as primeiras manifestações, ainda débeis, da emoção nascente, se deixei que ela crescesse, meus esforços talvez tenham sido inúteis, sobretudo se do interior a vontade não consegue enviar como socorro outros sentimentos, como o de dignidade pessoal, o temor de um arrebentamento, etc. Poderíamos fazer a mesma constatação no que diz respeito à emoção sexual. Se a mente é cúmplice do desejo, se a resistência interior enfraquece, a resistência dos músculos, agentes do desejo, dura pouco. E, regra geral, de nada serve operar um bloqueio ao inimigo construindo contra ele obras materiais se as tropas encarregadas do cerco ou assédio sentem que seus chefes amolecem, cedem, estando perfeitamente prontos para negociar. Essa recusa dos músculos de obedecer à paixão deve ser energicamente sustentada por todas as potências interiores solidárias. Disso decorre que exteriormente pouco podemos fazer para exercer influência sobre o interior. Nossa influência *direta* com o objetivo de provocar na alma um sentimento ou para imobilizar, reduzir à impotência e, sobretudo, para aniquilar um sentimento é, portanto, muito fraca. O que nos fornece esses meios externos só pode ser um *complemento*: sem dúvida, um complemento precioso, mas que tudo que pode fazer é somar-se a uma ação interna já vigorosa.

Parágrafo VI

Se estivéssemos, portanto, encerrados no presente, se vivêssemos sem nos preocupar com o dia de amanhã, sem previsão, toda luta seria inútil. Assistiríamos impotentes ao conflito das ideias, dos sentimentos, das paixões abrigadas em nós. A luta seria interessante, porém a inteligência nela seria, de antemão, expectadora destituída de estímulo. Poderia, no máximo, como se aposta nas corridas, divertir-se em prever qual vai ser o resultado da luta: acabará mesmo por adquirir nesse prognóstico uma espécie de infalibilidade. Além disso, no caso da maioria das pessoas, seu único papel é esse, pois quase todas se deixam enganar por suas previsões. Por terem previsto o que acontecerá e acontecer precisamente o que o desejo delas *quer* que aconteça, elas se creem livres. A inteligência, envergonhada por sua impotência, gosta de se alimentar da doce ilusão de que é soberana. Na realidade, porém, os pendores tratam de todos os assuntos sem ela; e ela não tem mais influência sobre o resultado do conflito do que o meteorologista, que sabe que a chuva cairá amanhã, tem sobre o grau de saturação da atmosfera.

Mas o que é a regra, e a regra merecida para todos aqueles que não realizaram nenhum esforço para conquistar sua liberdade, não é uma regra necessária. Pode-se chegar a produzir a lei junto a si mesmo. A liberdade que nos é negada no presente, o tempo nos possibilita conquistá-la. O tempo é nosso grande libertador. O tempo é o poder soberano que liberta a inteligência, que lhe concede a possibilidade de se furtar da submissão às paixões e da animalidade. Com efeito, os estados afetivos de todos os tipos são forças brutais e cegas, e o que cabe às pessoas que nesse âmbito não enxergam, sejam elas dotadas de força física excepcional, é serem conduzidas por indivíduos que enxergam nitidamente. A inteligência, fazendo-se hábil, vai mediante sua aliança com a duração, isto é, mediante uma tática paciente, tranquila, mas tenaz, apossar-se lenta e seguramente do poder e mesmo da ditadura: de uma ditadura moderada somente pela preguiça do soberano e por insurreições temporárias dos súditos.

É a natureza e os efeitos dessa libertação produzida pelo tempo que devemos estudar agora. Estudaremos em seguida os meios práticos para nos libertarmos.

Capítulo III — Possibilidade da realeza da inteligência

Parágrafo I

O que tem soberana importância na obra da conquista de si mesmo é a ligação por meio de hábitos sólidos das ideias com a conduta, ligação tal que, surgindo a ideia na mente, o ato se segue com a precisão e o vigor de um reflexo. Ora, tendo nós nisso adquirido a certeza desoladora, exclusivamente o sentimento consegue produzir os atos acompanhados desse quase automatismo. Essa ligação entre uma ideia, a ideia, por exemplo, de trabalhar, e sua tradução em atos não se opera a frio.

É necessário que a soldagem, para que seja sólida e difícil de romper, seja operada por meio do calor dos estados afetivos.

A soldagem pode, dessa maneira, adquirir uma dureza extrema. O que é, de resto, a educação senão a implantação de sentimentos poderosos visando criar hábitos de pensar, de agir, isto é, visando organizar na mente da criança sistemas conectados de ideias com ideias, de ideias com sentimentos, de ideias com atos? É impulsionada, a princípio, pelo temor, pelo amor-próprio, pelo desejo de agradar seus pais que a criança pouco a pouco controla sua atenção, que reprime sua tendência a fazer barulho, seus gestos exuberantes; que se mantém limpa, que trabalha. Em outras palavras, empregam-se sentimentos naturais poderosos, habilmente aplicados, para romper o liame entre certos pendores e sua expressão natural e para operar entre certas ideias e certos atos até então não ligados, soldagens sólidas.

As emoções religiosas, através das épocas e nos meios de fé profunda, produzem uma massa de energia extrema, porque são compostas de sentimentos elementares, eles próprios já muito poderosos, e agrupados num feixe coerente. O temor da opinião pública, o respeito pela autoridade de pessoas investidas de um caráter sagrado, as lembranças acumuladas da educação, o medo dos castigos eternos, a esperança do céu, o terror de um Deus justiceiro presente em todo lugar, que observa em todo lugar, que em todo lugar escuta e discerne mesmo os pensamentos mais íntimos, tudo isso está como que fundido num estado afetivo extremamente complexo, mas que para a consciência parece simples. Na chama ardente desse sentimento tão vigoroso operam-se soldagens definitivas entre ideias e atos; isso explica por que nas naturezas religiosas superiores uma injúria é incapaz de provocar a cólera, tanto uma resignação autêntica nelas está de prontidão. A castidade, inclusive, não causa mais conflitos, na medida em que as incitações sensuais que abrasam o cérebro dos seres moralmente inferiores são aniquiladas, vencidas, depuradas. Belo exemplo do triunfo obtido contra tendências muito poderosas, ou seja, mediante apenas o antagonismo de sentimentos superiores.

Renan dizia: "Sinto que minha vida é sempre governada por uma fé que não tenho mais: a fé tem isso de particular, ou seja, ainda que desaparecida, ela ainda atua". Isso não é, em absoluto, algo particular da fé. Toda emoção sincera que há muito tempo ligou os atos a certas ideias pode desaparecer: ela deixa depois de si esse vínculo, exatamente como no silogismo o meio-termo desaparece uma vez atingida a conclusão.

Mas semelhantes ligações que o sentimento estabelece tão facilmente a ideia também pode formar desde que ganhe a cumplicidade de estados afetivos. Nada é mais frequente do que isso; na educação que recebemos na família e no liceu, nossos pais e nossos mestres podem operar as soldagens que quiserem, como vimos. O mesmo pode fazer a religião.

Entretanto, *na obra da educação de nós mesmos por nós mesmos* não é mais assim. A tarefa é bem mais complicada; requer um conhecimento aprofundado de nossa natureza psicológica, de seus recursos desse ponto de vista. Saídos do liceu, os jovens, até então guiados por seus pais ou seus mestres, a quem a regra do liceu impunha um trabalho regular, perfeitamente definido, se acham bruscamente sem preparação especial, lançados sozinhos numa grande cidade, sem supervisão, com frequência sem contar com conselhos e, sobretudo, sem uma tarefa nitidamente definida, pois preparar um exame não é mais a mesma coisa que ter dia a dia seu emprego do tempo traçado. Mais sanções tampouco; a única tarefa (quão distante, quão pouco eficaz!) é o temido fracasso no fim do ano.

Mas a maioria dos estudantes, apesar de tudo acolhidos, quase sem trabalho, se despe de todo temor sério: a gente irá se inserir nele no derradeiro mês!

Será necessário, em meio a condições tão ingratas, assegurar a dominação da ideia e para ela encontrar apoios em sentimentos já existentes no estudante. É uma questão de tática, mas antes devemos passar em revista nossos recursos sem omitir nenhum deles e examinar meticulosamente a questão de saber como operar os vínculos necessários entre tais ideias e tal conduta.

Parágrafo II

A princípio, examinaremos as relações da ideia com as potências afetivas favoráveis à obra do domínio de si mesmo.

Os filósofos, a propósito poucos, ai de nós, que se ocuparam das relações da inteligência com o sentimento são tentados a distinguir duas espécies de conhecimento: o conhecimento propriamente intelectual e o conhecimento pelo coração.[61] É uma forma incorreta de expor uma verdade fundamental. Todo conhecimento é intelectual. Mas, quando o conhecimento é acompanhado de uma emoção, há uma fusão íntima dos dois elementos, o intelectual e o sensível, e o sentimento, por assim dizer portador de mais volume, e mais intenso do que a ideia, coloca-se na plena luz da consciência, arrojando na penumbra a ideia associada. Vimos anteriormente exemplos de ideias frias até então que bruscamente despertam emoções violentas, de sorte que a ideia muito dificilmente poderá surgir na consciência

61. Edmund Clay, *L'Alternative*. Trad. A. Burdeau. Paris, Alcan, 1898, p. 220.

sem logo arrastar atrás de si a lembrança da emoção, lembrança que não é, afinal, outra coisa senão a emoção no estado nascente. É assim que atualmente, desde que tive uma experiência demasiado viva, me basta imaginar deslizando por um declive para logo experimentar o sentimento de vertigem. Eis aí, entre uma ideia e um estado afetivo, que antes era para mim desconhecido, uma ligação infelizmente tornada automática numa só ocasião. Será possível consolidar artificialmente tais ligações? Se a resposta fosse negativa, tudo estaria perdido para a educação da vontade. Mas acabamos de ver que toda a educação se apoia nessa possibilidade. Todavia, o que nossos pais e nossos mestres puderam fazer um estudante livre, que só depende de si mesmo, poderá igualmente empreendê-lo por sua própria conta? Se não, a educação de si por si mesmo seria uma obra impossível.

Que tais associações são de difícil realização, isso é bem certo. Que requerem tempo, perseverança, também é certo. Mas que são possíveis, eis algo que cremos ser ainda mais certo. Ora, essa possibilidade é nossa libertação. Afirmá-lo é afirmar que somos livres. Ora, não hesitamos em fazer tal afirmação. Sim, somos livres. Cada um de nós pode, se o desejar, associar, por exemplo, à ideia de um trabalho tedioso sentimentos que o tornarão fácil depois. Dizemos sentimentos porque, em geral, no caso do trabalhador intelectual, essa associação se opera acompanhada de um grande número de estados afetivos. Ademais, ela raramente é o resultado de uma experiência única, como no exemplo citado anteriormente. Procedemos como um desenhista, por traços sucessivos do lápis. Cada associação operada deixa na consciência, graças à lei do hábito que começa a atuar desde a primeira experiência, uma espécie de esboço sumário. Aquelas que se cumprem nos momentos de plena energia produzem, de algum modo, os traços decisivos que consumarão a obra esboçada, em seguida pacientemente completada por retoques.

Essa lenta elaboração é necessária, pois o trabalho solitário do pensamento é tão contrário à natureza humana, a atenção sustentada e perseverante é tão penosa para um jovem que, para lutar contra a aversão inspirada por esse estado de imobilidade e, sobretudo, de concentração em torno de uma ideia, não se mostra inútil reunir num feixe sólido e coerente todas as capacidades afetivas próprias para sustentar a vontade, na sua resistência contra os poderes fatais de inércia e da preguiça humana.

É assim que, se examinarmos o que sustém a energia nessa longa e tediosa série de esforços necessitada pela composição de um livro de grande fôlego, e ao qual nos devotamos de todo o coração, encontraremos uma coalizão poderosa de sentimentos orientados para um mesmo fim. Em primeiro lugar e de imediato, o sentimento de nossa energia que nos concede o trabalho a um grau tão elevado de vivacidade; a meditação recompensada pelos resultados, pelas alegrias da descoberta; o sentimento de superioridade proporcionado pela perseguição de uma meta elevada; o sentimento de vigor, de bem-estar físico proporcionado pela atividade represada e, por inteiro, utilizada de uma maneira proveitosa. Juntemos a essas motivações tão fortes a consciência da estima daqueles que, sem nada fazer, nos seguem, alguns com completa simpatia, outros não sem uma ponta de inveja; as alegrias do horizonte intelectual que vai se ampliando. Somemos ainda a isso as satisfações do amor-próprio, da ambição descontadas; a alegria de contemplar a alegria daqueles que nos são caros e, enfim, motivações mais elevadas: o amor à humanidade, os serviços que se pode prestar a tantos jovens que erram, sem saber, sem que ninguém lhes haja nunca mostrado o caminho a seguir para alcançarem a ciência das ciências, que é aquela do governo de si mesmo. Sentimentos egoístas no presente e no futuro, sentimentos altruístas e impessoais, nos fornecem um rico tesouro de tendências, de emoções, de paixões que podemos convocar para nossa ajuda, de que podemos coordenar as energias até então incoerentes, a fim de transformar uma finalidade até então fria, tediosa, numa finalidade vívida, atraente. Projetamos sobre ela tudo que temos em nós de entusiasmo caloroso e vibrante, como o amante apaixonado orna com seus sonhos e seus desejos a jovem amada, com a diferença de que essa objetivação das ilusões dele é ingênua, enquanto para nós ela é querida, deliberada, e só assume com o tempo uma postura espontânea.

Como! O avarento chega ao ponto de sacrificar sua saúde, seus prazeres, sua própria honestidade pelo dinheiro, e não poderíamos chegar a amar suficientemente um nobre objetivo como é o trabalho intelectual para por ele prestar o sacrifício, a cada dia renovado, de subtrair de nossa preguiça algumas horas! Este comerciante levanta-se todas as manhãs às cinco horas e permanece à disposição de seus clientes até as nove horas da noite, na esperança de ir um dia para o campo e gozar de uma total ociosidade, e nossos jovens encarariam passar cinco horas diante de suas mesas de trabalho para lhes assegurar no presente e no futuro todas as alegrias múltiplas da elevada cultura intelectual! Fosse a tarefa desagradável — e realizada de todo o coração jamais é —, pode-se estar certo, por força das leis da associação das ideias, que o hábito diminuirá os sofrimentos exigidos pelo esforço e que não se tardará a tornar tal tarefa agradável.

Com efeito, nosso poder para tornar atraente, mediante a associação, o que não o era antes vai bastante longe. Podemos, em primeiro lugar, enriquecer os sentimentos favoráveis à nossa vontade, enriquecê-los a ponto de transformá-los. Quem reconheceria no sentimento divino do místico, que, segundo a expressão de São Francisco de Sales,[62] deixa "escoar e se liquefazer sua alma em Deus", uma síntese do amor e desse medo dos primeiros homens que, nus e arrojados no meio de uma natureza, potência incomensurável acompanhada da sua, tinham o vivo sentimento de seu estado miserável e o terror das forças naturais? Do mesmo modo, não é até o sentimento da brevidade da vida, "desse deslizamento das horas, dessa corrida imperceptível, perturbadora quando nela se pensa, desse desfile infinito de pequenos segundos apressados que aniquilam progressivamente o corpo e a vida dos homens",[63] que não nos possa vir em auxílio, ensinando-nos a desprezar todas as distrações vulgares.

Com certeza, não podemos nem estimular nem criar sentimentos que não existem na consciência. Mas não creio que os sentimentos elementares possam ser lacunares numa consciência humana. Em todo caso, se há homens capazes de diferir tão profundamente de seus semelhantes, não é a eles que nos dirigimos. Escrevemos nosso tratado para os jovens normais, e não um manual de teratologia. E, ademais, tais

62. Francisco de Sales (1567-1622), bispo de Genebra. (N.T.)

63. Guy de Maupassant, *Fort comme la Mort.*

monstros não existem. Onde se viram, por exemplo, homens cuja crueldade é o seu caráter distintivo e que nunca, em nenhuma circunstância, não tenham experimentado compaixão nem por seus pais nem por eles mesmos? Dizemos nunca pois esses movimentos, fossem eles muito raros, não permaneceriam menos adquiridos do que são e serão possíveis. Ora, como sabemos, por outro lado, que os sentimentos mais complexos, os mais elevados, são sínteses formadas da associação íntima dos muitos sentimentos elementares,[64] como por outro lado é evidente que a atenção vigorosa e prolongada, concedida pelo intelecto a um estado de consciência qualquer, tende a removê-lo em plena luz da consciência. Assim, permite-lhe despertar os estados associados, tornar-se um centro de organização. Sustentamos (e cada um pode fazer disso a verificação em si mesmo) que podemos encorajar, fortalecer estados afetivos tímidos de algum modo, humildes, e que até então tudo o que tinham era o sopro, incomodados, humilhados por vizinhos poderosos, e que vegetavam sem glória, como essas estrelas que não brilham menos em pleno dia ainda que os ignorantes não suspeitem de sua presença. Nossa atenção, da qual dispomos, atua como o poder criador que não temos.

Ademais, como explicar o sucesso dos romances e, sobretudo, qual é a causa de todos os compreenderem? É que exercem, cada um deles, um conjunto de sentimentos que na vida ordinária dispõem de pouquíssimas oportunidades de se exercitarem. É como uma pequena guerra na ausência da guerra efetiva, "pra valer". E, se grandes porções do público são capazes de acompanhar os romances dos grandes mestres, não é isso prova de que, na maioria dos leitores, os sentimentos estão adormecidos, apenas aguardando a oportunidade de aparecerem ostensivamente na consciência? Seria estranho que aquilo que o romancista é capaz em nós, que somos senhores de nossa atenção e de nossa imaginação, não somos capazes. Ora, somos capazes. Posso, por exemplo, quando quiser, provocar em mim cóleras artificiais, enternecimento, entusiasmo, enfim, o sentimento de que necessito para chegar ao fim desejado.

Não se assiste às descobertas científicas criarem, na acepção humana da palavra, sentimentos inteiramente novos? Há algo mais frio

64. Cf. Spencer, "Sentiments". Trad. Ribot. In: Spencer, *Psichologie*. I.

em aparência do que o mecanismo cartesiano? E, entretanto, essa teoria abstrata se precipitando na alma ardente de Espinoza não coordenou num sistema novo sentimentos esparsos que nele estavam até então, e os agrupando em torno do sentimento muito forte que ele tinha de nosso nada ser, não provocou a eclosão do mais apaixonado e do mais admirável dos romances metafísicos de que dispomos? Pode-se dizer que o sentimento de humanidade seja inato no ser humano? Não é um produto consciente, uma síntese nova, síntese de uma força incomparável? E não é evidente que Mill tem razão ao escrever que "o culto da humanidade pode se apossar de uma vida humana, dela colorir o pensamento, o sentimento, a ação com um poder do qual a religião só terá podido fornecer uma ideia, uma espécie de antegosto"?[65]

E não é, ademais, a função que cabe à inteligência orientar e operar a fusão de sentimentos elementares anárquico, concedendo-lhes uma expressão nítida? Pois todo estado afetivo, todo desejo, conserva-se por si mesmo bastante vago, cego e, consequentemente, impotente. Salvo os sentimentos instintivos, como a cólera e o medo que se traduzem por si sós exteriormente, a maioria precisa da cooperação da inteligência. Provocam na alma um mal-estar, um sofrimento, e é o intelecto que concede a esse mal-estar uma significação precisa. É à mente que cabe a investigação dos meios de satisfazer o desejo. Que sejamos tomados por uma tormenta em Mont-Blanc, padecendo de frio, o terror de uma morte horrível: é a inteligência que irá sugerir cavarmos numa parede de neve uma gruta na qual esperaremos o desfecho do perigo. Sejamos, como Robinson Crusoé, arrojados numa ilha deserta, e o que farão todos os nossos pendores dolorosamente exasperados se uma inteligência não se puser a trabalhar para satisfazê-los? Se estou mergulhado na miséria e desejo sair dela, é ainda a inteligência que irá oferecer a minha conduta uma orientação bem nítida, bem definida. Que se comparem a indeterminação e a imprecisão da agitação produzida pela inclinação sexual num jovem completamente puro e ignorante com a nitidez e a energia que assumirá para ele o desejo após uma primeira experiência, e se compreenderá que tipo de socorro é a inteligência para os estados afetivos. Basta, consequentemente, a fim

---

65. *Mill, Utilitarisme*, cap. III.

de proporcionar a um desejo, a uma emoção uma vivacidade enorme, tornar o objeto da perseguição perfeitamente preciso para o intelecto, de modo que todos os seus aspectos amáveis, sedutores, ou simplesmente úteis, sejam vigorosamente postos em destaque.

Vemos, portanto, que exclusivamente pelo fato de sermos inteligentes e capazes de prever (saber não sendo, afinal, senão prever), podemos utilizar todos os meios em nosso poder e que estudamos, para reforçar os sentimentos aliados. Pelo exterior, dispomos de pouco poder direto sobre nossos estados afetivos, mas, mediante a aplicação inteligente da lei de associação, nosso poder adquire uma extensão extrema.

Veremos que podemos proporcionar a esse poder uma ajuda que o duplica nos colocando num meio próprio à eclosão de certos sentimentos, meio familiar, ou meio de colegas, de relações, de leituras, de exemplos, etc. Teremos, ademais, que estudar extensivamente esse modo indireto de ação sobre nós mesmos (livro V).

Os desenvolvimentos precedentes são bastante apropriados para nos encorajarem. Se a ideia, para unir-se estreitamente ao ato, necessita do calor dos estados afetivos, esse calor — isso não constitui mais dúvida para ninguém — nós o podemos produzir ali onde ele nos é útil, não por meio de um *fiat*, mas por meio do emprego racional das leis da associação. A supremacia da inteligência já cessa de parecer impossível.

Devemos, porém, examinar de mais perto ainda as relações da ideia com as afeições. O sentimento é um estado volumoso, pesado, lento para se despertar, e, consequentemente, pode-se prever *a priori* o que confirma a experiência, como que o sentimento é um estado relativamente raro na consciência. O ritmo de seu aparecimento e de seu desaparecimento é muito amplo. As emoções têm como um fluxo e um refluxo. Nos intervalos, a alma se acha num estado de calma, de tranquilidade análoga ao período do mar estável. Essa natureza periódica dos estados afetivos vai nos permitir assentar com muita firmeza o triunfo da liberdade razoável. O pensamento naturalmente, também ele, está condenado a um perpétuo vaivém; mas o jovem, já educado e por meio da severa disciplina das coisas e da educação dos pais e dos mestres, adquiriu um grande poder sobre ele. Ele consegue manter por um período muito extenso de tempo as representações que lhe agradam manter na consciência. Em face da instabilidade dos estados afetivos, uma ideia se opõe nitidamente mediante sua duração, mediante sua persistência. Permanece presente durante a onda do sentimento para utilizar o movimento dele. Durante o refluxo, ela pode ativamente tirar proveito de sua ditadura provisória para preparar as obras de defesa contra o inimigo e para fortalecer seus próprios aliados.

Quando o sentimento se eleva na consciência (uma vez que só se trata aqui dos sentimentos favoráveis ao nosso objetivo), devemos agarrar a oportunidade de impulsionar nossa barca, "é preciso aproveitar os bons movimentos como da voz de Deus que nos chama, para tomar resoluções eficazes".[66] Qualquer que seja o sentimento aliado que invade a alma, utilizemos este sem demora para nossa obra. Aprendamos o sucesso de um colega, e isso fornece à nossa vontade vacilante a chicotada rápida para o trabalho! Rapidamente, desembaracemo-nos corajosamente dessa tarefa que nos torturava desde alguns dias, porque, incapazes de atacá-la frontalmente, e também incapazes de nos desembaraçarmos de sua obsessão, ela era para nós como um remorso. Tenhamos hoje, depois dessa leitura, o sentimento da grandeza e da santidade do trabalho, rapidamente com a pena à mão! Ou, mais simplesmente, experimentemos esse sentimento de vigor físico e intelectual total que torna o trabalho agradável, célere ainda diante da tarefa! Esses bons momentos, convém empregá-los a fim de assumir hábitos sólidos, a fim de saborear, de maneira a conservar deles por muito tempo o aroma, as alegrias viris do pensamento produtivo e fecundo, o orgulho do domínio de si mesmo.

O sentimento, ao se retirar, terá depositado, como um limo abençoado, o hábito fortalecido do trabalho, a recordação das alegrias que com ele se desfruta e resoluções enérgicas.

Posteriormente, desaparecido o sentimento na calma que sucede, o poder ditatorial pertence à ideia que permanece, só, na consciência. As ideias, porém, como o observa Schopenhauer, "são a barragem, o reservatório no qual, quando se abre a fonte da moralidade, fonte que não flui sempre, vêm se amontoar os bons sentimentos e de onde, chegada a ocasião, eles irão se distribuir onde é necessário

66. Leibniz, *Nouveaux essais*, II, § 35.

por meio de canais de derivação".[67] Isso corresponde a dizer que a união estreita (soldagem) operada entre a ideia e os movimentos, sob a influência dos sentimentos, dura. Por outro lado, a ideia, tendo sido frequentemente associada aos sentimentos favoráveis, acontece de, na própria ausência desses sentimentos que se apresentam, atuais, poder ela, por força das leis da associação, despertá-los a um estado débil, é verdade, mas suficiente para produzir o ato.

Parágrafo III

Após ter estudado as relações da inteligência com os estados afetivos favoráveis, *resta estudar as relações da inteligência com os estados afetivos hostis à obra do domínio de si mesmo.* Vimos que nosso poder direto sobre nossos estados afetivos, desejos, paixões, é bem fraco, ainda que seja considerável. Nossos meios são apenas indiretos. Só temos poder sobre nossos músculos e sobre o curso de nossas ideias. Podemos reprimir as manifestações exteriores das emoções, suprimir sua linguagem natural. O cortesão, o homem do mundo que é um cortesão, com frequência mais possuidor de temor de uma potência mais tirânica e mais destituída de inteligência, ou seja, da opinião pública, adquire a um alto grau o poder de reprimir toda tradução aparente de seu ódio, de sua cólera, de sua indignação, de seu desprezo.

Por outro lado, um desejo, uma tendência estão absolutamente separados do mundo exterior; só podem ser satisfeitos por meio de atos musculares: a cólera é satisfeita mediante injúrias ou mediante golpes; o amor, por meio de abraços, beijos, carícias. Mas nossos músculos dependem, em larga medida, de nossa vontade: e, uma vez que podemos recusar momentaneamente o ministério de nossos membros a uma paixão, está claro que poderemos desenvolver nosso poder e chegar a enterrar a emoção em nós mesmos.

Toda tendência que exige, em razão da lei da conservação da força, ser despendida, a tendência assim entravada exteriormente é lançada de novo ao interior e constrangida a ir abrasar o cérebro, e aí provocar um galope desordenado de ideias que, por sua vez, irão

67. *Fondement de la morale*, Alcan, p. 125.

despertar sentimentos associados. É nesse sentido que Pascal diz que "à medida que se tem mais intelecto, as paixões são maiores".

Mas não o esqueçamos: a direção de nossos pensamentos pertence a nós. Podemos impedir que o incêndio se comunique progressivamente. *Ora* podemos interpretar o papel do fogo se sentimos que o extinguir é impossível, e, por exemplo, podemos deixar nossa cólera se desafogar em palavras, em projetos de vingança, seguros de que estaremos em condições de nos conter quando essa derivação houver suficientemente abrandado a comoção estúpida e cega que força nossa vontade a uma prudente retirada. Deixamos, de algum modo, o adversário esgotar-se antes de operarmos um retorno ofensivo. *Ora* podemos encetar a ação diretamente, pois, nós o vimos, uma tendência um pouco complexa tem, por ser cega, sempre necessidade da inteligência. Ela é, por assim dizer, suspensa até uma ideia. É a união do tubarão, cuja visão é fraca e o olfato nulo, com seu "peixe-piloto" que o guia na direção da presa, e sem o qual o tubarão se move, diante dele, brutalmente, sem discernimento. Assim, o primeiro efeito de toda paixão, de todo desejo é perverter a inteligência, se fazer legitimar. Não há nenhum preguiçoso que não exponha excelentes razões para nada fazer e que não disponha de sólidas respostas para se opor a quem o incita a partir para a ação. Um déspota seria imperfeito se não estivesse compenetrado de sua superioridade sobre aqueles que explora, e se não houvesse examinado cuidadosamente os múltiplos inconvenientes da liberdade. Uma paixão assim legitimada por sofismas se torna temível. Assim é a ideia ou o grupo de ideias que serve de "peixe-piloto" para o estado afetivo que devemos visar para alcançar este último. São sofismas que devemos desagregar, arruinar. São as ilusões das quais a paixão envolve seu objeto que é preciso dissipar. O resultado é a visão nítida da mentira, do erro; a descoberta, para além das falaciosas promessas do presente, de um futuro decepcionante. A previsão de consequências dolorosas para nossa vaidade, para nossa saúde, para nossa felicidade, para nossa dignidade, suscitará, ante o desejo que sem isso tenha feito cessar as considerações próprias para entravá-lo, outros desejos, outros estados afetivos que o obstruirão e que, se não conseguirem vencê-lo, não lhe reservarão mais do que uma vitória duvidosa, de alguma maneira desonrosa e precária. A posse tranquila da consciência será substituída pela guerra, pela inquietude. É assim que, contra a preguiça contente consigo mesma, se poderá armar na consciência adversários que se acostumarão a endurecer pela luta e que acabarão por conquistar vitórias cada vez mais frequentes, cada vez mais decisivas. Lembramos dessa figura adorável de Querubim em *Le mariage de Figaro*: "Não sei mais o que sou", brada ele! "Desde algum tempo sinto meu peito agitado; meu coração palpita à simples visão de uma mulher; as palavras amor e volúpia o fazem estremecer e o transtornam. Enfim, a necessidade de dizer a alguém 'eu te amo...!' tornou-se para mim tão premente que o digo totalmente só correndo pelo parque, à tua senhora, a ti, às árvores, ao vento... Ontem, topei com Marceline... Suzanne (rindo): 'Ah! Ah! Ah! Ah! Ah! Querubim: por que não? Ela é mulher! Ela é moça! Uma mulher! Ah, como esses nomes são doces!'". Ora, se Querubim foi capaz de uma retomada de si mesmo momentânea, se dedicou-se a olhar Marceline de perto, a se compenetrar de sua feiura, de sua velhice e de sua estupidez, seu desejo foi gravemente atingido, e quem o matou?". O exame atento, a verdade. A paixão vigorosa impede o despertar do espírito crítico, mas se o *denegrir voluntário* do objeto da paixão é possível, a paixão corre o perigo de perecer. O preguiçoso, mesmo o mais fortalecido exteriormente por boas razões sofísticas, tem impulsos de trabalho em certos momentos nos quais a prova da superioridade a favor da felicidade do trabalho sobre uma vida ociosa parece manifesta: e esses momentos tornam impossível na sequência uma vida de preguiça isenta de remorsos.

O que é possível, quando se opõe aos sofismas verdades, é possível mesmo nos casos que parecem mais difíceis. Quando se trata mesmo de opor a sofismas verdadeiras mentiras voluntárias ou, o que é mais incisivo, quando é necessário opor a uma verdade que contraria a obra do domínio de si mesmo uma rede de mentiras úteis.

É claro que uma mentira voluntária não pode ter nenhuma influência na conduta a não ser que a ela acrescentemos fé. Se essa mentira não passa de uma fórmula vã, de "*psitacismo*", não nos servirá de nada. Aqui seremos detidos talvez até rindo! Ora, poderíamos mentir para nós próprios? E mentir para nós próprios cientemente, deliberadamente e sermos os patetas objeto dessa mentira?

Isso é absurdo! Sim, absurdo em aparência, porém perfeitamente explicável para quem refletiu sobre o extraordinário poder da libertação que nos concedem as leis da atenção e da memória.

Não é, com efeito, a mais geral lei da memória a de que toda lembrança que não é evocada de tempos em tempos tem a tendência de perder sua nitidez, de tornar-se confusa, de progressivamente empalidecer, para depois desaparecer da memória usual?[68] Ora, numa larga medida somos senhores de nossa atenção. Podemos, consequentemente, condenar à morte uma lembrança, bastando para isso nos recusarmos a considerá-la novamente. Podemos, pelo contrário, transmitir a ela a intensidade do destaque que queremos lhe conferir na consciência lhe prodigalizando as devoluções de uma vigorosa atenção. Todos os trabalhadores intelectuais, nesse sentido, chegam a não reter mais exceto aquilo que *querem* reter. Tudo aquilo a que não se retorna, aquilo em que não se quer mais pensar, vai embora definitivamente (salvo, bem entendido, por uma minoria de exceções).

Leibniz compreendera bem que influência essa lei pode ter para nós quando desejamos formar *ao longo do tempo* uma convicção que não temos. "Podemos", ele diz, "*nos fazer crer* (...). Aquilo que queremos desviando a atenção de um objeto desagradável para nos ater a um outro que nos agrada: aquilo que faz com que, considerando a mais as razões de um partido favorito, nós o cremos, enfim, mais plausível." Afinal, uma convicção resulta necessariamente dos motivos presentes na mente. Mas reunir esses motivos é, por assim dizer, realizar uma sondagem. E essa sondagem nós podemos, se o quisermos, adulterar de duas maneiras. A princípio, nos é permitido deixá-la muito incompleta, recusar-nos a observar certas considerações, inclusive importantes. Toda sondagem exige certa atividade mental, a preguiça nos é tão natural que nada é mais fácil do que se deter cedo demais. A facilidade dobra se temermos topar com motivos que nos desagradam. Posteriormente, uma vez a sondagem truncada, nos é lícito na apreciação do valor dos motivos deixar nossos desejos pesarem

68. Acrescentamos a palavra "usual" visando a não tocar na questão de saber se nenhuma lembrança se perde absolutamente.

sobre aqueles que nos agradam e trapacear nos pesos. Um jovem que ama uma moça e que está decidido, de antemão, a desposá-la se negará a colher informações sobre os pais dela, sobre o estado de saúde deles, sobre as origens de seus bens. Alguém lhe prova que suas origens são nebulosas? O que lhe importa! Uma jovem deve ser responsabilizada pelas faltas de seus ascendentes? Pelo contrário, procure ele se livrar de vínculos que o incomodam, e de promessas que a surpresa dos sentidos e da inexperiência dele extraíram, e a questão da responsabilidade familiar será terrível, até os ancestrais mais remotos.

Tanto é verdade que os motivos não são comparáveis a pesos sempre idênticos a si mesmos. Do mesmo modo que um número colocado diante de um outro, dois outros, se torna dez, cem vezes maior, um motivo associado a esse sentimento ou a esses outros assume valores muito diferentes. E, como somos numa larga medida os senhores dessas associações, podemos atribuir às ideias que preferimos o valor e a eficácia que nos agrada.

Ademais, podemos sustentar esse poder interior por meio de todas as influências favoráveis do exterior. Dispomos não só do presente, mas ainda, via memória, do passado: mediante um emprego hábil dos recursos da inteligência, convertemo-nos em senhores do futuro. Somos livres para escolher nossas leituras de maneira a eliminar os livros que poderiam estimular nossos pendores sensuais, nos predispor a uma fantasia vaga, sentimental, tão favorável à preguiça. Podemos, sobretudo, seja de um só golpe, seja por meio de uma grande frieza, eliminar os colegas que, por sua disposição intelectual, por seu caráter, por seu gênero de vida, fortalecem em nós nossas más disposições, nos dissipam, nos arrastam e que sabem legitimar sua preguiça por meio de razões capciosas. Não temos todos um mentor para nos lançar ao mar no momento de perigo, mas há um meio muito simples para nada temer de uma ilha de perdição: é nela não desembarcar.

Eis aí o conjunto dos meios de que dispomos para lutar contra as potências inimigas da razão. Podemos nos recusar a permitir que se exprimam pela linguagem que lhes é natural; podemos, por meio de uma estratégia sábia, destruir os erros, os sofismas nos quais nossos desejos estão suspensos, e até subtrair todo crédito às verdades funestas. A esses meios de ação, acrescentamos a disposição inteligente dos meios externos, o afastamento do meio próprio a alimentar nossas paixões e das condições próprias para favorecê-las.

Parágrafo IV

Mas esse conjunto de procedimentos táticos constitui mais a preparação da guerra do que a guerra propriamente dita. E essa preparação pode ser repentinamente interrompida por alguma paixão que, apesar de nossos esforços, se desenvolveu, ou que, com maior frequência, tirou proveito de nossa desatenção e do sono da vontade. Contudo, quando a tempestade ribomba, a sensualidade, por exemplo, invade a consciência, não convém esquecer que todos os alimentos dos quais a paixão pode se nutrir são as ideias, e que essas ideias, que a paixão tende a associar *segundo lhe agrada*, podemos tentar associá-las *segundo nos agrada*. Se a luta é verdadeiramente desigual, se a excitação progressivamente cresce, é necessário, entretanto, que nossa "fina e pura vontade superior", que "a ponta de nosso espírito"[69] não dê seu consentimento. E, como essa maré alta, ascendente, de estados afetivos não constitui uma potência única, um impulso de um arrebatamento, como são potências pesadas, divididas, que na sua onda tumultuosa mascaram as potências opostas, ainda que vencidas, cabe a nós executarmos nossos esforços no sentido de apoiar com nossa atenção e nossa simpatia esses aliados infelizes.

Talvez cheguemos a reuni-los e a retomar de forma vitoriosa a ofensiva ou, ao menos, efetuar a retirada de maneira ordenada; a retomada de nós mesmos será, assim, a seguir, mais fácil, mais rápida e mais decisiva. Por exemplo, num impulso de sensualidade, podemos não perder de vista um só instante a vergonha de nossa derrota; podemos evocar, e talvez manter na mente a pré-imaginação nítida da depressão que sucederá à satisfação, a perda de um belo e saudável dia de trabalho produtivo. De idêntico modo, num impulso de preguiça, que pode atingir os mais trabalhadores, podemos, sem conseguir superar nossa inércia nem vencer as rebeldias

69. São Francisco de Sales, *Introduction à la vie dévote*, parte IV.

"do animal selvagem" tornado mais pesado, evocar novamente em nosso pensamento a alegria do trabalho, do pleno domínio de si mesmo, etc. Com certeza, a crise será menos longa e a retomada de si mesmo, mais fácil. Deve-se, até mesmo, frequentemente renunciar à luta direta e, por exemplo, acalmar a comoção sensual se levantando, partindo para uma caminhada, indo fazer uma visita, etc., numa palavra, esforçando-se para eliminar a ideia fixa, desgastá-la, desordená-la, obrigá-la, ao menos, a compartilhar a consciência com outros estados assim introduzidos artificialmente. Do mesmo modo, pode-se enganar a própria preguiça lendo um livro de viagem, desenhando, produzindo um pouco de música, depois do que, uma vez o intelecto despertado, tira-se proveito desse despertar tentando retornar ao trabalho abandonado no instante anterior devido à covardia ou ao entorpecimento.

Enfim, se a vontade foi vencida, o que deve ser frequente, não devemos por isso perder a coragem. Basta que, como um nadador que topa com uma correnteza, se avance um pouco; ou mesmo basta, para afastar qualquer desespero, que sejamos arrastados menos rapidamente do que teríamos sido se houvéssemos nos deixado levar. Obteremos tudo do tempo. É ele que forma os hábitos e que lhes confere a força e a energia dos pendores naturais. O poder de quem jamais se desespera é maravilhoso. Nos Alpes, encontram-se gargantas (desfiladeiros) na protogine[70] que têm cem metros de profundidade. Essas escavações prodigiosas são o produto do desgaste incessante, durante os verões, das águas carregadas de areia que as cavaram. Tanto que as ações mais destituídas de importância repetidas indefinidamente acabam por produzir resultados fora de qualquer proporção com as causas. É verdade que não dispomos, como a natureza, de centenas de séculos, porém não temos tampouco de cavar o granito. Trata-se para nós tão só de desgastar os maus hábitos e constituir pouco a pouco hábitos excelentes. Nossa

70. Tipo de formação geológica granítica existente, principalmente, nos Alpes. (N.T.)

meta é apenas confinar a sensualidade e a preguiça em limites razoáveis, sem esperar aí encerrá-las absolutamente.

Além disso, nossas próprias derrotas podem acabar nos favorecendo, e tanto isso é verdadeiro que nossos recursos são numerosos para nosso aperfeiçoamento! Com efeito, o rancor, essa espécie de aversão amarga, de fadiga física, de fraqueza intelectual em que nos deixa a sensualidade satisfeita, é excelente para quem a mastiga e volta a mastigar para dela sentir todo o amargor, e para dela gravar na própria memória a lembrança.

Alguns dias de preguiça absoluta não tardam a provocar um sentimento "de intolerância" acompanhado de uma aversão de si mesmo, que é preciosa para nosso avanço. É bom ter de vez em quando essas experiências bem nítidas, e tão conclusivas quanto possível, para que, a título de comparação, a virtude e o trabalho pareçam o que são na realidade: fontes puras de felicidade e estimulantes de todos os sentimentos mais nobres e mais enérgicos; o sentimento da própria força, o orgulho de se sentir um trabalhador solidamente endurecido e admiravelmente preparado para prestar grandes serviços aos seus semelhantes e ao seu país. Nessa luta pela libertação, são, portanto, derrotas que equivalem a vitórias.

Mas está na hora de deixar de lado as considerações gerais. Sabemos, incontestavelmente, que é possível ligar em sistemas firmemente consolidados uma certa volição com uma certa série de atos e, inversamente, que é possível romper as mais sólidas associações deploráveis. Disso resulta que a educação da própria vontade por si mesmo é possível.

Resta agora estudar de perto *o como* das associações, isto é, os procedimentos eficazes para chegar ao pleno autodomínio.

Os melhores de todos esses procedimentos, e os mais eficazes, são de uma origem e de um manejo subjetivos. São os procedimentos puramente psicológicos.

Os outros são procedimentos que chamaremos de exteriores, objetivos. Consistem no emprego inteligente dos recursos que o mundo exterior no seu sentido mais amplo põe à disposição para quem deles sabe se servir.

Livro III — Os meios interiores

Parágrafo I

Os meios interiores cuja eficácia é infalível para criar, fortalecer ou destruir certos estados afetivos, e que devem necessariamente preceder a utilização dos meios exteriores compreendem:

A reflexão meditativa;
a ação.

Juntaremos, como apêndice, o estudo da higiene corporal nas suas relações com o modo de energia especial que tomamos como objeto de estudo, isto é, com o trabalho intelectual.

Capítulo I — A reflexão meditativa

Parágrafo I

Dizemos reflexão meditativa visando a distinguir nitidamente essa operação intelectual das operações similares. Não entendemos por essas palavras, e isto é evidente, a fantasia, principalmente a fantasia sentimental, que é, como veremos, um dos inimigos que temos de combater com energia na obra do autodomínio. Enquanto na fantasia a atenção dormita, deixando as tramas de ideias e de sentimentos se recrearem flacidamente na consciência, se encadearem ao capricho dos acasos da associação e, frequentemente, da maneira mais imprevista, a reflexão meditativa nada deixa por conta do acaso.

Todavia, ela difere do estudo que objetiva adquirir conhecimentos precisos, pelo fato de que tende não "a mobiliar a alma", mas, sim, a "forjá-la".[71] Com efeito, no estudo, o que perseguimos é conhecer; na reflexão meditativa, ocorre algo totalmente diferente. Nossa meta é produzir na alma movimentos de ódio ou de amor. No estudo, somos dominados pela preocupação da verdade; na reflexão meditativa,

71. Montaigne, III, III.

a verdade tem para nós pouquíssima importância. Preferimos uma mentira útil a uma verdade prejudicial: toda nossa pesquisa é dominada *exclusivamente por um motivo de utilidade.*

Para empreender essa operação de maneira frutífera, convém ter estudado a psicologia meticulosamente. É preciso que os mínimos detalhes da ciência de nossa natureza nos sejam familiares. Sobretudo, as causas de nossos fatos intelectuais, de nossas vontades, devem ser conhecidas por nós. É necessário haver elucidado as relações recíprocas desses fenômenos, escrutado a influência que têm uns sobre os outros, suas associações, suas combinações. É preciso, ademais, conhecer as influências do meio físico, intelectual, moral sobre nossa vida psicológica.

Tudo isso exige uma larga prática de observação, e uma observação aguda e sutil, perseguida desse ponto de vista utilitário especial.

Ainda mais uma vez, a tarefa consiste para nós em investigar pacientemente todos os motivos capazes de despertar em nós impulsos de amor ou de ódio, de consolidar entre ideias e ideias, entre sentimentos e outros sentimentos, entre ideias e sentimentos, alianças, combinações, ou romper as associações que julgamos nocivas; consiste em utilizar todas as leis da atenção e da memória para apagar ou para gravar na consciência o que julgamos útil dela apagar ou nela gravar. É necessário fazermos "destilar em nossa alma" as ideias e os sentimentos favoráveis, e que aquilo que é ideia abstrata transformemos em afeições sensíveis, vivas. A reflexão meditativa alcançou seu fim quando produziu na alma movimentos afetuosos poderosos ou aversões vigorosas. Enquanto o estudo tende ao saber, ela deve tender à ação.

Se considerarmos que a ação constitui o todo do ser humano, que nosso valor somente é determinado proporcionalmente à nossa boa conduta; se, por outro lado, nos lembrarmos de que nossas ações são quase unicamente, senão unicamente, provocadas por estados afetivos, compreenderemos logo a capital importância que existe em estudar bem o mecanismo delicado pelo qual se desenvolvem, se ampliam as afeições favoráveis à nossa tarefa.

Parágrafo II

Em química, se numa solução que contém diversos corpos em saturação se mergulha um cristal, das profundezas da solução, as moléculas de natureza idêntica à do cristal, movidas por uma atração misteriosa, vêm se agrupar lentamente em torno dele. O cristal se desenvolve pouco a pouco, e, se a ausência de agitação se mantém por semanas ou meses, obtemos esses admiráveis cristais que, devido ao seu volume e à sua beleza, constituem a alegria e o orgulho de um laboratório. Perturbamos a cada instante o trabalho agitando o líquido? O depósito se faz irregularmente, o cristal não é bem-vindo e permanece muito pequeno. O mesmo vale para a psicologia. Mantemos em primeiro plano da consciência um estado psicológico qualquer, e imperceptivelmente, por meio de uma afinidade não menos misteriosa que a outra, os estados intelectuais e os estados afetivos de natureza idêntica vêm se agrupar em torno dele. Se esse estado é mantido durante muito tempo, consegue organizar em torno de si uma considerável massa de potências, obter de um modo decisivo uma soberania quase absoluta sobre a consciência e reduzir ao silêncio tudo o que não é ele. Se essa "cristalização" é operada lentamente, sem impactos, ininterruptamente, ela assume um caráter de solidez notável. O agrupamento assim organizado tem algo de poderoso, de calmo, de definitivo. E convém notar que não se trata, talvez, de uma ideia que não possa, se o quisermos, criar em nós um "impulso" muito considerável. As ideias religiosas, o sentimento maternal, e mesmo os sentimentos desprezíveis, vergonhosos, como o amor do dinheiro pelo dinheiro, podem nos elevar à onipotência.

Mas são raros os seres humanos e, por maior razão, as pessoas jovens, que produzem em si a grande ausência de agitação necessária a esse trabalho de "cristalização" lenta. Para o estudante, a vida é demasiado fácil e demasiado variada, principalmente em Paris e nas grandes cidades. Uma onda de excitações externas de todos os tipos vem bater no limiar de sua consciência: a uma ideia sucede outra ideia, em seguida outra; após um sentimento sobrevêm, como numa corrida desatinada, vinte, trinta sentimentos diversos. Somam-se a esse transbordamento as milhares de sensações que assaltam seus sentidos, somam-se os cursos, as leituras, os jornais, as conversações, e só poderás comparar essa corrida através da consciência à evasão tumultuosa de uma torrente que se choca loucamente contra as pedras que atravancam seu leito, produzindo um barulho ensurdecedor.

Sim, aqueles que se recolhem por um instante e que, para além do momento presente, tentam entrever o futuro, são muito numerosos. É tão bom deixar-se levar por essa invasão desordenada de impressões! Isso requer tão poucos esforços! Basta se deixar levar pelo atordoamento e pelo arrebatamento! Assim, como diz Channing, a maioria dos seres humanos é tão desconhecida de si mesma quanto são desconhecidos para nós os países da África Central.[72] Jamais desviam voluntariamente seus olhares do mundo exterior para os dirigir a si mesmos. Ou melhor, como abriram amplamente suas consciências para as coisas externas, nunca tiveram a coragem para ir sondar, sob essa torrente de origem exterior, o fundo sólido e permanente de seu próprio ser. O resultado é atravessarem a vida sacudidos pelos eventos externos, tão pouco originais, tão pouco senhores de si mesmos quanto as folhas em turbilhão dispersas pelo vento do outono. O proveito que extraem de suas experiências é nulo: deixar errar o olhar sobre tantas coisas equivale, com efeito, a nada olhar. Unicamente fazem uma ampla colheita de descobertas aqueles que mergulham na torrente das impressões sem se deixarem arrastar e que conservam o sangue-frio necessário para, de passagem, abocanhar as circunstâncias, as ideias, os sentimentos que *escolhem*, os quais submeterão na sequência a um verdadeiro trabalho de assimilação.

Uma vez tornados nitidamente conscientes de nosso objetivo, que é fortalecer nossa vontade, e particularmente nossa vontade de trabalhar, será necessário efetuar a triagem de todas as circunstâncias exteriores, de todas as impressões, das ideias e dos sentimentos, obrigar as potências favoráveis a se deterem, a produzir seus efeitos integralmente e permitir a retirada das potências hostis sem sequer um olhar de atenção. O segredo do sucesso é tirar proveito de tudo que for utilizável para nossos fins.

Parágrafo III

O trabalho do psicólogo está, portanto, claramente indicado por todos os estudos precedentes. Ei-los em suas grandes linhas:

- Quando um sentimento favorável passa pela consciência, impedi-lo de atravessá-la rapidamente, fixar sobre ele a atenção,

72. *De l'éducation personnelle.*

obrigá-lo a proceder ao despertar das ideias e sentimentos que é capaz de despertar. Em outros termos, obrigá-lo a proliferar, a dar tudo que é capaz de dar.

- Quando nos falta um sentimento, quando se recusa a despertar, examinar com qual ideia ou qual grupo de ideias ele pode ter alguns vínculos; fixar a atenção nessas ideias, mantê-las fortemente na consciência, e aguardar que mediante o jogo natural da associação o sentimento desperte.
- Quando um sentimento desfavorável à nossa obra irrompe na consciência, recusar-se a lhe atribuir atenção, esforçar-se para não pensar nele e, de alguma maneira, fazê-lo morrer de inanição.
- Quando um sentimento desfavorável cresceu e se impõe diante da atenção sem que o possamos recusar, empreender um trabalho de crítica malévola em torno de todas as ideias das quais esse sentimento depende e em torno do próprio objeto do sentimento.
- Lançar sobre as circunstâncias externas da vida um olhar penetrante, indo até os mínimos detalhes, de modo a utilizar inteligentemente todos os recursos e evitar todos os perigos.

Tal é, por assim dizer, o programa geral que se deve procurar aplicar.

Parágrafo IV

Há, porém, alguns pontos a respeito dos quais é necessário insistirmos. No momento em que estiver compenetrado da necessidade de não ser um "fugitivo de si mesmo", que tiver compreendido bem que a distração é uma fraqueza análoga ao que é o tremor dos membros, o estudante saberá encontrar momentos para o recolhimento. Cessará de dispersar sua mente, como fazem todos os seus colegas. Não lerá mais dez jornais durante a tarde, não esbanjará seu tempo jogando cartas, discutindo acidamente tolices, atordoando-se de todos os modos. Manter-se-á fiel à honra de estar de posse de si e não se deixará arrastar, inerte, pela corrente que arrasta os outros.

Ora, o meio mais eficaz de alcançar essa posse de si mesmo é suscitar na própria alma afeições vigorosas ou repulsas veementes. Ele procurará, portanto, mediante reflexões simples e familiares, "se fazer" amar o trabalho, se fazer detestar a vida indolente, inútil e tola do ocioso. Sua própria experiência lhe fornecerá a cada instante essas reflexões. Não deixará que sejam logo expulsas de seu pensamento por outras ideias. Tomará o cuidado de *saboreá-las*. Ele as obrigará a assumir todo o seu desenvolvimento, toda a sua amplitude. Em lugar de pensar com palavras, como a pessoa vulgar, desejará ver de uma maneira *concreta e circunstanciada* o que será objeto de sua reflexão. Ver em geral, e como algo corrente, é o método das mentes preguiçosas. As mentes que refletem possibilitam, pelo contrário, destilar gota a gota e "produzir seu mel"[73] no seu pensamento nos diversos pontos da meditação. Cada um sabe e repete, por exemplo, que o trabalho traz positivamente alegrias de todas as espécies; são enumeradas: a princípio, são intensas satisfações do amor-próprio; é a alegria mais elevada de sentir as próprias faculdades fortalecidas e consolidadas, a de proporcionar completa felicidade aos próprios pais, de preparar para si uma velhice feliz, etc. Mas nosso estudante não se contentará com tal enumeração, a qual é puramente verbal. As palavras são signos breves, cômodos que substituem para o pensamento as próprias coisas sempre complexas, sempre incômodas e que obrigam a um esforço de pensar tanto mais considerável quanto são mais numerosos os detalhes. Assim, as mentes medíocres pensam com as palavras, coisas abstratas, mortas, de sorte que a repercussão na vida interna é nula. Ademais, quem não percebe que as palavras se sucedem muito depressa, e que dessa multidão de imagens que tendem a nascer, evocadas por elas, nenhuma alcança a nitidez? O resultado dessas evocações superficiais constitui para a mente uma fadiga estéril, uma espécie de atordoamento produzido por esse pulular de imagens que não obtém êxito. O remédio para esse mal é ver com nitidez, detalhadamente. Por exemplo, não diga: "Meus pais irão ficar contentes!". Evoca a lembrança de teu pai, vê as manifestações

73. George Sand, *Lettre à Flaubert.*

da alegria dele diante de cada um de teus êxitos, contempla-o pela imaginação a receber as felicitações dos amigos da família: imagina o orgulho de tua mãe, seu prazer nas férias de caminhar de braço dado com o filho do qual está orgulhosa. Assista em pensamento ao jantar que diz respeito a ti: não é até a vaidade ingênua da irmãzinha em relação ao irmão mais velho que deixarás saborear na ideia. Em outros termos, esforça-te por meio da evocação precisa de tais pormenores, de tais gestos, de tais palavras, de fruir profundamente a felicidade de todos esses seres amados que por ti se impõem, sem os sentir, os sacrifícios mais pesados, que se privam de muitas alegrias para tornar tua juventude mais feliz, e que tomam para si os fardos da existência a fim de não teres de carregá-los sobre teus ombros.

E do mesmo modo será preciso evocar, até os menores detalhes concretos, as alegrias da velhice quando esta coroar uma vida de trabalho. A autoridade de nossa linguagem, do que escrevemos, o respeito de todos, o grande interesse que se conserva para a própria vida no momento em que é privada de todos os prazeres materiais, etc. Assim também se deve "saborear" as considerações que se referem à independência que proporciona o trabalho, o sentimento de força, de poder desenvolvido por ele, as felicidades incontáveis que ele põe à disposição dos enérgicos, caso em que ele dobra o sabor...

Quando se medita frequentemente em torno de todas essas considerações e, inclusive, em torno de outras, quando se deixou o pensamento impregnar-se por muito tempo e com frequência de seu perfume, é impossível que um entusiasmo tranquilo, porém viril, não vivifique nossa vontade. Mas, e o dizemos ainda mais uma vez, quando se desenha um movimento de fervor, é necessário insistir, conferir-lhe toda sua amplitude, toda sua energia. Mesmo que se trate de um sentimento bruscamente introduzido na consciência por um evento exterior, por exemplo, por uma cerimônia em honra de um cientista, é preciso logo dedicar-se a desenvolvê-lo, a fortalecê-lo.

Ocioso dizer que, quando as considerações são de natureza a produzir uma aversão pela vida que procuramos evitar, é necessário, do mesmo modo, formar uma ideia viva e poderosa dos detalhes mais precisos. Impõe-se de alguma maneira ruminar as disformidades da vida de preguiça. Um grão de pimenta, se o engolimos, observa um escritor antigo da cultura greco-romana, não nos provoca nenhuma sensação. Se, pelo contrário, nós o mastigamos, e o retornamos a todos os sentidos com a língua, ele pica o céu da boca e produz um sabor acre insuportável, provocando espirros e levando os olhos a lacrimejar. É preciso fazer assim, em sentido figurado, no que toca à vida de preguiça e de sensualidade, de maneira a nos provocar a aversão e a vergonha. Essa aversão não deve aplicar-se somente ao mal, mas a "tudo do que ele depende e que dele depende". Não é necessário fazer como este guloso a quem os médicos proibiram o melão, que toda vez nele provocava graves recaídas. "Ele não o come porque o médico o ameaça de morte se comê-lo, mas ele se atormenta com essa privação, fala dela (...). Quer ao menos o sentir e tem na conta de felicíssimos aqueles que podem comê-lo (...)". [74] De idêntico modo, deve-se não só detestar a vida de preguiçoso, esse estado miserável no qual a mente desocupada, vazia, devora-se a si mesma, torna-se presa das preocupações mesquinhas, ridículas, mas convém também abster-se de invejar a existência dos ociosos, de falar sobre ela. É preciso odiar os colegas que nos dispõem no sentido da indolência, aos prazeres que nos conduzem a ela. É necessário, em síntese, detestar não só a doença, como também o melão que provoca as recaídas.

Como se vê, o grande segredo para fortalecer em nós qualquer sentimento é manter por muito tempo e com frequência na consciência as ideias das quais ele depende. É conferir a essas ideias um relevo, um vigor e uma precisão muito grande. E, para fazer isso, é indispensável *ver concretamente*, no detalhe vivo e característico. Ademais, esse método possibilita ao sentimento desenvolver-se pela atração própria que ele exerce sobre os sentimentos similares e pela riqueza das considerações que se despertam entre si.

Como ajuda à realização desse trabalho, poderá ser bom efetuar leituras com a finalidade precisa de favorecer a eclosão de tal sentimento particular. Os exemplos que desenvolveremos, assim, na parte prática do livro poderão auxiliar muito aqueles que não têm o hábito de cultivar essas espécies de reflexões. Todos os livros que expõem os

74. "Introdução" a *La vie dévote*.

benefícios ou as alegrias do estudo e as abjeções de uma vida ociosa serão excelentes a título de ajuda. A leitura de certas memórias, como as de Mill, as cartas de Darwin, etc., pode produzir efeitos positivos.

Se a meditação for bem conduzida, se soube-se produzir externa e internamente a calma, o silêncio, os quais possibilitam aos movimentos emotivos se propagarem até as profundezas da consciência, com certeza se chegará a uma resolução. Mas, mesmo que nenhuma resolução se formasse, não haveria necessidade de crer que todos esses esforços estariam perdidos para nosso avanço. Como o observa Mill: "Quando o homem está nesse estado excepcional, suas aspirações e suas faculdades convertem-se no modelo ao qual ele compara e, consequentemente, pelo qual ele julga seus sentimentos e suas ações dos outros momentos. As tendências habituais se moldam e se produzem com base nesses movimentos de nobre excitação, a despeito da fugacidade deles".[75] Com efeito, sucede conosco em relação a eles como com esses instrumentos que, como se diz, melhoram sob os dedos de um grande artista. Quando consideramos com um olhar firme nossa vida inteira, é impossível que o momento presente não assuma para nós uma significação totalmente diferente daquela de nossa vida regular do dia a dia. Também, quando se viveu em imaginação todas as alegrias concedidas pelo trabalho, e se sofreu todas as amarguras da vida débil do "abúlico", não é possível que nosso pensamento na sua totalidade e nossa atividade não recebam disso um impulso vigoroso e enérgico. Infelizmente, se não retornamos frequentemente ao desenho que esboçamos, para completar o esboço e reforçar os traços, a torrente das solicitações externas passando novamente através da consciência não tarda para tudo apagar. Os bons movimentos, se não os reiterarmos, não produzirão a colheita dos atos.

Parágrafo V

É, portanto, de uma importância capital não se apressar em recuar bruscamente em meio à confusão das impressões externas. Convém recolher-se, dar aos impulsos do entusiasmo pelo trabalho, à

75. *Assujettissement des femmes.*

aversão pela preguiça, o tempo para que cheguem ao seu fim, isto é, produzir resoluções sólidas.

A resolução viva, nitidamente formulada, é nessa obra de renovação de si mesmo absolutamente necessária. Há, de certo modo, duas espécies de resoluções, todas as duas produzidas pela meditação. Há as grandes resoluções gerais que abrangem a existência inteira, que decididamente orientam a vida para um polo. Essas resoluções sucedem geralmente longas hesitações entre diversas vidas possíveis. Mais geralmente ainda, decidem lutas penosas, marcam nas grandes almas a recusa brusca, definitiva, numa crise de entusiasmo, da sugestão tão poderosa das solicitações da família, das relações dos preconceitos mundanos que tendem a nortear a vida do jovem para a vida habitual, frequentada pela maioria.

Para as almas fracas, as naturezas "semelhantes à do carneiro",[76] a resolução é a paz desonrosa e covarde dos derrotados. É nelas o triunfo da mediocridade, o abandono definitivo de qualquer tentativa de luta, a aceitação do gênero de vida de todos e a recusa de escutar adicionalmente as solicitações de um ideal mais elevado que a má qualidade de suas almas não comporta. Entre esses dois casos nítidos que resultam em decisões irrevogáveis encontram-se todos os graus de fraqueza dos jovens que experimentam retomadas de si mesmos, que não conseguem silenciar os apelos de uma vida superior, mas que, por falta de vontade, recaem incessantemente na vida que desprezam. Escravos revoltados e amargos que não aceitam, como os precedentes, seu declínio, que sentem a beleza de uma existência de trabalho e não podem trabalhar, que padecem à disformidade, à abjeção de uma vida de preguiça e nada fazem! Escravos, entretanto, que o conhecimento das leis da psicologia pode libertar se não se desesperarem demasiado cedo de seu resgate e se não o quiserem de imediato.

Essas resoluções têm uma importância tão grande porque são, de alguma maneira, uma conclusão. Constituem a tradução, numa fórmula precisa e breve, de uma inumerável quantidade de

76. No original, "*les natures moutonnières*", indivíduos sem iniciativa pessoal, que se limitam a imitar os outros. (N.T.)

veleidades, de experiências, de reflexões, de leituras, de sentimentos e de pendores.

Por exemplo, no que se refere à direção geral da conduta, devemos escolher entre as duas grandes hipóteses confrontadas a respeito do fim geral do universo. Ou aceitaremos com os céticos que o mundo, tal como existe, é, de alguma maneira, o resultado de um feliz lance de dados que não se reproduzirá mais, que a vida e a consciência só surgiram sobre esta Terra por acaso; ou então aceitaremos a tese oposta: iremos crer que o universo está em via de evolução rumo a uma perfeição cada vez mais elevada.

A tese cética tem a favor de si apenas um argumento, ou seja, que nada sabemos, que estamos encerrados "neste canto desviado da natureza", neste "pequeno calabouço", e que seria uma grande pretensão estabelecer como leis universais o nada conhecido por nós. A tese contrária tem a seu favor a verdade de fato e, de algum modo, sua posse. Tudo que conhecemos é nosso mundo, mas este mundo é ordenado, e ele é assim há muito tempo, pois a vida supõe a estabilidade invariável das leis naturais. Se hoje, acompanhando as qualidades visuais do trigo, por exemplo, coexistem qualidades comestíveis, a seguir, amanhã, caracteres diferentes, depois de amanhã, propriedades venenosas, nenhuma vida poderia se organizar. Eu vivo e, portanto, as leis da natureza são constantes. Datando a vida do período siluriano, já há alguns milhões de anos que as leis da natureza são o que são. É ao que fazíamos alusão dizendo que a tese "moralista" tem, a seu favor, a posse.

Por outro lado, essa longa evolução que perdura há tantos milhares de anos tem produzido seres pensantes, e estes seres pensantes, seres morais. Como então admitir que a marcha das coisas não tende para o pensamento e a moralidade? A história natural e a história humana ensinam que todos os horrores do *struggle for life*[77] resultaram na formação de uma humanidade superior.

Por outro lado, o pensamento implica a ordem e a constância precisamente como a vida. O caos é impensável. Pensar é organizar, é classificar. E o pensamento, a consciência não são as únicas

77. Luta pela vida. (N.T.)

realidades que conhecemos? E aceitar a tese cética não é senão proclamar que a única realidade conhecida é uma pura utopia? E proclamar isso não tem muito sentido *para nós*. São proposições pronunciadas verbalmente, sem se dispor de nada que lhes dê sustentação.

Portanto, teoricamente as razões favorecem muito a tese moralista; praticamente são decisivas. A tese cética resulta na justificação do egoísmo pessoal, em reconhecer tão só o valor da habilidade. Caso a virtude venha a ser objeto de alguns elogios, será assim a título de uma habilidade superior.

Adicionemos a essas considerações que a escolha não é facultativa. É obrigatória, pois não escolher ainda é escolher. Aceitar uma vida de preguiça e de prazer corresponde a aceitar efetivamente a hipótese de que a vida humana só tem valor como instrumento de prazer. Ora, eis aí uma tese que, por ser simples e ingênua, nem por isso é, antes de tudo, menos metafísica. Muitos indivíduos são mais metafísicos do que pensam: eles o são sem o saber — eis tudo.

É, portanto, impossível deixar de escolher entre as duas grandes hipóteses metafísicas. Esta escolha pode ser precedida por anos de estudos e de reflexões. Depois, de repente, um belo dia, um argumento assume um relevo mais vivo, a beleza e a grandeza da tese moralista prendem a alma e tomamos sua resolução. Decide-se que aceitaremos a tese moral porque exclusivamente ela fornece uma razão de nossa existência, porque exclusivamente ela dá um sentido aos nossos esforços rumo ao bem, a nossas lutas contra a injustiça e a imoralidade. A partir desse momento, feita a escolha, não se permite por sequer mais um só instante que as razões céticas penetrem na nossa mente. São repelidas desdenhosamente porque existe um dever superior ao prazer de filosofar, ou seja, o dever de agir e de agir honestamente. Guarda-se ciosamente a própria fé moral que se torna um princípio de vida e confere à nossa existência um sabor, uma elevação, um vigor que jamais conhecerão os diletantes, nos quais o pensamento permanece incapaz de produzir afeições e uma atividade sólida e viril.

A vida, a partir dessa resolução solene, é orientada. Nossos atos deixam de vacilar ao capricho dos eventos externos. Não seremos mais um instrumento dócil nas mãos de homens mais enérgicos do que nós. Mesmo golpeados pela tempestade, saberemos preservar nosso caminho; estamos amadurecidos para as tarefas superiores: essa resolução é como o cunho para as moedas. O desgaste poderá apagar alguns traços, porém não se poderá mais deixar de reconhecer as grandes linhas do rosto impresso no bronze.

Essa grande resolução moral deve ser acompanhada junto ao trabalhador de uma outra resolução: como Hércules puxado repetidamente de um lado para outro entre o vício e a virtude, ele deverá resolutamente aceitar a vida de trabalho e rejeitar a vida de preguiça.

Isso se aplica às resoluções gerais que se tem de tomar apenas uma vez durante a existência. Essas resoluções solenes são a aceitação de um ideal, a afirmação de uma verdade sentida...

A meta fixada, porém, não a alcançamos de uma só vez, e apenas a alcançamos *querendo* os meios. Um estudo atento nos indica os meios mais apropriados. É preciso querer esses meios e toda volição envolve uma resolução. Mas essas resoluções parciais se tornam singularmente fáceis quando a grande resolução foi tomada de forma positiva e devida. Dela resultam como os corolários resultam do teorema. Pode-se, todavia, se para nós custa tomar uma resolução particular, por exemplo a resolução de traduzir um certo texto de Aristóteles,[78] pensar nas considerações que são próprias para nos tornarem agradável essa tarefa. Se o texto em si é desagradável, não há como negar que o esforço para extrair um sentido de uma página, que talvez dele nunca se teve, constitui uma ginástica vigorosa, e a grande penetração intelectual que essa luta passo a passo contra cada palavra, contra cada proposição, e esse empenho para encontrar uma sequência lógica desenvolvem, dela toma-se logo consciência quando, depois de oito horas de tal trabalho, aplicam-se as próprias faculdades aguerridas a uma página das meditações de Descartes ou a um capítulo de Stuart Mill. Somos como esses soldados romanos que treinavam com uma carga dupla do fardo exigido em tempo de guerra. É raro que, permanecendo bem presente

78. Aristóteles de Estagira (384-322 a.C.), filósofo grego nascido na Macedônia. (N.T.)

a resolução no seu conjunto, algumas considerações simples, familiares e precisas referentes a alguma resolução particular não sejam suficientes para sensibilizar a vontade.

Tudo isso que acabamos de mencionar nos mostra quanto, no ensino, os mestres se privam de um elemento importante do sucesso não fazendo preceder cada ordem de estudo de uma exposição muito persuasiva das grandes vantagens gerais e particulares que os alunos vão retirar desses estudos. Posso dizer que, durante anos, estudei com fastio o latim, do qual ninguém jamais me mostrara a utilidade. Por outro lado, curei desse fastio alunos que haviam sido atingidos por ele unicamente os fazendo ler, e para eles completando a admirável exposição de M. Fouillée sobre a necessidade dos estudos clássicos.

Parágrafo VI

Todavia, sem dúvida uma objeção se apresenta obstinadamente à mente de alguns leitores. Estes têm ouvido com tanta frequência se repetir que há uma antinomia entre a atividade e a meditação prolongada, que os pensadores são ordinariamente pouco aptos à vida prática, que a utilidade para a ação da reflexão meditativa prolongada não lhes parece certa. A razão é confundirem as pessoas agitadas com os homens de ação verdadeiramente dignos desse nome. O agitado é o contrário do homem de ação. O agitado tem necessidade de agir: sua atividade se traduz pela ação frequente, incoerente, regular, sem se preocupar com o amanhã. Mas, como todos os êxitos na vida, na política, etc., só são obtidos mediante a continuidade dos esforços numa mesma direção, essa agitação que produz uma espécie de zumbido gera muito barulho, mas pouco ou nenhum trabalho, sobretudo trabalho construtivo. A atividade orientada, segura de si mesma, envolve a meditação aprofundada. E todos os grandes homens ativos, como Henrique IV[79] e Napoleão,[80] antes de agir, refletiram longamente, seja por si mesmos,

79. Henrique IV (1553-1610), um dos reis da França. (N.T.)

80. Napoleão Bonaparte (1769-1821), nascido na Córsega, militar, foi imperador da França de 1804 a 1815. (N.T.)

seja por intermédio de seus ministros (Sully).[81] Aquele que não medita, que não tem sempre presente na memória o objetivo geral a ser perseguido, que não busca assiduamente os melhores meios para alcançar os fins particulares, torna-se necessariamente o joguete das circunstâncias. O imprevisto o perturba e o obriga a cada instante a realizar esforços súbitos que o levam à exaustão e que acabam por fazer perder o rumo geral a seguir. Contudo, veremos, a ação deve sempre seguir a reflexão meditativa: totalmente sozinha esta não basta, ainda que seja a condição necessária de toda vida ativa fecunda.

Dizemos condição necessária porque todos nós somos, mais do que pensamos, estranhos a nós mesmos. Pode-se, com justiça, ficar desolado ao se observar que não há um homem em mil que seja uma pessoa, uma vez que quase todos são, no conjunto de sua conduta e nos seus atos particulares, como marionetes movidas por um conjunto de forças prodigiosamente mais poderosas do que as suas. Não vivem uma vida própria mais do que este pedaço de madeira que se lança na corrente e que é arrastado sem saber nem por quê nem como. Para retomar uma imagem célebre, todos são movidos como cata-ventos, conscientes de seus movimentos e não conscientes do vento que os move. A educação, as sugestões tão vigorosas da linguagem, a pressão extremamente poderosa da opinião dos amigos e do mundo, os provérbios de feitio categórico e, enfim, os pendores naturais conduzem a maioria de nós, e bem raros são aqueles que, agitados por tantas correntes insuspeitas, orientam resolutamente sua marcha na direção de um porto antecipadamente escolhido e que sabem se deter frequentemente a fim de reconhecer o ponto em que se encontram e corrigir sua rota.

Mesmo para aqueles que ousam tentar essa retomada de si mesmos, quão restrito é o tempo da posse de si mesmos! Até os 27 anos, somos impulsionados, sem muito refletir a respeito de nosso destino, e, quando começamos a querer assumir a direção da vida, somos presos nas rodas de uma engrenagem que nos arrastam. O sono toma um terço da existência; as tarefas regulares, vestir-se, comer, digerir, as

81. Maximilien, duque de Sully (1560-1641), ministro da economia de Henrique IV. (N.T.)

exigências do mundo, as exigências profissionais, as indisposições, as doenças deixam pouquíssimo tempo para a vida superior! Vai-se em frente. Os dias se sucedem e se está velho quando se principia a ver com clareza a própria existência. Daí esse poder prodigioso da Igreja Católica, a qual sabe para onde conduz as pessoas e que, informada mediante a confissão e a direção das almas das mais profundas verdades da psicologia prática, traça uma via larga para o grande rebanho das marionetes, sustenta os fracos que vacilam e impulsiona numa direção sensivelmente uniforme essa multidão que, sem ela, desceria ou ficaria, do ponto de vista da moralidade, ao nível do animal.

Ah! Sim, quase todos sofrem a um grau incrível sugestões de origem externa! É, em primeiro lugar, a educação recebida na família, e as famílias de filósofos são raras! Raras, consequentemente, as crianças que recebem uma educação racional. E mesmo aquelas que recebem uma tal educação são impregnadas de algum modo numa atmosfera de estupidez. O meio que as cerca, os empregados domésticos, os amigos, os quais estão poderosamente submetidos à influência da opinião pública, encherão a memória da criança das fórmulas que correm pela sociedade. Mesmo que a família pudesse construir tabiques impermeáveis contra esses preconceitos, a criança terá professores entre os quais pouquíssimos são dados à reflexão, e colegas infestados do espírito comum. Além disso, vivendo entre seus semelhantes, a mais bem educada das crianças deverá falar segundo a linguagem de seus semelhantes. Ora, todos dizem que a linguagem tem origem popular. A multidão criou uma linguagem à sua imagem. Verteu sobre ela sua mediocridade, seu ódio por tudo que é verdadeiramente superior, seu juízo grosseiro e ingênuo que se detém diante das aparências. Assim, reencontra-se na linguagem uma multidão de associações de ideias que elogiam a fortuna, o poder, os fatos referentes à guerra e que desprezam a bondade, o desinteresse, a vida simples e o trabalho intelectual. E todos nós sofremos a um elevado grau essa sugestão da linguagem. Queres disso a prova? Que se pronuncie diante de ti a palavra "grandeza" e haverá cem indivíduos apostando que essa palavra evoca ideias de poder, de pompa, antes de te fazer pensar na grandeza moral. Todos evocarão César,[82] ninguém evocará Epicteto.[83] Caso se trate de felicidade, eis que são suscitadas na mente as ideias de fortuna, de poder, dos aplausos! Faz, como eu o fiz, a experiência com umas quinze palavras, que são as mais características, de tudo o que faz para um pensador valer a pena a vida ser vivida, faz crer que investigas do ponto de vista psicológico as imagens que acompanham a palavra, para que ninguém duvide do alcance moral desse exercício, e ganharás instrução. Disso concluirás que a linguagem é o mais poderoso instrumento de sugestão de posse, em detrimento dos espíritos de valor, da ignorância tola e vulgar.

Ora, com base nessa estupidez universal, cada colega de nosso estudante se conserva possuidor de um maço de obrigações que converterá em pequenas moedas de escasso valor em consonância e em função das ocasiões que envolvem gastos cotidianos. Os provérbios encerram, sob uma forma viva e concisa, a sabedoria das nações, isto é, as observações das pessoas que desconhecem as regras elementares de uma boa observação e que não suspeitam no que pode consistir uma experiência conclusiva. Esses provérbios repetidos incessantemente acabam por assumir uma autoridade que não fica bem contestar. Fala-se de um jovem que sacrifica estupidamente todos os prazeres verdadeiramente dignos desse nome à vaidade de arrastar de uma cervejaria para outra alguma mulher grosseira e caprichosa: "É preciso que a juventude passe!" — dirá algum personagem grave que deseja parecer que tem largueza em matéria de ideias. Será uma felicidade se ele não estimular o jovem a continuar manifestando o vivo desgosto que o tempo passado nessas loucuras produziu nele próprio.

Ora, é preciso ter a coragem de dizê-lo. Tais fórmulas consagradas produzem para o jovem um mal em relação ao qual nem conseguimos exagerar, ao impedi-lo de refletir, de contemplar a verdade. E como, em todos os países da Europa e da América, somos jogados, ao sair

82. Caio Júlio César (100-44 a.C.), político e general romano. Foi membro do primeiro triunvirato com Pompeu e Crasso e governou Roma sozinho durante a transição da República para o Império. (N.T.)

83. Epicteto (cerca de 55-135 d.C.), filósofo estoico grego que teve grande atuação em Roma. (N.T.)

do colégio ou do liceu sem nenhuma supervisão real, sem nenhuma tutela moral, em alguma grande cidade; como nunca nos advertiram contra essa atmosfera fatal de preconceitos absurdos que se respira num meio estudantil, nossa conduta incoerente e desastrosa se explica muito bem. Esses bandos de estudantes barulhentos, que os homens *enfileirados em ordem* reprovam, são o produto das ideias destituídas de crítica que atravancam os cérebros desses "homens enfileirados em ordem" passadas para a substancialidade e realizadas objetivamente.

Essa sugestão é tão forte que os que chegam a desembaraçar-se dela na idade madura são invejáveis. A fraqueza da vontade e a força dos pendores inferiores prestando ajuda, muitos se apressam em legitimar, empregando os provérbios como instrumento, sua juventude estragada e sua idade madura que dá continuidade a sua juventude. Todos esses erros acumulados pela educação, o exemplo, a linguagem, o meio, favorecidos pelos pendores, formam na mente algo como um nevoeiro espesso que adultera a visão das coisas. Para dissipar esse nevoeiro, só existe um meio: refugiar-se frequentemente na solidão meditativa; substituir em si mesmo as sugestões medíocres das pessoas que nos cercam por aquelas de um grande espírito e permitir tranquilamente que essas sugestões benfazejas penetrem até o fundo da alma. A solidão propícia a essa penetração é fácil para o estudante: mais tarde, ele jamais reencontrará uma liberdade tão plena, e verdadeiramente estará triste por ter sido tão pouco senhor de si na época em que a independência era total.

Mas, quanto a isso, não resta menos verdadeiro que podemos, nessa retirada interior, seja por nós mesmos, seja recorrendo ao auxílio das reflexões dos pensadores, gradualmente dissipar nossas ilusões. Em lugar de julgar as coisas segundo a avaliação que delas fazem os outros, nos acostumaremos a contemplá-las em si mesmas. Romperemos, principalmente, o hábito que tínhamos de julgar nossos prazeres e nossas impressões segundo a opinião. Veremos como a pessoa vulgar, a qual se contenta com prazeres inferiores por incapacidade dos prazeres superiores, não apenas reveste os primeiros de aparências falaciosas, a eles reservando todos os termos elogiosos da linguagem, como ainda cobre de desprezo e de zombarias os prazeres superiores — e condena tudo que é digno de apreço. Um filósofo que reflete e não segue a corrente é um utopista, um original, um louco. Aquele que medita é quem se ocupa de abstrações de quintessência e que cai em alguma ponte a contemplar as estrelas. Todos os epítetos de louvor, os dátilos[84] leves e jubilosos, são para o vício, e os pesados espondeus,[85] para a virtude. Quanto mais um é gracioso, elegante, o outro é austero, rígido, pedantesco. O próprio Molière, com todo seu gênio, não teria podido nos fazer rir do vício. Celimene, a *coquette* destituída de bondade e de sinceridade, não é ridícula; é o homem honesto do qual todas as palavras e todos os gestos manifestam uma elevada retidão, é Alceste, que possui o dom de ser cômico. E provoca nos alunos dos dois sexos um grande espanto aprenderem que Alceste é um jovem elegante, tanto a palavra virtude traz poderosamente consigo as sugestões incluídas na linguagem corrente que, ainda mais uma vez, constitui o depósito preservado de tudo que é vulgar e baixo. Max Müller estima o número de palavras empregadas por um inglês culto em três ou quatro mil; o número das palavras empregadas pelos grandes mestres em quinze ou vinte mil; ora, é no catálogo das palavras que são apenas muito raramente empregadas na conversação, e que formam a diferença entre a bagagem do homem do mundo e a do pensador, que se encontra tudo que é grandioso, nobre, elevado. Infelizmente, ocorre esse soerguimento ocasionado pelo pensamento na linguagem como ocorre em relação às montanhas. O indivíduo vulgar pode fazer excursões curtas nos cimos, mas são as planícies que ele habita. Eis a razão das associações de ideias irem contra tudo que é elevado. "Desde a infância ouvimos certas coisas serem representadas como bens e outras como males. Aqueles que nos falaram delas imprimiram em nós a ideia de seus movimentos, e estamos habituados a considerá-las da mesma espécie e a elas acrescentar os mesmos

84. Que ou o que tem quatro tempos, sendo uma sílaba longa e duas subsequentes breves, correspondendo a uma semínima ou a duas colcheias (diz-se de pé métrico do sistema de versificação greco-latino). (N.E.)

85. Que ou o que tem duas sílabas longas, correspondendo a quatro tempos (diz-se de pé métrico do sistema greco-latino). (N.E.)

movimentos e as mesmas paixões:[86] não se as julga mais por seu valor verdadeiro, mas por esse valor que elas têm na opinião dos homens."

Por mais uma vez, é na reflexão atenta que o estudante encontrará o remédio e poderá ver por si mesmo. Que se lance à vida, como todos os outros, o que para ele é positivamente necessário: sem isso, não teria nenhuma experiência e não saberia evitar nenhum perigo. Mas que, uma vez realizada a experiência da vida comum, ele reingresse em si mesmo, analise cuidadosamente suas impressões: ele deixará desde então de se enganar sobre o valor, sobre a grandeza e, sobretudo, sobre a relação das coisas com ele próprio; delas suprimirá o que é de importação estrangeira. Terá logo extraído da vida do estudante ordinário a conclusão que a resume, a saber, que ela é geralmente o sacrifício de todos os prazeres duradouros, das alegrias elevadas e serenas feito à *vaidade*. Vaidade de parecer libertado, de encher as cervejarias de gritos e de barulho, de beber como um bêbado, de recolher-se às duas horas da madrugada por fanfarronice, de exibir-se ostensivamente em toda parte na companhia de mulheres que verá amanhã nos braços de sucessores não menos orgulhosos do que ele de se exibirem ostensivamente.

Após a pressão do internato, após a vigilância tão inquieta dos pais, é claro que existe nessa conduta uma manifestação estrepitosa de independência. Mas o que há de bom em manifestar-se? O sentimento real da própria independência, eis aí a grande alegria. O resto é apenas vaidade. Há uma apreciação muito falsa do produto líquido e nítido em felicidade dessa vida ruidosa. E, no que diz respeito à vaidade, é tão fácil satisfazê-la de uma maneira inteligente! Quanto a alegria de ser apreciado pelos professores, de ser aprovado em exames excelentes, de satisfazer plenamente os anseios dos pais e de ser sagrado como um grande homem na sua pequena cidade deixa bem longe atrás de si essa satisfação vaidosa do estudante de prazer, satisfação ao alcance do mais idiota dos carregadores ou do empregado de loja que recebeu o pagamento de seu salário.

Que o estudante, portanto, se concentre e submeta a uma crítica perspicaz todos esses prazeres que não passam de fadigas e desilusões

86. Nicole, *Danger des entretiens.*

dissimuladas por uma ilusão de vaidade. Que ele disseque, ademais, um a um todos os preconceitos, os sofismas que pululam contra o trabalho intelectual; que abra bem os olhos e olhe de perto, *focado no detalhe*, alguns de seus dias e os princípios que o guiam. Essas reflexões que as auxilie leituras bem selecionadas e que deixe de lado tudo que não venha em auxílio de sua vontade. Descobrirá, assim, um mundo novo. Não será mais condenado a contemplar, como os prisioneiros acorrentados na caverna de Platão,[87] as sombras das coisas: verá face a face a pura luz do verdadeiro.

Ele assim criará uma atmosfera de impressões salutares e viris, será uma personalidade, uma inteligência senhora de si mesma. Não será impelido nas mais contrárias direções pelas incitações provenientes seja de suas tendências cegas, seja da linguagem, seja dos colegas, do mundo e do meio.

Todavia, está claro que se pode refugiar-se na mais profunda solidão e aí viver pelo pensamento no meio do mundo. A solidão que requeremos consiste em negar o acesso das preocupações mesquinhas, em obrigar-se a aceitar tão só os objetos e as considerações capazes de estimular na alma os sentimentos que se quer experimentar. Essa obra dispensa um retiro na Grande-Chartreuse e tal obra é perfeitamente compatível com as ocupações habituais. É suficiente saber se reservar a caminhada ou, em casa, um "retiro interior", e dirigir a própria atenção unicamente, durante um período de tempo mais ou menos longo cada dia ou cada semana, aos motivos suscetíveis de estimular sentimentos de repulsa ou de amor.

Parágrafo VII

E, então, não só nosso jovem escapará da vassalagem às sugestões vulgares e aos erros provocados pela paixão; não só sua conduta se orientará mais para a verdade, como também escapará de graves perigos. O autodomínio, com efeito, implica uma retomada de si mesmo em relação às mil sugestões do mundo exterior, porém implica igualmente e, sobretudo, o domínio da inteligência sobre as forças cegas da

87. Platão de Atenas (cerca de 430-350 a.C.), filósofo grego. O autor se refere ao livro VII de *A república*, de Platão. (N.T.)

sensibilidade. Se lançamos um olhar atento ao comportamento das crianças, da maioria das mulheres e da maioria dos homens, ficamos impressionados com a tendência que todos têm de agir conforme o impulso do primeiro momento e a incapacidade muito evidente na qual se acham para adaptar seu comportamento a fins que estejam pouco distanciados. A cada instante, são as emoções dominantes neles que os impulsionam para este ou aquele ato. A uma onda de vaidade sucede na consciência deles uma onda de cólera, um impulso de afeição, etc.; e, uma vez eliminados os atos habituais ou obrigatórios, o que resta tem, sobretudo em sociedade, por princípio, a necessidade de conceder boa opinião de si a pessoas cujo critério é, ordinariamente, muito pouco elevado. E o pendor é tão forte quanto a se tomar ingenuamente como tipo do que é o bem que o público considera como homens de ação unicamente os inquietos que não conseguem se manter no lugar, os agitados. Qualquer um que se encerre em sua solidão a fim de meditar e pensar atrai a culpa. Entretanto, tudo que foi realizado de grande e de duradouro no mundo foi assim por meio daqueles que meditam, pelos pensadores. O trabalho frutífero da humanidade tem sido executado tranquilamente, sem pressa e sem tumulto, por esses sonhadores dos quais falávamos e "que caem numa ponte olhando as estrelas". Os outros, os barulhentos, os políticos, os conquistadores, os agitados que atravancam a história com suas tolices desempenham, considerados a distância, tão só um papel bastante medíocre na marcha da humanidade. Quando a história, como é compreendida atualmente e que é quase apenas um amontoado de historietas destinadas a satisfazer à curiosidade um pouco frívola do bom público letrado, houver cedido seu lugar à história escrita por pensadores para pensadores, as pessoas ficarão espantadas ao verem quanto a ação dos "grandes agitadores" pouco modificou a ampla corrente da civilização. Os verdadeiros heróis da história, que são os grandes inventores que atuam nas ciências, nas artes, nas letras, na filosofia, na indústria, ocuparão o lugar que lhes corresponde de direito, ou seja, o primeiro. Um pobre homem da meditação como Ampère,[88] que nunca soube ganhar dinheiro, e que devia fazer a zeladora de sua habitação rir até as lágrimas, fez mais mediante

88. André Ampère (1775-1836), físico francês. (N.T.)

suas descobertas para revolucionar a sociedade e mesmo a guerra moderna do que um Bismarck[89] e um Moltke[90] juntos. Um George Ville fez mais e fará mais na sequência pela agricultura do que cinquenta ministros da agricultura colocados de uma extremidade à outra.

Como queres que o estudante resista à opinião geral segundo a qual se cobre de elogios a agitação, que ela confunde com a ação fecunda? Como queres que ele não considere uma necessidade conceder ao menos a si mesmo a ilusão de viver, isto é, fazer barulho e agir imprudentemente, pois isso é viver segundo a fórmula aceita! Todas as nossas infelicidades provêm dessa necessidade fatal de agir imediatamente, necessidade estimulada pelos louvores da opinião. Essa agitação, na solidão, não representaria em si mesma um grande perigo, por falta de saber-se com o que é despendida. Mas, mediante essa tendência de agir imprudentemente, o estudante se torna o joguete das circunstâncias externas. A chegada de um colega na hora do trabalho, uma reunião pública, uma festa, um evento qualquer o arrastam, pois, não é difícil observá-lo, o imprevisto "desmonta" as vontades fracas. A salvação só é encontrada na reflexão meditativa; a previsão dos eventos exteriores pode até mesmo substituir a energia ausente. Ora, o estudante pode *eliminar o imprevisto* de sua existência. Pode facilmente prever as ocasiões de dissipação que poderão se apresentar a ele. Sabe, por exemplo, que um certo colega procurará arrastá-lo seja para a cervejaria, seja para um passeio — ele pode perfeitamente preparar antecipadamente as fórmulas de recusa — ou, se a recusa pura e simples lhe é penosa, pode preparar uma mentira e pôr fim a toda insistência;[91] mas, que se diga mais uma vez, se não houve de antemão uma decisão

89. Otto von Bismarck (1815-1898), político prussiano. (N.T.)

90. Helmuth von Moltke (1800-1891), marechal prussiano. (N.T.)

91. Não aprovamos de modo algum a intransigência de Kant no que diz respeito à mentira. Como?! A mim, seria permitido matar um homem quando estivesse em estado de legítima defesa e a mentira não seria permitida nesse mesmo caso de legítima defesa contra os indiscretos? É mais do que um direito, é um dever defender contra eles o próprio trabalho e o próprio pensamento. Com muita frequência, é a única arma de que se dispõe para se proteger sem ofender gravemente outra pessoa. A mentira imperdoável e odiosa é a mentira que causa danos a alguém. Uma verdade dita com a intenção de prejudicar é tão culpável quanto uma mentira. O que torna o ato culpável é a intenção malévola.

firme de nos recolhermos interiormente para executar tal trabalho exato e não houve o preparo das fórmulas que darão fim a toda tentativa de aliciação para não fazer nada, teremos grandes chances de perder o dia. Prever, do ponto de vista psicológico, é pré-imaginar os eventos. Essa pré-imaginação, se viva e nítida, equivale a um estado de semitensão, de modo que a resposta ou o ato é executado com grande rapidez, de sorte que, entre o pensamento do ato ou da resposta a ser dada e a realização objetiva desse pensamento não há tempo material para que as incitações dos eventos externos ou as exortações dos colegas possam intercalar-se. Tudo que fazem de alguma maneira os eventos que são hostis a nossa decisão é provocarem a execução automática dos atos que se conformam à decisão. É somente para os seres fracos que a vida é feita de imprevistos. Para quem não tem uma meta nitidamente fixada, ou para quem, tendo essa meta fixada, não sabe manter seu olhar nela, e se deixa constantemente distrair, a vida se torna incoerente. Ao contrário, para quem se detém frequentemente para "dar destaque ao ponto" e retificar o rumo, nada é imprevisto. Mas, para isso, é necessário tomar consciência de forma bastante nítida do que somos, de nossos erros habituais, das causas que usualmente nos fazem perder nosso tempo — e, consequentemente, traçar para nós uma linha de conduta. Não devemos, de alguma maneira, perder de vista a nós mesmos.

Poderemos, assim, chegar a diminuir gradativamente o papel do acaso em nossa existência. Não só *saberemos* sem hesitação o que devemos dizer e fazer numa certa ocorrência externa, por exemplo, romper com um certo colega, mudar de quarto, de restaurante, fugir por algum tempo para o campo, como também poderemos instituir um plano de batalha completo e minucioso contra todos os acasos interiores.

Esse plano é de uma importância capital. Quando é bem concebido, sabe-se o que se deve fazer quando uma sugestão sexual se implanta na mente e não se consegue expulsá-la dele. Sabe-se como vencer os acessos de sentimentalismo vago, como triunfar sobre a tristeza e o desencorajamento. Mediu-se, como um bom general, todos os obstáculos oriundos das qualidades do inimigo, as dificuldades do terreno, as deficiências de suas próprias tropas — mas também foram apreciadas as chances de sucesso, levando em conta defeitos do comando inimigo, vantagens de certa ondulação do terreno, de um certo relevo do solo e a animação das tropas. Então, pode-se ir adiante a despeito dos obstáculos. Tanto os inimigos externos quanto os internos são conhecidos, e conhecidos também sua tática, seus pontos fracos, a vitória final não é duvidosa, pois tudo foi previsto, até a retirada ordenada após uma derrota parcial.

São precisamente esses perigos interiores e exteriores que podem assaltar o estudante, e aos quais devemos dedicar a nossa atenção. Devemos estudar a tática apropriada para vencê-los. Poderemos ver como se pode empregar as circunstâncias exteriores e fazer contribuir para a educação da própria vontade por si mesmo até aquilo que, de costume, contribui para precipitar nosso abatimento moral. Tanto é verdadeiro que a reflexão e a inteligência são libertadoras seguras quanto é certo, com o tempo, o triunfo dessas potências da luz contra as potências sensoriais densas e cegas!

Parágrafo VIII

Como se percebe, a reflexão meditativa é de uma fecundidade maravilhosa no tocante a resultados. Gera movimentos afetuosos poderosos, transforma as veleidades em resoluções enérgicas; neutraliza a influência das sugestões da linguagem e da paixão; permite arrojar no futuro um olhar lúcido e prever os perigos de origem interna, além de evitar que as circunstâncias externas e o meio amparem nossa preguiça nativa. Essas importantes vantagens são as únicas que podemos esperar dessa potência benfazeja? Não, pois além da ajuda que nos presta diretamente, é fecunda em matéria de resultados indiretos.

Ela nos possibilita extrair da experiência de cada dia regras inicialmente provisórias, que vão se confirmando, se precisando, e acabam por adquirir a autoridade e a nitidez de *princípios diretores* da conduta. Esses princípios são formados pela sedimentação lenta no fundo do pensamento de múltiplas observações pormenorizadas; essa sedimentação não ocorre no caso dos atordoados nem dos agitados; assim, não tiram proveito do passado e, como no caso dos alunos desatentos, sempre reencontramos no caso deles os mesmos solecismos e as mesmas incorreções — mas aqui se trata de solecismos e incorreções na conduta. Ao contrário, no caso daqueles que refletem, o passado e o presente são como uma lição perpétua, lição que possibilita não reproduzir mais no futuro os erros evitáveis. E essas lições se condensam de modo simultâneo e proporcional em regras que são como a experiência concentrada e reduzida ao estado de um elixir. Essas regras, formuladas sob a forma de máximas muito nítidas, ajudam a disciplinar os desejos variáveis, os movimentos naturais que apresentam direções divergentes, e a fazer uma ordem constante e segura imperar na vida.

Essa força inerente a todo princípio formulado com nitidez provém de duas causas favoráveis.

A princípio, existe uma regra quase absoluta em psicologia segundo a qual toda ideia de um ato a ser realizado ou de um ato a não ser realizado, se é muito distinta, tem, na ausência de estados afetivos hostis, uma capacidade de realização que se explica pelo fato de que entre a ideia e o ato não há uma diferença essencial. Um ato concebido é já um ato que se inicia. A pré-imaginação é como a "repetição geral" do ato. É uma semitensão que precede a tensão final, de tal sorte que o ato preconcebido é rapidamente executado; a matilha dos pendores não tem tempo de se fazer ouvir; por exemplo, tu resolveste recolher-se para trabalhar e previste que um certo colega que já suplicou que o acompanhasse ao teatro insistirá. Preparas a resposta e, ao vê-lo, informa: "Sinto muito, contava com acompanhar-te, mas um certo contratempo me obriga absolutamente a me recolher". O tom decidido, muito firme, com o qual dirás isso subtrairá de ti próprio toda possibilidade de retorno e retirará, do mesmo modo, do amigo toda possibilidade de insistência.

Como em política, são as pessoas de iniciativa clara e ousada que arrastam os indecisos, os tímidos, os raciocinantes chicaneiros, assim são na consciência os estados claros, decididos que se mantêm senhores da situação, de sorte que, se fixares até nos detalhes a conduta que deves adotar, o cumprimento do programa fixado de antemão previne as sugestões da preguiça e da vaidade...

Eis aí a primeira causa quanto à potência no que respeita aos princípios. Não é a única nem mesmo a mais importante. Com efeito, para pensar, não podemos arrastar depois de nós toda uma bagagem atravancadora de imagens. Substituímos as classes de objetos particulares por abreviações cômodas, por signos que estão bem ao alcance de nossas mãos, e que são apenas palavras. Sabemos que, quando o queremos, é suficiente manter um instante a atenção no signo para ver surgirem as imagens particulares, como centenas de rotíferos desidratados ressuscitam no momento em que deixamos cair sobre eles uma gota d'água. O mesmo vale para nossos sentimentos. São coisas pesadas e atravancadoras, dificilmente manejáveis para o pensamento. Assim, são substituídas no uso corrente por palavras que são signos curtos e manejáveis e que, por associação, são eminentemente apropriados para despertar os sentimentos que representam. Certas palavras são, por assim dizer, vibrantes da emoção que significam. Tais são as palavras honra, grandeza d'alma, dignidade humana... traição, covardia, etc. Ora, os princípios são, também eles, abreviações concisas, enérgicas soberanamente próprias para despertar os sentimentos complexos mais ou menos poderosos que representam na consciência ordinária. Quando a meditação produz na alma movimentos de afeição ou movimentos de repulsa, considerando que esses movimentos desaparecem logo, é bom conservar uma fórmula que os possa evocar em caso de necessidade, e que os resuma de alguma maneira. Isso é tanto mais útil quando uma fórmula precisa se fixa no pensamento muito solidamente. Facilmente evocada, ela conduz atrás de si os sentimentos associados dos quais é o signo prático; possuidora da potência deles, a eles transmite, em troca, sua nitidez, sua comodidade no que se refere a ser despertada, sua facilidade de transporte. Se na educação de si mesmo não se dispôs de regras nítidas, perde-se toda a flexibilidade, toda visão de conjunto na luta contra o meio e contra as paixões. Sem elas, combatem-se nas sombras, e as mais belas vitórias se mantêm infecundas.

Assim, as regras de conduta proporcionam à nossa vontade a decisão, o vigor célere que assegura o triunfo; elas são substitutos cômodos dos sentimentos que queremos despertar. É ainda a meditação reflexiva[92] que nos suscita esses auxiliares novos e inapreciáveis

92. No original, "*méditation reflexive*", mas o autor parece estar se referindo à reflexão meditativa (*réflexion méditative*). (N.T.).

de nossa libertação, pois tão só essa meditação possibilita à mente abstrair de nossas experiências incessantes as coexistências e as sequências constantes das quais é feita nossa ciência da vida, ou seja, nosso poder de prever e de dirigir o futuro.

Parágrafo IX

Em resumo, a reflexão meditativa produz na alma impulsos afetivos preciosos quando se sabe utilizá-los. Ela é, ademais, a grande libertadora, porque nos possibilita resistir à efervescência dos sentimentos, das paixões, das ideias que se arrojam desordenadamente rumo à luz da consciência. Possibilita igualmente que detenhamos a nós mesmos no meio da torrente das excitações provenientes do mundo exterior. E esse poder de se corrigir, de recuperar o domínio de si, de conservar a própria identidade, constitui uma causa fecunda de felicidade, pois, em lugar de nos deixarmos levar passivamente, sem jamais retornar, podemos nos voltar para as lembranças agradáveis da existência, ruminá-las e revivê-las novamente.

Além disso, nada significa tomar incisivamente consciência da própria personalidade? Não se experimenta algo da alegria experimentada por um bom nadador ao lutar contra a onda, ora a deixando engrossar e passar sob ele, como uma carícia, ora a provocando a ela se opondo? Se sempre o sentimento de nosso poder, na luta vitoriosa contra os elementos, gera em nós profundas emoções agradáveis, qual interesse apaixonante não teremos por essa luta da vontade contra as potências brutais da sensibilidade? Foi bem por ter pintado as alegrias do domínio sobre si mesmo que Corneille[93] goza de uma posição tão elevada de admiração da posteridade, e se seus personagens houvessem obtido uma vitória menos fácil, se a luta deles tivesse sido mais longa contra as fatalidades de nossa natureza animal, seu teatro teria sido mais profundamente humano. E, como ele nos oferece um ideal nobilíssimo, Corneille tornou-se não somente o primeiro de nossos poetas dramáticos, mas o gênio mais elevado e o mais admirável de todos os tempos.

93. Pierre Corneille (1606-1684), dramaturgo francês. (N.T.)

Capítulo II — O que é meditar e como meditar

Parágrafo I

Se a reflexão meditativa tem uma importância tão capital em nosso trabalho de libertação, faz-se urgente investigar como se deve meditar e examinar os recursos materiais, por assim dizer, que o conhecimento das leis da psicologia e a experiência podem nos fornecer nesse exercício.

E, repetimos, trata-se para a reflexão meditativa de excitar em nós poderosos movimentos de afeição ou de ódio, de produzir resoluções, de enunciar regras de conduta, de escapar do duplo turbilhão dos estados de consciência de origem interna e dos estados de consciência produzidos pelo mundo exterior.

A grande regra geral para refletir e meditar de uma maneira útil decorre do próprio exame da natureza do pensamento. Pensamos *com as palavras.* Como o indicamos anteriormente, para pensar temos que nos livrar das imagens reais, porque elas são densas, atravancadoras, de um manejo penoso. Nós as substituímos por signos breves, fáceis de reter, fáceis de serem transmitidos aos outros; esses signos são as palavras de caráter geral. Tais palavras, associadas às coisas, têm a propriedade de nos capacitar a evocar essas coisas quando o quisermos, à condição de que a palavra seja introduzida na memória após a experiência das coisas ou, ao menos, desde que lhe seja associada a experiência das coisas. Infelizmente, aprendemos, quando somos crianças, a princípio, as palavras (salvo no que diz respeito aos conhecimentos elementares, às percepções simples, etc.). E, quanto ao maior número dessas palavras, não tivemos o tempo, ou a possibilidade, ou a coragem de juntar a "palha delas, o grão das coisas". São espigas leves ou mesmo vazias. Todos, sem exceção, dispomos dessas palavras num grande número na memória. Nunca ouvi um elefante *barir*; a palavra *barir* é, para mim, uma espiga vazia. O vulgo contém uma grande quantidade dessas palavras. Este declara por concluída uma discussão pronunciada pela experiência. Ignora absolutamente as condições necessárias para que uma experiência seja válida. E assim por diante. Se examinarmos as frases usuais que pronunciamos, ficaremos perplexos com a imprecisão de muitos de nossos pensamentos, e até mesmo descobriremos que os mais inteligentes falam com frequência como papagaios, sem que às suas palavras corresponda qualquer realidade.

Ora, meditar é, por assim dizer, bater na palha para fazer o grão cair dela. A regra totalmente dominante aqui é sempre substituir as palavras pelas coisas. Não por uma imagem vaga e indeterminada das coisas, mas pelas coisas vistas no detalhe minucioso. Devemos sempre particularizar nosso pensamento, torná-lo concreto. Caso se trate, por exemplo, de levar a si mesmo a tomar a resolução de não fumar mais, examinaremos *todos* os inconvenientes de fumar, sem omitir nenhum, desde os dentes que o cigarro enegrece até os cem francos anuais que custa um só cigarro fumado após cada refeição. Será confirmada a observação tão justa de Tolstói de que o tabaco embota a penetração da mente. Tentaremos num dia de lucidez intelectual perfeita acompanhar uma dedução filosófica sutil, e depois se continuará a fumar. Perceberemos a dificuldade que se terá, depois de haver fumado, para fixar o próprio pensamento, para compreender; e quaisquer experiências semelhantes nos convencerão de que o tabaco embota a fina ponta superior da mente. Pensaremos, por outro lado, que o prazer de fumar é um desses prazeres puramente físicos que não demoram a desaparecer enquanto prazeres para dar lugar a um hábito tirânico. Pensaremos em todos os casos em que se sofreu essa tirania. Mediante tais observações e ainda outras, transmitiremos uma grande força à resolução que se tomou, aos momentos pessoais de posse de si mesmo, de não fumar mais. Deveremos proceder do mesmo modo com relação ao detalhe das satisfações múltiplas que o trabalho traz.

É ainda descendo ao maior detalhe analítico que se chegará a dissipar as sugestões da linguagem, as ilusões da paixão, verificando meticulosamente as afirmações mentirosas. Examinaremos, assim, na parte prática do livro, a afirmação frequentemente reiterada de que só se trabalha bem em Paris.

Enfim, é ainda pela observação detalhada que a previsão dos perigos provenientes de nossas paixões e de nossa preguiça gozará da chance de ser impecável, inteiramente como a previsão dos perigos e dos socorros oriundos do meio, das relações, da profissão, dos casos acidentais, etc.

A título de autoajuda em nossas meditações, devemos evitar o ruído, nos recolhermos, em seguida consultar os livros que se relacionam com o assunto de nossa meditação atual, reler nossas notas e, enfim, por meio de um trabalho enérgico de imaginação, nos representar de uma maneira nítida, precisa e concreta todos os detalhes do perigo que corremos, das vantagens desta conduta ou daquela. Não basta aplicar um rápido olhar passageiro. É preciso ver, ouvir, sentir, tocar. É preciso, por meio de uma reflexão intensiva, fazer com que o objeto examinado esteja para nós tão presente como se estivesse realmente, que digo eu, também presente? Mais presente, pois do mesmo modo que a arte torna uma cena, uma paisagem mais lógica, mais una e, portanto, mais verdadeira do que a realidade, nossa imaginação deve também tornar para nós o objeto da meditação mais nítido, mais lógico, mais verdadeiro do que o é na realidade e, portanto, mais vivo e mais capaz de influenciar.

Parágrafo II

Há auxiliares incontestáveis que concorrem para que nossas reflexões produzam todo o seu efeito. Ricos com as experiências de seus predecessores, ricos com as observações pessoais incessantemente controladas pela confissão, os grandes diretores de consciência católicos, para os quais soerguer na alma emoções poderosas é, não como para nós, um meio, mas o fim supremo, nos mostram quanto em psicologia as menores práticas têm importância. Não se pode assistir a uma cerimônia numa igreja sem ser tomado de admiração pela ciência impecável que presidiu aos mínimos detalhes. Por exemplo, numa cerimônia fúnebre, todos os gestos, todas as atitudes, todos os cantos, o órgão, a própria luz dos vitrais contribuem com uma lógica maravilhosa para transformar em grandes impulsos religiosos a dor dos parentes. Para aqueles que assistem a tais cerimônias com a fé sincera, a emoção deve penetrar a alma até suas profundezas mais íntimas.

Mas, mesmo na igreja, essas cerimônias tão eficazes constituem a exceção, e os diretores de consciência aconselham um certo número de procedimentos práticos muito seguros para emocionar a alma. Sem falar dos "retiros" e visando a nos ocupar tão só das práticas que aconselham na solidão, não se pode deixar de se impressionar com a ajuda que exigem do físico para sustentar o moral. São Domingos[94] inventa o terço, avivando assim com uma ocupação manual e, por assim dizer, com um jogo, a meditação. São Francisco de Sales recomenda, especialmente nos momentos de secura, recorrer aos atos externos, às posturas apropriadas para sugerir os pensamentos, às leituras, às próprias palavras pronunciadas em voz alta. Pascal não fala constantemente de "incitar o autômato"? O próprio Leibniz (*systema theologicum*), numa passagem pouco conhecida, diz: "Não posso compartilhar do pensamento daquele que, com o pretexto de adorar em espírito e em verdade, bane do culto divino tudo que é percebido pelos sentidos, tudo que excita a imaginação, não levando em conta o bastante a fraqueza humana (...) não podemos nem fixar nossa atenção em nossas ideias interiores nem gravá-las em nossa mente sem aí juntar alguns auxílios externos (...) e esses signos são tanto mais eficazes quanto mais expressivos são".

Assim, tirando proveito da experiência, deveremos na reflexão meditativa, quando não surge a inspiração, recorrer a leituras especialmente apropriadas ao nosso objetivo, deveremos sustentar nossa atenção mediante palavras ou frases pronunciadas em voz alta, o que é, nós o vimos, um meio seguro de violentar nossas representações e constrangê-las a nos obedecerem. Deveremos, inclusive, escrever nossas meditações, usar, em síntese, para dirigir segundo nossa vontade nossas representações, a prerrogativa que têm sobre elas os estados apresentativos e, principalmente, aqueles que recomendamos (palavras ou frases pronunciadas, escrita, etc.). É assim que poderemos expulsar da consciência os principais obstáculos à reflexão, como a lembrança dos prazeres dos sentidos e os desvios de atenção da imaginação, e nela implantar as tramas de ideias que queremos.

Quanto ao tempo mais conveniente para essas espécies de meditações afetivas, a nós parece ser a semana que encerra as férias, a qual precede a retomada dos cursos. Por ocasião de cada período de férias, isto é, três vezes por ano, é bom retomar completamente as meditações úteis numa espécie de retiro que é agradável realizar se perdendo

94. São Domingos (1170-1221), fundador da ordem dominicana. (N.T.)

nos bosques ou nas praias. Tais "retiros" são infinitamente proveitosos. Transmitem nova força à vontade e fazem do estudante uma personalidade consciente. Deve-se, porém, no decorrer no ano escolar, se reservar numerosos instantes de autorreflexão entre os intervalos da ação. À noite ao adormecer, ou à noite quando se desperta, ou nos momentos de repouso, em lugar de permitir que preocupações estreitas invadam a consciência, o que há de mais fácil do que renovar as próprias boas resoluções e decidir quanto às próprias ocupações ou às próprias recreações? Que ocupação mais útil, ainda de manhã, quando se acorda, enquanto nos vestimos, ao nos entregarmos ao trabalho, do que "fazer reverdecer a planta dos desejos bons?" e traçar o seu próprio plano de conduta para o dia? Esses hábitos de meditação frequente são adquiridos muito depressa. Ademais, adquiri-los é tão fértil em bons resultados que não seria demasiado aconselhar aos jovens o esforço necessário para tornar esse hábito, por assim dizer, uma necessidade.

Capítulo III — O papel da ação na educação da vontade

Parágrafo I

A reflexão meditativa é indispensável, mas por si só ela não tem poder. Ela une para uma ação comum as forças esparsas da alma, proporciona o impulso. No entanto, do mesmo modo que os copiosos ventos mais possantes acabam por se esgotar e se revelar inúteis se não toparem com uma vela a encher de ar e a impulsionar, as mais vigorosas emoções perecem estéreis se cada um de seus impulsos não capitalizar algo de sua energia em nossa atividade. Se é sob a forma de lembranças que se instala na memória do estudante uma parte do trabalho que ele realiza, é sob a forma de hábitos ativos que se instala em nós nossa atividade. Nada se perde em nossa vida psicológica: a natureza é uma contadora minuciosa. Nossos atos aparentemente mais insignificantes, por pouco que os repetimos, formam ao longo das semanas, dos meses, dos anos um enorme total que se inscreve na memória orgânica sob forma de hábitos inextirpáveis. O tempo, este aliado tão precioso de nossa libertação, trabalha com a mesma obstinação tranquila contra nós quando não o obrigamos a trabalhar a nosso favor. Utiliza em nós, a nosso favor ou contra nós, a lei dominante da psicologia, ou seja, a lei do hábito. Soberano e seguro do triunfo, o hábito procede numa marcha insidiosa, e como se não se apressasse. Dir-se-ia que o hábito conhece a prodigiosa eficácia das ações lentas indefinidamente repetidas. Um primeiro ato, mesmo realizado com dificuldade, já é repetido com menos custo. Numa terceira, numa quarta reprodução, o esforço diminui ainda e vai se atenuando até desaparecer. Que digo eu, desaparecer! Esse ato inicialmente penoso se tornará pouco a pouco uma necessidade, e francamente desagradável no começo, é sua não realização que se tornará penosa! Para os atos que queremos, que aliado precioso é esse...! E como ele se põe de acordo quanto a transformar prontamente numa estrada larga e bela a senda pedregosa que nos causava aversão encetar! Ele nos atinge com uma doce violência para nos conduzir ali para onde nos determinamos a ir, mas para onde de início nossa preguiça se negava a ir!

Ora, essa fixação em hábitos de nossa energia não é a reflexão meditativa que consegue realizar, mas, sim, a ação. Mas não basta proclamar em termos gerais a necessidade da ação. A palavra ação recobre e muito frequentemente esconde à nossa visão as realidades que designa. Aqui, o que nos interessa é a ação do estudante. Ora, agir para o estudante é realizar uma grande quantidade de atos especiais, e, do mesmo modo que não há vontade, mas somente atos voluntários, não há ação, mas apenas atos particulares. Agir para o estudante de filosofia, por exemplo, é levantar-se às sete horas e ler, com penetrante atenção um certo capítulo de Leibniz ou de Descartes; é tomar notas, etc. Ler, inclusive, recobre uma grande quantidade de esforços de atenção sucessivos. Agir é ainda repassar suas notas, aprendê-las totalmente de cor; é procurar os materiais de uma dissertação, ordenar seu plano geral, depois o plano de cada parágrafo; é meditar, buscar, riscar, etc.

São raras na vida as ocasiões de realização de proezas. Do mesmo modo que uma excursão ao Mont-Blanc é decidida por algumas miríades de passos, de esforços, de saltos, de entalhes no gelo, a vida dos maiores cientistas é decidida em longas séries de esforços pacientes.

Agir, portanto, é realizar mil ações insignificantes. Bossuet,[95] que foi um admirável diretor de consciência, "aos grandes esforços extraordinários nos quais nos elevamos pelos grandes impulsos, mas dos quais recaímos numa queda profunda", preferia "os pequenos sacrifícios que são, por vezes, os mais torturantes e os mais aniquiladores", os ganhos modestos, porém seguros, os atos fáceis, mas repetidos e que se convertem em hábitos imperceptíveis... pouco basta a cada dia se cada dia adquire esse pouco...[96] Com efeito, o homem corajoso não é aquele que executa algum grande ato de coragem, mas, sim, aquele que executa corajosamente todos os atos da vida. É o aluno que, a despeito de sua repulsa, obriga-se a levantar-se a fim de procurar uma palavra no dicionário, que termina sua tarefa apesar do desejo de deixar-se levar pela preguiça, que finda a leitura de uma página tediosa. É nessas mil ações aparentemente insignificantes que se tempera a vontade; "todas as obras transmitem crescimento". Devemos, na ausência dos grandes esforços, a toda hora realizar os pequenos, realizando-os com excelência e amor. *Qui spernit modica paulatim decidet.* A regra importante aqui é sempre escapar, até nas mais ínfimas ações, da sujeição à preguiça, dos desejos e dos impulsos do exterior. Devemos, inclusive, buscar as oportunidades de alcançar essas pequenas vitórias. Durante teu trabalho, alguém de algum lugar te chama e com isso experimentas um sentimento de indignação: logo levantas e te obrigas a ir atender ativa e alegremente a pessoa que te chama onde ela se encontra. Depois do curso, um amigo quer te arrastar para algum lugar, já que o tempo está excelente: decididamente te recolhas ao teu trabalho! Mas a vitrine de um certo livreiro te atrai quando voltas para casa a fim de trabalhar: passa para o outro lado da rua e caminha rapidamente. É por meio de tais "crucificações" que te habituarás a triunfar sobre tuas inclinações, a ser ativo em toda parte e sempre... Até quando dormes ou ficas na ociosidade, se foi o caso de teres querido esse repouso. Eis porque, mesmo nos bancos do liceu, no estudo, a criança aprende uma ciência mais preciosa do que

95. Jacques Bénigne Bossuet (1627-1704), membro da Igreja (prelado) e escritor. (N.T.)
96. Ver Bossuet de Lanson.

o latim ou as matemáticas que ele vai conhecer: a ciência de dominar a si mesmo, de lutar contra a desatenção, contra as dificuldades desagradáveis, contra o aborrecimento das pesquisas no dicionário ou na gramática, contra o desejo de perder o tempo a sonhar. E, a título de uma consequência consoladora, reconhece-se que os progressos efetivados no estudo são sempre, não importa o que se diga sobre isso, na razão direta dos progressos efetivados nessa obra de autodomínio. Tanto isso é verdadeiro que a energia da vontade é, simultaneamente, a mais preciosa das conquistas e a mais fecunda em resultados felizes!

E por que esses pequenos esforços têm tanta importância? É porque nenhum deles foi perdido: cada um contribui para a formação do hábito com sua quota-parte; cada um torna os atos seguintes mais fáceis. Nossas ações agem sobre nós em nós depositando hábitos: o hábito de prestar atenção, o hábito de se pôr vivamente a trabalhar, o hábito de não levar mais em consideração as solicitações de nossos desejos mais do que as provocações das moscas.

Além disso, a ação, nós o vimos anteriormente, sustenta com eficácia o próprio pensamento. Ao lançar a cada instante na consciência estados apresentativos de natureza idêntica às nossas ideias, ela fortalece a atenção, a reaviva quando ela se extingue. Escrever seus próprios pensamentos, tomar notas em suas leituras, precisar, ao formulá-las, suas objeções, isso, dissemos, cumpre o mesmo papel de suporte com referência ao pensamento que os trabalhos manuais do laboratório cumprem para o cientista, que as fórmulas cumprem para o geômetra.

Há, porém, um outro resultado extremamente importante da ação. Agir, com efeito, é, por assim dizer, manifestar, proclamar nossa vontade. Nossos atos nos unem publicamente por promessa ou obrigação a um partido. Todos os moralistas afirmam a necessidade de, para quem quer que seja que deseja adotar um gênero de vida conforme o dever, de se lançar "ousadamente e de imediato na via do bem, em completa oposição a todos os nossos hábitos e todas as nossas inclinações anteriores... É preciso tudo desafiar, nos afastarmos de nosso velho eu", e, segundo a vigorosa expressão de Veuillot, é preciso servir a Deus "audaciosamente". É que não se poderia exagerar a energia que aos sentimentos e à vontade acrescenta uma manifestação pública e notável. Nossos atos anteriores nos conectam mais longe do que se imagina; a princípio, por uma necessidade de lógica, que faz com que uma vida incoerente produza um choque tão forte que se prefere permanecer semelhante a si mesmo do que mudar mesmo rumo ao bem. Depois, por um respeito humano poderosíssimo e muito justificado, pois sabemos que essa incoerência nos nossos atos parecerá o sinal de uma fraqueza da vontade vizinha da loucura. Eis porque é importante, ao se romper com uma vida de preguiça, fazer isso de maneira notável, comprometer-se com honra diante de si mesmo e diante dos outros. Muda-se de restaurante, de apartamento, de relacionamentos; cada palavra ou frase que se pronuncia deve ser uma afirmação da vontade de cada um de fazer bem: repele-se todo sofisma desalentador com polidez, mas com energia. Não se deixa jamais que, diante de si, o trabalho seja ridicularizado ou rebaixado, nem jamais que a vida destituída de energia ou vontade de um estudante seja elogiada. Contar com o crédito dos outros precisamente naquilo que quereríamos ser dobra nossa capacidade de aprimoramento, pois isso põe a serviço de nossa fraqueza essa necessidade tão profunda que todos nós temos da aprovação alheia, até daquela de pessoas que não conhecemos.

Somemos a essas diversas influências da ação o prazer que existe em agir, prazer tão intenso que muitas pessoas agem por agir, sem ter uma meta, sem visar a um proveito e, com frequência, tendo um grande prejuízo. Esse prazer tem algo de embriagante, de capitoso, e talvez isso se origine do fato de a ação, mais do que qualquer outra coisa, nos transmitir o sentimento de nossa existência e de nossa força.

É indispensável, portanto, em todos os aspectos, unir a ação à meditação: indispensável porque exclusivamente a ação consegue organizar hábitos sólidos, e, bem mais do que isso, transformar em *necessidades* atos de início francamente desagradáveis. É agindo que nos habituaremos a endurecer na luta contra as tendências fatais de nossa natureza e na conquista do triunfo constante e a cada minuto contra tudo que é hostil ao pleno autodomínio. Ademais, manifestando exteriormente nossa vontade, a ação ingressa honra em nós; consolida nossas resoluções, e tanto por si mesma quanto recorrendo à ajuda do poder da opinião — além disso, nos traz a título de recompensa suas alegrias viris e vigorosas.

Parágrafo II

Ai de nós! O tempo da atividade voluntária é bem curto e grande porção da existência é devorada pelas necessidades fisiológicas e sociais. Até os 5 ou 6 anos, a criança vive uma vida animal. Sua existência se resume em dormir, comer e brincar: ela tem bastante a fazer ordenando o caos das impressões externas que assaltam o limiar de sua consciência, e longe de dominar o mundo exterior, ela o tem como que atordoada. Até os 18 anos, ela tem demasiado a fazer estudando o que pensaram os outros para pensar por si mesma. Poderia, assim parece, uma vez terminados seus estudos secundários, pertencer-se e se voltar para o estudo de si mesma e para a observação da sociedade na qual ingressa, todas as suas faculdades aguçadas, temperadas por anos de cultura desinteressada. Infelizmente, se conhece suficientemente bem o mundo físico no qual evolui, bruscamente seus olhares se velam; por um lado, uma nuvem se interpõe entre suas faculdades de observação e ela própria, e, por outro, entre seu espírito crítico e a sociedade. Fantasias vagas, grandes impulsos sem objetivo lotam sua consciência: é que nessa idade uma revolução se produz no corpo do adolescente, pois é o início da puberdade. E, na idade em que ele teria podido se dominar, as paixões invadem sua alma. Infeliz que ele é, se como acontece em todas as faculdades da Europa e da América, se acha entregue a uma liberdade plena, destituído de apoio, sem um diretor de consciência, sem a possibilidade de penetrar a atmosfera espessa de ilusões que o sufoca! O estudante se encontra atordoado, incapaz de se conduzir, levado pelos preconceitos que imperam em torno dele. Qual é o homem feito que, remontando seu pensamento até essa época, não amaldiçoou a imprevidência da sociedade que nos jogou, ao sairmos do liceu ou do ginásio, absolutamente isolados, numa grande cidade, sem apoios morais, sem conselhos distintos daquelas fórmulas estúpidas em uso para adornar com cores brilhantes o que não passa de uma vida de bestialidade? Coisa estranha! Junto a muitos pais de família, encontra-se uma espécie de preconceito contra a vida de um estudante trabalhador e honesto, tamanha é a envergadura da influência das ideias correntes!

Junte-se a isso que, em seu isolamento, o jovem não sabe sequer trabalhar; nunca a ele foi dado um método de trabalho adaptado às suas forças e à natureza de seu espírito. Assim, os anos de estudos superiores são geralmente perdidos para a obra da autolibertação. E, entretanto, são os anos belos e radiosos da vida. O estudante se pertence quase que absolutamente. As mil sujeições da vida social mal pesam sobre ele. Não se vê ainda no seu pescoço a marca do colarinho, isto é, da profissão, da carreira a seguir. Não experimenta ele tampouco as preocupações que terá como chefe de família. Seus dias são dele, bem dele. Mas ai de nós! De que serve a liberdade exterior para quem não é senhor de si mesmo? Comandas tudo aqui, poderíamos dizer, fora de ti mesmo,[97] e os dias se desenrolam, com demasiada frequência, estéreis. Além disso, até nessa plena liberdade as fatalidades da existência roubam muito tempo. Ao levantar-se, uma meia hora para a *toilette*, as idas e vindas necessárias do quarto à faculdade, do quarto ao restaurante; as refeições, o tempo da digestão incompatível com o trabalho da mente; algumas visitas, algumas cartas a serem escritas, desarranjos imprevistos, caminhadas necessárias, as horas subtraídas devido a um mal-estar ou outro, todo esse conjunto de necessidades imperiosas devoram, se a ele juntamos as oito horas de sono necessárias, quase dezesseis horas por dia daqueles que trabalham. A conta é fácil de ser feita. Mais tarde, a todas essas necessidades virão se somar as da carreira, e então, mesmo reduzindo o tempo das refeições, aquele das caminhadas, raros serão os que disporão de cinco horas diárias inteiramente para si, perfeitamente disponíveis para o trabalho preferido e para a meditação tranquila! Por outro lado, se do trabalho aparente subtraímos o tempo das pesquisas nos livros, o tempo gasto em copiar, em escrever, e mesmo o tempo despendido para respirar durante o qual nenhum esforço é possível, se verá quão curto é o tempo do *esforço real da mente*. E qualquer um que vier a refletir sinceramente se indignará contra essas biografias mentirosas e tão apropriadas para desencorajar os jovens, nas quais nos são mostrados cientistas, políticos *trabalhando* quinze horas *por dia*!

Felizmente, como o observa Bossuet numa passagem já citada, pouco basta para cada dia se cada dia adquire esse pouco: vence-se

97. Pierre Beaumarchais, *Le mariage de Figaro*.

uma grande distância mesmo na marcha mais lenta quando nunca se para. O importante para o trabalho intelectual não digo que seja a regularidade, mas, sim, a continuidade. Disseram que o gênio não passa de uma longa paciência. Todos os trabalhos de peso foram realizados pela paciência perseverante. Foi sempre pensando pacientemente que Newton descobriu a gravitação universal. "É extraordinário o que se faz com o tempo quando se tem a paciência de esperar e não se apressar", escreve Lacordaire.[98] Observa a natureza: uma torrente que devastou o vale de Saint-Gervais traz apenas uma quantidade insignificante de depósitos. Ao contrário, a ação lenta das geadas e das chuvas, a marcha mal perceptível das geleiras desagregam anualmente, por assim dizer, pedra por pedra, as paredes rochosas e trazem para os vales massas prodigiosas de aluviões. Aquela torrente que rola do cascalho desgasta diariamente o granito sobre o qual flui e chega, com os séculos, a cavar desfiladeiros de grande profundidade na rocha. O mesmo ocorre com as obras humanas: todas procedem pela acumulação de esforços tão pequenos que, considerados em si mesmos, parecem totalmente desproporcionais à obra consumada. A Gália, antigamente coberta de florestas e de pântanos, foi roçada e sulcada de estradas, de canais, de estradas de ferro, semeada com povoados, cidades por miríades de esforços musculares, em si mesmos insignificantes. Cada uma das letras que compõem a gigantesca Suma de São Tomás de Aquino[99] exigiu que São Tomás a escrevesse; foi necessário, em seguida, que os operários pressionassem uma a uma as letras da fonte no dispositivo da máquina impressora para a impressão — e foi desse trabalho incessantemente repetido durante algumas horas por dia e por cinquenta anos que emergiu essa obra prodigiosa. A ação, a atividade corajosa assume, com efeito, duas formas de valor desigual. Ora procede por grandes movimentos bruscos, mediante impulsos bruscos de energia, ora, pelo contrário, se torna o trabalho resoluto, perseverante e paciente. Até na guerra, as qualidades de resistência à fadiga e ao desencorajamento

---

98. Henri Lacordaire (1802-1861), membro da Igreja e pregador francês pertencente à ordem de São Domingos. (N.T.)

99. Tomás de Aquino (1225-1274), filósofo e teólogo italiano, vulto da Escolástica na história da filosofia. (N.T.)

são qualidades fundamentais, e é com base nelas que de tempos em tempos são realizadas as façanhas. No trabalho, entretanto, não há propriamente esses foguetes notáveis: os impulsos bruscos de trabalho exagerado não são recomendáveis de nenhum ponto de vista, e quase sempre são sucedidos por períodos muito longos de prostração e de preguiça. Não, a coragem verdadeira aqui consiste numa paciência longa e perseverante. O importante para o estudante é não estar nunca ocioso. O tempo, e isto é fácil de se observar, tem um valor incomparável, pois os instantes perdidos estão perdidos para sempre, de maneira irrevogável. É preciso, portanto, economizá-lo. Mas não sou absolutamente partidário dessas regras rigorosas, desses empregos do tempo com quadros muito bem delineados, nos quais a utilização das horas é fixada antecipadamente. É raro as seguirmos exatamente, e nossa preguiça é tão hábil em criar pretextos que frequentemente deles nos servimos como desculpa para nada fazer nas horas não indicadas para o trabalho. Os únicos artigos que se respeitam escrupulosamente são os ditados pelo repouso e a caminhada. E, por outro lado, a impossibilidade de se obrigar a seguir as regras dentro do detalhe fixado habitua demasiadamente a vontade a se ver derrotada em seus esforços: e esse sentimento de que somos e seremos sempre derrotados nessa luta pela regra revela-se muito apropriado para produzir desencorajamento. Por outro lado, ainda acontece com frequência não se estar bem-disposto para o trabalho nas horas fixadas e se achar bem-disposto nas horas reservadas para a caminhada.

No trabalho intelectual, é necessário mais liberdade e mais espontaneidade, e a meta a ser perseguida nessa educação de nossa energia não é a obediência estrita das ordens de um cabo prussiano. Com certeza, não. O fim que o estudante deve se propor é completamente diferente: deve esforçar-se para ser sempre e em toda parte ativo. Não há horas determinadas para esse esforço e tarefa porque todas as horas lhe são propícias. Ser ativo é de manhã saltar cedo do leito corajosamente, é fazer sua própria *toilette* de modo simples e rápido, é se colocar sem hesitação, sem permitir que nenhuma preocupação estranha invada a mente, à sua mesa de trabalho; ser ativo no seu trabalho é jamais ler passivamente, é efetuar constantemente o esforço ativo. É, porém, ainda ser ativo levantar-se resolutamente para uma caminhada, sair para visitar um museu quando se sente o esgotamento da reserva de força nervosa e quando se sente que os esforços cessam de ser fecundos, pois constitui uma grande tolice perseverar tempo demais com esforços estéreis que esgotam e desestimulam. É preciso saber aproveitar esses instantes de folga para a visita às exposições de arte pictórica, etc. e para as conversas com amigos inteligentes. Pode-se ser ativo inclusive ao comer, esforçando-se para mastigar os alimentos de maneira a evitar um trabalho extra do estômago. A grande miséria do estudante são esses momentos de inércia, de ausência de vontade tolamente desperdiçados numa preguiça desonrosa. Ele passa horas na *toilette*, perde suas manhãs a bocejar, a folhear indolentemente um livro, em seguida outro. Não se sabe tomar nenhum partido claramente, nem o de francamente nada fazer nem o de trabalhar. E não há, de modo algum, necessidade de buscar as ocasiões para ser ativo, pois essas ocasiões se apresentam todo dia desde o despertar até a hora de nos deitarmos.

O meio fundamental de alcançar esse domínio de nossa própria energia é nunca ir dormir sem fixar a tarefa exata que se deve realizar no dia seguinte. Não me refiro aqui à quantidade a ser realizada, pois se pode aplicar a essa medida exata o que dizíamos há pouco sobre os "empregos do tempo". Refiro-me somente à natureza do trabalho. Depois, na manhã do dia seguinte, ao despertar, agarra-se bruscamente o próprio intelecto, obrigamos este, sem lhe dar tempo para distrair-se, a aplicar-se imediatamente à tarefa, mesmo durante a *toilette*, e arrasta-se o próprio corpo para diante da mesa de trabalho, e colocamos a caneta em sua mão sem sequer lhe dar tempo para resistir.

Além disso, se na caminhada, se durante uma leitura, forma-se na consciência um remorso de ser ocioso, se nos sentimos tocados pela graça, se constatamos um movimento positivo a elevar-se na alma, é necessário logo tirar proveito dele. Não se deve imitar aqueles que, na sexta-feira de manhã, decidem heroicamente que, a partir de segunda-feira, sem falta, se porão a trabalhar. Se não se põem a trabalhar *logo*, sua pretensa resolução não passa de uma mentira para si mesmos, de uma pobre veleidade impotente. É preciso, como diz Leibniz, tirar proveito de nossos movimentos positivos "como da voz de Deus que nos chama". Esbanjar esses movimentos positivos, ludibriá-los remetendo sua execução para mais tarde, deles não tirar proveito imediatamente a fim de criar bons hábitos e fazer com que nossa alma deguste as alegrias vigorosas do trabalho, de modo a conservar seu sabor, constitui o maior crime que se pode cometer contra a educação da energia.

Não sendo a meta sujeitar a nossa atividade a um regulamento, mas agir vigorosamente em toda parte e sempre, impõe-se utilizar os quartos de horas e os minutos. Escuta o que diz de Darwin seu filho:[100] "Um traço de seu caráter era seu respeito pelo tempo. Nunca esquecia quão precioso era o tempo (...). Economizava os minutos (...). Jamais perdia alguns minutos que a ele se apresentavam, a imaginar que não valia a pena pôr-se ao trabalho (...). Ele executava tudo com rapidez com uma espécie de ardor contido". Esses minutos, esses quartos de hora, que quase todos perdem tão tolamente, sob o pretexto de que não vale a pena começar alguma coisa, acabam no fim do ano por formar um enorme total. Creio que foi d'Aguesseau que, não estando o almoço jamais pronto na hora, um dia apresentou à sua esposa como antegosto um livro escrito durante os quartos de hora de espera. É tão fácil em cinco ou dez minutos "retesar" a mente, ler fervorosamente um parágrafo, adiantar o trabalho escrevendo algumas linhas, copiar uma passagem, informar o sumário de suas notas e de suas leituras!

Assim, tem-se razão ao dizer que nunca há falta de tempo para quem sabe empregá-lo bem. Quão justa é a observação de que são aquelas próprias pessoas que gozam do máximo de lazer que têm o mínimo de tempo para fazer o que devem fazer. Tanto quanto é verdadeiro que se queixar de não ter tempo para trabalhar é confessar uma certa covardia e que se tem horror aos esforços.

Mas se examinarmos por que perdemos tempo, veremos que, na maioria dos casos, nossa fraqueza é, por assim dizer, sustentada pela indeterminação da tarefa a ser realizada. Constitui para mim uma experiência constante o fato de que, se não vejo com clareza minha tarefa do dia seguinte antes de adormecer, minha manhã será infrutífera. Não é necessário jamais estabelecer para si um objetivo geral

---

100. (1) *Vie et correspondance de Ch. Darwin*, Reinwald, 1888, vol. I, 135 ss.

nem jamais dizer "Amanhã, trabalharei!", nem mesmo "Amanhã, iniciarei o estudo da moral de Kant!". É necessário sempre se estabelecer uma tarefa precisa e particular, dizer "amanhã, começarei resolutamente e, para começar, a leitura da *Razão prática*, de Kant, ou estudarei e resumirei tal capítulo de fisiologia".

A esse preceito de sempre estabelecer com precisão a sua própria tarefa, impõe-se acrescentar aquele de terminar sempre, e terminar conscienciosamente o que se começou, a fim de não ter de retornar ao que foi começado. Nunca precisar retomar um trabalho, fazer com que tudo que fazemos seja definitivo, constitui uma economia de tempo extraordinária. É assim que o estudante deve efetuar suas leituras com firmeza, energicamente, que deve resumi-las por escrito, copiar (se necessário) os extratos cuja utilidade ele prevê, e logo distribuir suas notas sob os títulos de seu sumário, que lhe permitirá encontrá-los novamente quando quiser. Dessa maneira, não terá jamais, a menos que se trate de um livro de cabeceira, a necessidade de recomeçar sua leitura. Dessa maneira, caminha-se lentamente, mas, como não se dá um passo à frente senão após haver definitivamente assegurado os passos dados atrás, nunca recuamos, e a uma marcha lenta, mas firme e contínua, avança-se e, inclusive, como a tartaruga da fábula, chega-se antes da lebre mais ágil, porém menos metódica. Na nossa opinião, não há regra mais essencial para trabalho: *age quod agis*; fazer cada coisa por sua vez, inteiramente, sem pressa, sem agitação. O grande pensionário de Witt dirigia todos os negócios da República e, entretanto, encontrava tempo de lazer para ter uma vida social e para jantar acompanhado. Perguntaram a ele como conseguia achar tempo para terminar afazeres tão múltiplos e ainda tempo para se entreter: "Nada há de tão fácil", respondeu. "Trata-se apenas de fazer ao mesmo tempo somente uma coisa e nunca deixar para amanhã o que se pode fazer hoje." Lorde Chesterfield recomendava ao seu filho não perder tempo, mesmo com o guarda-roupa, e a ele cita como exemplo um homem que para aí levava algumas folhas de uma edição vulgar de Horácio[101] "que, em seguida, enviava para baixo como um sacrifício a Cloacine"! Sem impulsionar a economia do tempo até

101. Horácio (65-8 a.C.), poeta latino. (N.T.)

esse ponto, é certo que a utilização de todos os instantes a favor de um fim único constitui um expediente de grande fecundidade. Uma atividade que não saiba se ligar à lei de fazer somente uma coisa por vez é uma atividade desordenada; desprovida de unidade, adeja de objeto para objeto, sendo talvez pior do que a ociosidade, pois a ociosidade goza de si mesma, enquanto essa agitação, devido à sua esterilidade, finda por gerar uma aversão ao trabalho. Ela substitui a alegria tão intensa da tarefa "que avança" pelo mal-estar, o atordoamento, a repulsa produzidos pelas múltiplas tarefas que não se consegue terminar. São Francisco de Sales vê nessas perpétuas mudanças um artifício do diabo. Não convém, diz ele, praticar diversos exercícios de uma só vez todos ao mesmo tempo, "pois com frequência o inimigo esforça-se para nos fazer empreender e dar início a diversos projetos, a fim de, uma vez demasiado sobrecarregados de tarefas, não conseguirmos nada e deixarmos tudo imperfeito, incompleto... Por vezes, inclusive, ele nos sugere a vontade de começar a empreender alguma tarefa excelente que prevê que não realizaremos, visando a nos desviar de empreender uma menos excelente que poderíamos facilmente consumar".[102]

Por outro lado, e é uma observação que faço com frequência: são as coisas começadas e não terminadas que causam a maior perda de tempo. Isso deixa como se fosse um mal-estar análogo ao que produz a busca de uma solução de problema realizada por muito tempo e inutilmente. Experimenta-se um descontentamento; o objeto de trabalho abandonado vinga-se de nosso desprezo ocupando nossa mente, desordenando-nos em nossos outros trabalhos. Isso se explica pelo fato de a atenção excitada não haver tido sua satisfação legítima. Ao contrário, o trabalho realizado lealmente lega à mente um sentimento de contentamento e, por assim dizer, de apetite satisfeito: o pensamento permanece aliviado de uma preocupação e fica livre para aplicar-se a novas ocupações.

O que se revela verdadeiro com referência a um trabalho interrompido também se revela no tocante a um trabalho que se deve fazer e que não se faz. Experimenta-se o sentimento bastante distinto de que é necessário, por exemplo, escrever uma certa carta, e esta

102. *Traité de l'amour de Dieu*, VIII, XI.

não é escrita. Os dias passam: conserva-se esse pensamento como um remorso que vai se exacerbando. Continua-se a não escrever, e a obsessão torna-se tão incômoda que se resolve, finalmente, executar esse trabalho; porém,, uma vez executado, não traz mais nessa hora tardia a alegria produzida por toda tarefa consumada.

Façamos, portanto, cada coisa no momento em que é necessário fazê-la, e façamos tudo por completo.

Parágrafo III

Uma vez consolidado no jovem esse hábito importante e fecundo de decidir-se viva e prontamente, de agir sem uma agitação febril, francamente, pura e simplesmente, não existe um elevado futuro intelectual ao qual não possa ter pretensão. Se ele alimenta algumas ideias novas ou se vê velhas questões de uma maneira nova, irá carregar em seu pensamento essas ideias durante oito ou dez anos de trabalhador assíduo. Tais ideias atrairão para si centenas de imagens, de comparações, de semelhanças ocultas para todos; elas irão organizar esses materiais, nutrir-se deles, se fortalecerem e crescerem. E, como da semente do carvalho emergem árvores vigorosas, desses pensamentos fecundados pela atenção ao longo de anos emergirão livros poderosos, que serão para as pessoas honestas, na sua luta contra o mal, o que são para os soldados os clarins soando o anúncio do ataque. Ou então, ainda, esses pensamentos se concretizarão, se realizarão numa bela vida inteiramente unificada, inteiramente íntegra, inteiramente dotada de atividade generosa.

E não devemos ocultar tal coisa; se experimentamos a grande felicidade de poder alcançar a vida da inteligência, essa aristocracia a nós conferida pela instrução é tão mortalmente odiável quanto a aristocracia do dinheiro se não nos fizermos desculpar nossa superioridade intelectual pela superioridade de nossa vida moral.

Todos vós que, ao saírem do ensino secundário, se tornaram estudantes de direito, de ciências, de letras, de medicina, tendes o dever de ser os benfeitores mais ativos e mais perseverantes daqueles que são obrigados a ganhar duramente a vida sem poder lançar um olhar além da hora presente. Os estudantes formarão necessariamente a classe dirigente em todos os países, mesmo nos países de sufrágio universal, pois a multidão, incapaz de dirigir a si mesma, sempre confiará isso às luzes daqueles que flexibilizaram e fortaleceram suas mentes por meio de anos de cultura desinteressada. Essa situação gera deveres muito precisos para todos os jovens que foram recebedores do benefício do ensino superior, pois está claro que, para conduzir os outros, é necessário, primeiro, saber conduzir-se a si mesmo. Para pregar aos outros a moderação, o desinteresse, o devotamento, convém apresentar o exemplo e saber aceitar alegremente uma vida de trabalho e de atividade enérgica por meio do discurso e por meio dos atos.

Ah! Se a cada ano uma meia dúzia de estudantes voltasse para seus povoados, suas pequenas cidades na qualidade de médicos, advogados, professores, firmemente decididos a não perderem uma oportunidade de falar, de agir em favor do bem, decididos a manifestar diante de qualquer pessoa, por mais modesta que seja a situação dessa pessoa, o maior respeito, a jamais deixarem ocorrer uma injustiça sem um protesto ativo e perseverante, a introduzirem nas relações sociais mais bondade, mais autêntica equidade, mais tolerância, em vinte anos a favor da felicidade da pátria, de cada pátria, seria reconstituída uma aristocracia nova, absolutamente respeitada e que seria onipotente para o bem geral. Todo jovem que deixa as universidades e que só considera na advocacia, na medicina, etc. o dinheiro que essas carreiras podem render, e que apenas pensa em distrair-se tola e grosseiramente, não passa de um miserável, e felizmente, no que toca a esse ponto, o sentimento público se engana cada vez menos.

Parágrafo IV

Mas seremos contestados: não é possível que o trabalho contínuo, a preocupação constante com uma ideia, essa atividade sempre atenta sejam muito prejudiciais à saúde? Essa objeção se origina da ideia falsa que se faz do trabalho intelectual. Continuidade é, com efeito, aqui tomada no sentido humano. É claro que o sono interrompe o trabalho e envolve repouso; é claro também, conforme dissemos anteriormente, que a maior parte do tempo em que estamos acordados está necessariamente desatenta das ocupações intelectuais. Trabalhar é tão só obrigar nossa mente a pensar exclusivamente no objeto de nosso estudo por todo o tempo em que não temos nada diferente para fazer. Por outro lado, essa palavra trabalho não deve evocar a imagem de um estudante sentado, o busto inclinado sobre uma mesa. Pode-se ler, meditar, compor caminhando; é o melhor método, o menos fatigante e o mais fecundo em matéria de descobertas. A caminhada facilita singularmente o trabalho de assimilação dos materiais intelectuais e sua colocação em prática.

Com efeito, ser um trabalhador intelectual não supõe como corolário que se seja imprevidente. Hoje, sobretudo, que conhecemos suficientemente bem as relações do físico e do moral, seríamos dignos de nos tornar o objeto de zombaria dos ignorantes se não soubéssemos poupar nossa saúde. Quanto mais que a aquisição dos materiais é a parte inferior da tarefa: sua escolha e sua organização têm uma importância muito diferente. Um cientista não é aquele que conhece a maior quantidade de detalhes, mas aquele que possui uma mente sempre ativa, sempre trabalhando. Não convém confundir ciência com erudição. A erudição é com demasiada frequência preguiça intelectual. Uma boa memória não basta para criar; é necessário que a mente domine os materiais, e que estes não a obstruam.

Ainda que seja certamente de muito bom-tom parecer doente por força de trabalhar, ainda que isso pareça honrar nossa vontade, é preciso positivamente reconhecer que seria necessário provar que o trabalho *somente* é causa de nosso enfraquecimento. Impossível fazer essa prova. Seria necessário poder efetuar o cômputo de todas as outras causas do enfraquecimento, empreendimento absurdo. E, que o digamos resolutamente, nunca se sabe se o que se atribui ao trabalho não provém, por exemplo, da sensualidade. Não creio que se veja frequentemente no colégio jovens, e mais tarde estudantes, *perfeitamente sábios* esgotados: o único esgotamento nessa idade, ai de nós...!, é o causado pelos hábitos viciosos.

A parte desse desgaste lamentável para a qual contribui a sensualidade, se houver, apesar de tudo, esgotamento, provém das decepções, da inveja, do ciúme, e principalmente de um amor-próprio doentio, hiperestesiado, resultante de uma visão falsa de nosso lugar no mundo, e de um sentimento exagerado de nossa personalidade. Caso se tenha suficiente energia para expulsar da consciência esses sentimentos corrosivos, uma grande causa de fadiga se verá com isso mesmo eliminada.

Parece-nos que o trabalho intelectual bem ordenado, que respeita a higiene, isto é, a vida, isto é ainda, o tempo, que exclusivamente pode nos permitir os desenvolvimentos elevados do pensamento, o trabalho livre dos compromissos com a sensualidade, o trabalho jubiloso e confiante, destituído de ciúme, destituído de vaidade ferida, é eminentemente apropriado para fortalecer a saúde. Se fornecemos ideias belas e fecundas à atenção, o pensamento as elabora e as organiza; se permitimos que o acaso das impressões forneça os materiais, a fadiga é perceptivelmente idêntica àquela de quando a vontade preside a escolha delas. Mas é raro que o acaso, esse inimigo de nosso repouso, não traga consigo um enxame de contrariedades. Com efeito, o ser humano vive em sociedade e necessita da estima e mesmo do elogio dos outros. Como os outros raramente têm uma opinião tão boa de nós quanto temos de nós mesmos, como, por outro lado, a um grande número de nossos semelhantes falta tato e, com frequência, também caridade, acontece de muito comumente, em todas as situações, ser a vida social fecunda em pequenas ofensas. É um encorajamento adicional para o trabalhador ver os preguiçosos pagarem cruelmente por sua preguiça, porque em suas mentes vazias crescem, como num campo não cultivado, uma profusão de ervas daninhas. Eles passam seu tempo a ruminar ideias medíocres, contrariedades medíocres, ciúmes e ambições medíocres.

Nada mais eficaz para a felicidade do que trocar preocupações por ocupações, e quem diz felicidade diz saúde. Tanto isso é verdadeiro que o trabalho constitui a lei profunda da humanidade, e que qualquer um que se liberta dessa lei renuncia, consequentemente, a todas as alegrias elevadas e duradouras!

Acresçamos a essas observações que o trabalho *disperso*, sem método, cansa, e que se imputa frequentemente ao trabalho em si mesmo o que provém de uma direção deplorável do trabalho. O que cansa é a multiplicidade das ocupações das quais nenhuma traz consigo a alegria repousante das tarefas terminadas. A mente deslocada de diversos lados conserva em cada trabalho como se fosse uma inquietude surda. São os trabalhos deixados na condição de esboços que produzem uma ruminação intelectual muito deplorável. Michelet dizia a M. de Goncourt que quase há trinta anos ele sofria de uma enxaqueca horrível resultante do número de coisas que fazia. Ele resolveu não ler mais livros, mas escrevê-los: "A partir desse dia, ao me levantar, sabia muito nitidamente o que tinha a fazer, e meu pensamento não se concentrando mais do que num único objeto por vez, eu me curei".[103] Nada é mais verdadeiro: querer conduzir ao mesmo tempo diversas obras é se devotar a uma fadiga certa. *Age quod agis*: façamos por inteiro o que fazemos. Não só é o meio de caminhar com rapidez, como o vimos, como também é o meio seguro de evitar a fadiga e colher as largas alegrias das tarefas consumadas.

Parágrafo V

Em resumo, se a meditação estimula na alma as emoções poderosas, não consegue capitalizá-las sob a forma de hábitos. Ora, a educação da vontade é impossível sem a criação de hábitos excelentes e sólidos; sem estes, nossos esforços teriam sempre que ser recomeçados. Exclusivamente eles possibilitam estabelecer nossas conquistas e prosseguir caminhando a despeito dos obstáculos. Ora, esses hábitos, nós o sabemos agora, é somente a ação que pode criá-los.

Por agir, é preciso entender executar corajosamente cada uma das ações ínfimas que constituem a perseguição da meta. A ação fixa o pensamento, nos compromete publicamente com um partido e produz uma profunda alegria.

Ai de nós! O tempo de atividade, que já é tão curto, é ainda diminuído pela falta de método do estudante em seu trabalho; apesar disso, nós já o dissemos, "pouco basta a cada dia se cada dia produz esse pouco". A paciência dos esforços incessantemente renovados produz resultados prodigiosos: portanto, o que o estudante deve adquirir é o hábito da atividade incessante. Deve, para conseguir fixar-se cada noite

103. *Journal des Goncourt*, 12 de março de 1864.

a tarefa do dia seguinte, tirar proveito de todos seus bons movimentos, encerrar todo trabalho iniciado, fazer apenas uma coisa por vez e não esbanjar nenhuma parcela de seu tempo. Tais hábitos lhe possibilitarão a expectativa do mais digno futuro, e o colocarão em condição de pagar à sociedade a dívida de reconhecimento que os benefícios que dela recebeu tornam para ele um dever pagar como reconhecimento.

O trabalho assim concebido, judicioso, jamais pode causar esgotamento: a fadiga que se atribui ao trabalho se origina, com efeito, quase sempre dos excessos da sensualidade, das inquietudes, das emoções egoístas, de um método ruim; o trabalho bem concebido, judicioso, e o hábito dos pensamentos nobres e elevados só podem fortalecer a saúde, a considerarmos verdadeiro que ser calmo, sereno e feliz é uma condição fisiológica excelente.

Capítulo IV — A higiene corpórea considerada do ponto de vista da educação da vontade no estudante

Parágrafo I

Até aqui, estudamos o lado psicológico da matéria. Resta-nos examinar as condições fisiológicas do autodomínio. A vontade e sua forma mais elevada, a atenção, são inseparáveis de um sistema nervoso. Se os centros nervosos se esgotam rapidamente, ou se, uma vez esgotados, só recuperam seu vigor numa lentidão extrema, nenhum esforço, nenhuma perseverança são possíveis. A debilidade corpórea é acompanhada de uma vontade fraca, de uma atenção efêmera e lânguida. E, se observarmos que em todas as ordens de atividade o sucesso depende mais de uma energia infatigável do que de qualquer outra causa, estaremos dispostos a crer que a condição primordial de todo sucesso na conquista de si mesmo é ser, de acordo com uma expressão célebre, "um bom animal". Quase sempre o entusiasmo moral coexiste com esses momentos radiosos nos quais o corpo, como um instrumento bem-afinado, cumpre seu papel sem notas falsas, e sem distrair para ele a consciência íntima. Nesses momentos de pleno vigor, a vontade é onipotente em nós e a atenção pode ser fortemente estendida. Ao contrário, quando estamos fracos, débeis, sentimos pesadamente as correntes que unem nosso espírito ao corpo, e os fracassos da vontade têm com frequência indisposições de ordem fisiológica. Acrescenta a essas considerações que a recompensa natural de todo trabalho que exercita as forças sem esgotá-las é um sentimento de bem-estar, de alegria, que dura bastante. Se o esgotamento acontece desde o início do trabalho, esse sentimento agradável de força maior não surge, e o que o substitui é uma sensação penosa de fadiga, de fastio: para esses infelizes assim debilitados, o trabalho desprovido da alegria penetrante que é dele a recompensa é um encargo, uma dificuldade, uma dor.

Ademais, todos os psicólogos estão de acordo no que se refere à importância das condições fisiológicas para a memória. Quando uma circulação ativa impulsiona no cérebro um sangue bem nutrido, muito puro, as lembranças e, portanto, os hábitos são gravados rapidamente e por muito tempo.

Condição de uma volição e de uma atenção prolongada e vigorosa, eminentemente favorável à memória, a saúde não se limita a recompensar o trabalho mediante a alegria que é sua consequência. Além disso, tem uma influência extrema sobre a felicidade; é, como se o disse, o algarismo que, colocado diante dos zeros da vida, confere a ela seu valor. A imagem é feliz, e Voltaire[104] dizia de Harlay, que tinha uma mulher encantadora e todos os bens da fortuna: "Ele nada tem se não digerir".

Infelizmente, o trabalho intelectual mal concebido, não judicioso, pode ser bastante danoso. Ele impõe a imobilidade do corpo, impõe o sedentarismo, a reclusão em apartamentos precariamente dispostos; impõe, enfim, a postura de estar sentado. Esses graves inconvenientes, aos quais vêm se somar uma má dieta alimentar, não tardam a debilitar o estômago. As digestões tornam-se trabalhosas, e, como o estômago é rodeado de uma rede cerrada de nervos, a repercussão dos problemas desse órgão sobre o sistema nervoso é considerável. Depois da refeição, a cabeça se congestiona, os pés facilmente

104. François-Marie Arouet (1694-1778), filósofo, historiador e escritor francês. (N.T.)

resfriam: experimenta-se um entorpecimento, uma sonolência que logo dá lugar a uma irritabilidade que contrasta singularmente com a alegria dos camponeses e dos artesãos após seu almoço. O estado nervoso se agrava pouco a pouco, e muitos trabalhadores intelectuais chegam com isso a ficar incapacitados de controlar suas impressões: o coração deles palpita diante da menor contrariedade, o estômago deles se comprime. É o primeiro grau do *nervosismo*, pois o nervosismo tem quase sempre como ponto de partida um estado falho das funções nutritivas. O cérebro deixa de ser o grande regulador e, em lugar dos ritmos calmos e vigorosos da vida sadia, tem-se a irritabilidade e o transtorno da vida doentia.

E, entretanto, a onipotência que o tempo nos confere para a obra do domínio de nós mesmos, o tempo também a confere a nós para mudar nosso temperamento e consolidar nossa saúde. Numa passagem célebre, Huxley[105] nos compara a jogadores de xadrez. Temos como parceiro um adversário paciente e implacável que não nos perdoa sequer a menor falta, mas que compensa com uma generosidade copiosa os bons jogadores. Esse adversário é a natureza e tanto pior para quem ignora as regras do jogo. Estudando essas regras, que são as leis descobertas pelos cientistas, e principalmente aplicando-as, estamos seguros quanto a ganhar a aposta que é a saúde. Mas acontece com essa conquista da saúde o que acontece com a conquista de nossa liberdade: não é o resultado de um *fiat*, mas, sim, de uma enorme quantidade de pequenas ações que se executam centenas de vezes por mês ou que se recusam a executar. Deve-se dirigir a atenção para muitos pontos e atribuir a cada detalhe sua importância. Impõe-se ocupar-se do calor, do frio, da umidade; impõe-se ocupar-se da pureza da atmosfera, ocupar-se da iluminação, das refeições, fazer exercícios suficientes, etc.

Mas exclamarão que tais cuidados tornarão a vida ridícula e tomarão todo o tempo! Puro sofisma. Esses cuidados são afazeres do hábito. Não é necessário mais tempo para comer segundo as regras do que para comer mal. Não é necessário mais tempo para caminhar

105. Não sabemos a que Huxley o autor alude. Provavelmente, ao eminente biólogo e escritor inglês Thomas Henry Huxley (1825-1895). (N.T.)

um pouco do que para permanecer preguiçosamente na poltrona digerindo mal ou a ler os jornais no café. Não constitui uma perda de tempo apreciável renovar ocasionalmente o arejamento do gabinete de trabalho. É suficiente estabelecer uma vez por todas as modificações a serem operadas no gênero de vida. O único motivo que se tem para não agir racionalmente é a preguiça: preguiça intelectual para prever, preguiça física para executar.

E repetimos ainda mais uma vez que a recompensa será a saúde, isto é, a condição de todo o resto, tanto do sucesso quanto da felicidade.

As funções para as quais devemos dirigir a máxima atenção são as funções de nutrição. A questão essencial aqui é a natureza e a quantidade dos alimentos a serem ingeridos. Até os trabalhos de Berthelot,[106] a questão da alimentação se mantinha empírica. Hoje, o problema é formulado de uma maneira suficientemente clara. Sabe-se atualmente que nenhum alimento gorduroso ou hidrocarbonado pode substituir a albumina na reconstituição dos tecidos. Portanto, a albumina é necessária à alimentação. Por outro lado, porém, se em lugar de proporcionar uma ração suficiente de albumina força-se a dose, o resultado obtido é extremamente curioso. Essa ração exagerada produz uma precipitação de albumina em detrimento de nossos órgãos muito superior à quantidade de albumina ingerida.[107] Basta ingerir diariamente uma quantidade de alimentos azotados igual a cerca de 75 gramas. Tudo que se absorve acima desse peso, longe de ser assimilado, tende a provocar uma precipitação da albumina dos músculos. Eis aí um primeiro ponto: o estudante come nos restaurantes duas ou três vezes mais carne do que aquilo que seria proveitoso comer.

Ademais, seja qual for a quantidade de albumina ingerida, se não absorvemos ao mesmo tempo alimentos gordurosos ou hidratos de carbono, a precipitação de albumina se opera; cessa no caso contrário. Daí o nome *ração azotada protegida* dado a esses alimentos quando se misturam com as 75 gramas de albumina.

106. Marcelin Berthelot (1827-1907), químico francês. (N.T.)

107. Cf. G. Sée, *Formulaire alimentaire*. Battaille et Cie, 1893.

Por outro lado, sabe-se que o trabalho causa principalmente a decomposição da gordura ou das féculas. Sabe-se, além disso, que o ser humano deve despender diariamente 2.800 e até 3.400 calorias se o trabalho for intenso.[108] Setenta e cinco gramas de albumina proporcionando 307 calorias, tomando como média superior 3.000 calorias, resta para o trabalhador intelectual topar com cerca de 2.700 calorias. Como se assimilam somente pouquíssimo mais do que 200 a 250 gramas de gorduras (225 x 9,3 = 2.092 calorias), resta exigir por volta de 600 calorias dos alimentos hidrocarbonados (por volta de 150 gramas). Basta procurar nos livros especiais o valor de cada alimento em albumina, em gordura e em elementos hidrocarbonados para compor a alimentação diária.

A conclusão que se impõe, feita a experiência, é que comemos demais, sobretudo carnes demais. Impomos ao estômago e aos intestinos um trabalho absurdo. No caso da maioria das pessoas da classe rica, a maior parte das forças adquiridas pelo trabalho da digestão é empregada para digerir. Que não se creia que exageramos. Durante a digestão, com efeito, digeriríamos as paredes do estômago e dos intestinos se a superfície deles não renovasse incessantemente o tecido que os protege, e que se reforma muito depressa à medida que os sucos digestivos o atacam. Só este trabalho é enorme. Os intestinos têm de sete a oito vezes o comprimento do corpo por 30 centímetros de largura, quando os estendemos. A superfície em trabalho dos intestinos e do estômago tem ao menos 5 metros quadrados. Some-se ao trabalho considerável que constitui a renovação incessante durante muitas horas diárias as vilosidades que cobrem tal superfície, as forças empregadas para mastigar, as forças utilizadas pelos movimentos peristálticos do estômago, para a formação de uma quantidade considerável de saliva, para a produção dos sucos digestivos do estômago, do pâncreas, da vesícula biliar, e se dará conta do desgaste prodigioso de forças que o ato digestivo exige...

Não está claro que as pessoas que comem demais são puros animais reduzidos à função pouco honrosa de servidores de seus tubos

108. Um grama de albumina proporciona 4,1 calorias; 1 grama de gordura proporciona 9,3 calorias; 1 grama de hidrato de carbono proporciona 4,1 calorias.

digestivos? Acrescenta a isso que a maioria, diante da quantidade de comida a ser engolida, julga fastidioso mastigar bem os alimentos e, com essa atitude, faz pesar ainda o processo laborioso da digestão e o prolonga, os sucos digestivos somente podendo penetrar lentamente massas muito pouco divididas.

Quão útil seria uma pequena brochura que indicasse com respeito a cada alimento seu teor de albumina, de gorduras e de elementos hidrocarbonados assimiláveis! Todos os tratados especializados indicam o teor de azoto; ora, sabemos hoje que muitos compostos azotados não são, a nos expressarmos propriamente, alimentos reparadores. Munido de uma tal tabela, o estudante poderia compor aproximadamente um menu pessoal que lhe daria acesso ao duplo resultado de nutrir-se bem e evitar para seus órgãos responsáveis pela digestão um trabalho exagerado, que é produzido em prejuízo do trabalho intelectual. A questão do número e da hora das refeições parece uma questão bastante secundária comparada à importância capital da dosagem dos alimentos. Não que quiséssemos ver o estudante pesar, como fazia Cornaro, todos seus alimentos, mas depois de alguns pesados, ele se daria conta aproximadamente do que deve comer e evitaria, ao menos, o enorme desperdício de forças ao qual está condenado o jovem que frequenta os restaurantes, e que, em meio do ruído das conversações, das discussões, come até lotar o estômago.[109]

A higiene no tocante à respiração é mais simples. Para dizer a verdade, respirar ar puro parece bem pouco uma necessidade para as pessoas; quantas vezes constatei jovens preferirem respirar um ar poluído, repugnante, a introduzirem no aposento ar puro acompanhado de um pouco de frio. A higiene dos estabelecimentos de ensino e dos

109. Não é possível encerrar este assunto sem falar do uso do café. Não se deve proibi-lo. Tomado numa quantidade excessiva e preparado no filtro que o esgota totalmente, ele produz nervosismo. Preparado ao modo árabe, por infusão em pequenas xícaras, ele é menos irritante e contribui proveitosamente para o processo digestivo. Mesmo fora das refeições, uma modesta quantidade pode, de manhã, por exemplo, eliminar essa lentidão do pensamento da qual se queixam tantos trabalhadores e também produzir um vivo estímulo intelectual. Com a condição de não abusar dele, e por outro lado de logo aproveitar esse estímulo para se pôr a trabalhar, não há nenhum inconveniente em beber café.

apartamentos permaneceu, nesse aspecto, no estado primitivo. Reconhece-se, entretanto, como verdadeiro que o ar poluído produz inquietação, azedume e descontentamento. Não dispondo o organismo do estímulo sadio proporcionado pelo ar puro, ele é levado a buscar os estímulos viciosos. O estudante não é submetido em seu quarto à "ruminação" de um ar já respirado: pode frequentemente produzir um arejamento — pode, o que é mais valioso, trabalhar ao ar livre. Ademais, pode caminhar pelo seu quarto e ler ou falar em voz alta. Sabe-se que os surdos-mudos, que não exercem a fala, têm pulmões fracos e mal são capazes de apagar uma vela instalada a alguns centímetros de suas bocas: o discurso é uma enérgica ginástica do pulmão.

É preciso também observar que a postura curvada daquele que escreve ou lê constitui um incômodo muito intenso para os movimentos respiratórios, incômodo que pode, a longo prazo, tornar-se muito prejudicial ao trabalhador. Deve-se, a fim de combater essa causa de debilitação, adquirir o hábito de manter o busto bem ereto visando desembaraçar o peito e assegurar a liberdade dos movimentos respiratórios.

Todavia, essas precauções são insuficientes, e é indispensável parar com frequência o trabalho, levantar-se para recorrer a bons exercícios, o que M. Lagrange chama de "ginástica respiratória". Esses exercícios consistem em longas inspirações que realizamos artificialmente imitando o que se passa quando de manhã, instintivamente, nos espreguiçamos. Elevam-se muito lentamente os dois braços e os afastamos respirando tão profundamente quanto possível, depois do que os abaixamos expulsando o ar aspirado. É, inclusive, útil ao elevar os braços erguer-se sobre a ponta dos pés como se nos esforçássemos para crescer; essa operação produz o endireitamento das curvaturas da coluna vertebral, endireitamento que possibilita às costelas descreverem de baixo para cima um segmento de círculo sensivelmente maior do que o segmento habitualmente percorrido. Além do fato de esse exercício impedir a ancilose das costelas, ele "desenruga" um grande número de vesículas pulmonares prostradas e onde o oxigênio não penetrava. Assim, a superfície das trocas entre o sangue e o ar aumenta, o que explica o fenômeno constatado por

Marey de que o ritmo da respiração permanece modificado mesmo em repouso após exercícios prolongados semelhantes. Notemos que o emprego de halteres é aqui contraindicado, pois nenhum esforço é possível sem deter-se a respiração.

Essas precauções que reconhecemos muito bem não passam, contudo, de paliativos que, em nenhum caso, podem dispensar o exercício propriamente dito.

O exercício, e isto é evidente, nada cria por si mesmo. Atua indiretamente melhorando o conjunto das funções de nutrição.

Em nosso próprio quarto, pode-se, acabamos de o ver, aumentar a capacidade respiratória por meio de exercícios aos quais se recorre de tempos em tempos, porém não se é capaz de fazer o sangue circular rapidamente e, portanto, passar com mais frequência nos pulmões. A função respiratória e a função circulatória são, por assim dizer, a mesma função em dois pontos de vista. Tudo o que ativa uma age sobre a outra. Lavoisier,[110] numa comunicação à Academia de Ciências (1789), chamou a atenção sobre o fato de que um ser humano assimilava, em jejum, depois de um esforço muscular, perto de três vezes mais oxigênio do que em repouso. Consequentemente, o primeiro efeito do exercício é fazer penetrar no organismo uma quantidade considerável de oxigênio. E, enquanto o estudante costumeiramente em repouso vive uma vida reduzida, aquele que pratica o movimento ao ar livre aborda o trabalho com um sangue mais rico e uma respiração mais ativa. O cérebro torna-se capaz de esforços mais enérgicos e mais prolongados. Ao mesmo tempo que o trabalho do próprio coração diminui, ele rende mais, pois enquanto a imobilidade tende a levar o sangue à estagnação nos capilares, estagnação acompanhada da redução das combustões vitais, no exercício por uma ação "de vizinhança", a circulação nos capilares é produzida pelos músculos que atuam, e esse "coração periférico", constituído pela elasticidade das artérias delgadas, reduz com todo seu trabalho característico o trabalho do órgão central.

110. Antoine-Laurent de Lavoisier (1743-1794), químico francês. (N.T.)

Mas os benefícios da atividade muscular não são apenas esses, pois os músculos são, como o demonstrou Paul Bert, fixadores de oxigênio. São verdadeiramente órgãos respiratórios: opera-se neles uma troca extremamente importante do oxigênio aspirado e do ácido carbônico a ser eliminado. Ora, quanto mais vigorosas são essas trocas, mais a queima das gorduras da alimentação é igualmente vigorosa: à imobilidade não "queimando" as reservas de gordura possibilita-se a formação de depósitos de gordura em toda parte, o que conduz diretamente à obesidade. Esses depósitos não são, ademais, os únicos inconvenientes da preguiça corpórea se for verdade, como parece demonstrado que a artrite, a gota, os cálculos nos rins e o mau hálito têm por causa principal os produtos queimados de maneira incompleta por falta de uma respiração suficientemente vigorosa. Ora, essa respiração dos músculos tão importante não perdura apenas durante o trabalho, pois, vimos, esses órgãos conservam por um tempo suficientemente longo uma superatividade respiratória.

Que se note, ademais, que o exercício é absolutamente indispensável para a maioria dos jovens de famílias ricas que comem demasiadamente. O exercício, até o exercício violento, a eles é útil para queimar o excesso dos materiais ingeridos. Se comemos muito e temos uma vida ociosa, todos os vasos que recebem o quilo da digestão se obstruem. Os mal-estares, os fastios, são frequentes principalmente de manhã, quando o repouso noturno veio agravar esse excesso de alimentação. O estômago se torna, então, preguiçoso e literalmente o sangue é "engrossado", ou seja, sobrecarregado de materiais a serem queimados. Produz-se um estado paradoxal muito frequente ao despertar: refiro-me a essa lassidão, esse torpor, essa preguiça mental resultante da acumulação das reservas. Existe uma prova crucial de que é essa positivamente a origem dessa lassidão, como que, se tivermos coragem de nos pôr resolutamente a trabalhar, à medida do provável aumento da fadiga, a lassidão diminui, como diminuem, mediante sua oxigenação, os materiais acumulados em excesso no sangue.

Em resumo, o exercício gera um vivo e enérgico trabalho de assimilação, o transporte acelerado de um sangue rico e, em contrapartida, a evacuação rápida dos materiais de desassimilação.

Além desses efeitos gerais sobre a saúde, é necessário destacar os efeitos positivos da caminhada sobre os movimentos peristálticos do estômago.[111]

Parágrafo II

Até aqui, só consideramos o papel do exercício do ponto de vista das funções de nutrição. Trata-se do ponto de vista essencial relativamente ao nosso assunto, uma vez que a vontade e a atenção dependem muito estreitamente do bom estado do organismo. O exercício muscular entretém, ademais, relações menos importantes, porém mais íntimas, com a vontade. Com efeito, é mediante atos musculares que a vontade começa a fazer tentativas tímidas na infância. O longo aprendizado necessário a cada um de nós para nos tornarmos senhores de nossos movimentos tempera nossa vontade e disciplina nossa atenção. Quem de nós não experimenta o sentimento muito claro de que hoje mesmo, nas horas de profunda preguiça, tentar executar um movimento, levantar-se, sair, etc. é um ato de vontade difícil? E quem pode, consequentemente, contestar que a atividade muscular, ou melhor, dos vivos movimentos, precisos (pois o andar, não tardando a tornar-se puramente automático, tem pouquíssimo valor desse ponto de vista) são excelentes tentativas no que se refere à vontade e à atenção? Isso é tão verdadeiro que se prescreve o exercício muscular aos neuropatas incapazes de atenção. Um esforço envolve a vontade e a vontade se desenvolve, como todas as nossas faculdades, pela repetição. Ademais, o trabalho muscular, desde que tende para a

111. A postura geral do estudante sendo estar sentado ou de pé, os músculos que envolvem as vísceras abdominais se encontram geralmente em estado de relaxamento. A inatividade deles os deixa destituídos de força contra os depósitos de gordura que aumentam o volume do abdômen e, além disso, param de sustentar vigorosamente o estômago, o qual tem a tendência de dilatar. M. Lagrange, em seu belo livro, indica os procedimentos que emprega a ginástica sueca para combater esse estado de coisas. Esses procedimentos consistem em sete movimentos fáceis de serem executados diariamente em casa. Cf. *Exercice chez les adultes*, p. 355 ss.

fadiga, converte-se numa dor, e saber resistir a uma dor não depende da vontade e da mais elevada das vontades?

Percebe-se, assim, que o exercício é diretamente, por si mesmo, como se fosse uma escola primária da vontade.

Seria o caso de dizer que não exerce influência sobre a inteligência? De modo algum. Essa influência é real. A preguiça corpórea é prejudicial; nossas percepções pouco se renovam; permanecemos de bom grado em casa numa morna monotonia; deixamo-nos invadir pelo aborrecimento e pelo tédio. E esse modo de ser, tão triste, do qual todos nós já tivemos a experiência, tem como única origem a vida física pouco intensa, ideias que despertam lentamente e ausência de estímulos exteriores. Esse estado contrasta singularmente com a lucidez das ideias e com as grandes vivacidade e riqueza de impressões de quem medita caminhando nos campos. Portanto, a extrema influência do exercício sobre nossas faculdades é inegável.

Parágrafo III

Todavia, o estudante deve considerar de perto os erros consideráveis que circulam no que toca a esse exercício físico do qual provamos os benefícios. Com frequência, confundem-se duas coisas muito diferentes: a saúde e a força muscular. O que constitui uma saúde sólida é o vigor dos órgãos respiratórios e do aparelho digestivo. Ter saúde é digerir bem, é respirar livremente, é contar com uma circulação vigorosa e regular; é, por outro lado, resistir facilmente às variações da temperatura. Ora, essas qualidades de resistência não entretêm qualquer relação de causalidade com a força muscular. É possível que os atletas de feira e os fortes do mercado tenham uma saúde bastante débil e que aquele homem que trabalha num escritório tenha uma saúde de ferro coexistindo com uma força muscular medíocre. Não só não devemos procurar a força atlética como devemos mesmo evitá-la, visto que ela somente é desenvolvida por meio do exercício pesado. Além de tais exercícios obstruírem o ritmo regular da respiração e causarem uma congestão muito aparente nas veias do pescoço e da fronte, não há dúvida de que são extenuantes. Ora, é impossível exercer ao mesmo tempo esforços físicos intensos e esforços intelectuais enérgicos. Ademais, o esgotamento produzido pelos esforços deixa o corpo predisposto a resfriados tão frequentes entre os camponeses quanto entre os habitantes das montanhas.

Acrescentemos que o exercício pesado é apenas útil no caso em que é preciso queimar as reservas nutritivas provenientes de uma nutrição excessiva. Ora, o trabalhador que executa esforços enérgicos de atenção emprega tanto quanto e, talvez, mais materiais do que o camponês que cultiva a terra, de sorte que o estudante digno deste nome não é, em absoluto, comparável ao funcionário sentado junto à sua escrivaninha diante de uma tarefa que é sempre a mesma, e cuja inteligência é tão preguiçosa quanto o corpo. Quanto mais se trabalha intelectualmente, menos se tem necessidade desse exercício muscular destinado a queimar o excesso de materiais não utilizados.

Coisa curiosa, na França louvamos a educação física atlética recebida pelos jovens ingleses, e a admiramos sem discernimento, com essa total ausência de espírito científico que caracteriza a mente pública atual. Estamos como que deslumbrados com alguns grandes colégios onde a pensão custa até 5 mil francos anuais, e com os filhos riquíssimos de lordes que frequentam as universidades como amadores: não vemos que essa minoria deve justamente ser comparada à minoria dos esportistas entre nós. Os ingleses inteligentes não veem com prazer o exagero dos exercícios físicos nas escolas inglesas. Wilkie Collins, no prefácio de *Mari et femme*, obra escrita em 1871, constata na sociedade britânica um desenvolvimento deplorável de grosseria e brutalidade; e o abuso dos exercícios físicos, diz o autor, contribuiu majoritariamente para isso. Matthew Arnold, de quem ninguém contestará a imparcialidade, considera invejável o sistema educacional francês. O que, segundo ele, caracteriza os bárbaros e os filisteus é que os primeiros amam somente os postos, as satisfações da vaidade, os exercícios físicos, o esporte, os prazeres turbulentos, e os segundos apreciam somente a febre e a fadiga dos negócios, a arte de ganhar dinheiro, o conforto, as bisbilhotices e os mexericos. Ora, segundo ele, a educação inglesa tende a aumentar o número dos filisteus e dos bárbaros. Observa com razão "que os puros trabalhadores da inteligência são tão moralizadores quanto os atletas puros", e teria podido acrescentar que os ginásios gregos, nos quais os exercícios gozavam de grande apreço, eram desonrados pelos amores contra a natureza. Além disso, existe um trabalhador intelectual que não tenha sua própria experiência para consultar? Nosso capital de forças não está alojado em dois compartimentos separados por divisões estanques: o compartimento das forças cerebrais e aquele das forças físicas. Tudo que gastamos excessivamente em exercícios pesados representa perda para os trabalhos do pensamento. Que o imbecil, incapaz de refletir, se encha de alimentos e de bebidas fermentadas, depois gaste as forças que a ele deixa a digestão em exercícios fatigantes; que contemple com orgulho seus músculos de atleta. Não vemos nisso nenhum inconveniente. Mas propor uma tal vida aos nossos futuros médicos, aos nossos futuros advogados, aos nossos cientistas, aos nossos literatos, é um absurdo. As grandes vitórias humanas não são conquistadas mais em nenhum lugar com os músculos. São conquistadas com descobertas, com sentimentos grandiosos, com ideias fecundas; e cederíamos os músculos de quinhentos trabalhadores em aterro, somados àqueles perfeitamente inúteis de todos os esportistas, pela inteligência poderosa de um Pasteur, de um Ampère ou de um Malebranche.[112] Ademais, o homem mais bem treinado jamais vencerá um cavalo numa corrida, nem mesmo um cão, e um gorila não teme numa luta um Hércules de feira. Nossa superioridade não consiste, portanto, no peso de nossos músculos; a prova disso é o ser humano ter domesticado os animais mais fortes e ter prendido tigres e leões a favor da alegria das crianças que frequentam os jardins zoológicos.

É bastante aparente que o papel da força muscular perde espaço dia a dia, porque a inteligência a substitui pelas forças incomparavelmente mais poderosas das máquinas, e, por outro lado, a sorte dos homens poderosos devido aos seus músculos é serem cada vez mais eles próprios assimilados ao papel de máquinas. Eles são instrumentos dóceis nas mãos daqueles que pensam: um empreiteiro que não trabalha dirige os operários e os empreiteiros são, por sua vez, dirigidos por um engenheiro cujas mãos não têm calos.

---

112. Nicolas de Malebranche (1638-1715), filósofo francês. (N.T.)

Em resumo, a campanha que se leva a cabo para fazer de nossas crianças atletas é absurda. Está apoiada numa confusão grosseira entre a saúde e a força muscular; tende a fazer de nossos jovens, em prejuízo de sua capacidade intelectual, lutadores embrutecidos. Entre os alunos brilhantes e os fortes no boxe, não deve haver dúvida quanto à nossa escolha. Não tomemos como um progresso essa tendência de voltar à animalidade. Excesso por excesso, eu preferiria aqueles das escolas da Idade Média, que nos deram São Tomás de Aquino, Montaigne e Rabelais,[113] àqueles das escolas que nos darão vencedores na competição de remo.

Francamente, se subtrairmos desses torneios o prêmio que lhes é concedido por uma tola vaidade (tola, pois que vaidade é essa que se vincula a superioridades muito inferiores às de muitos animais!), ninguém se obrigaria às fadigas necessitadas pela preparação para uma competição de remo. Não é a Inglaterra rotineira e brutal que, no que respeita a isso, devemos imitar, mas, sim, a Suécia, que renunciou completamente em suas escolas, no que se refere aos seus jovens, a esforços físicos ruinosos. Ocupamo-nos, nessa esfera, em tornar os jovens robustos e sadios, e chegamos à compreensão de que o abuso dos exercícios físicos conduz, mais seguramente do que o estudo excessivo, ao esgotamento. Conclui-se do que se disse anteriormente que, no tocante aos exercícios que devem ser recomendados aos estudantes, a escolha tem como fundamento uma regra absoluta: esses exercícios não devem nem produzir tensão nervosa nem chegar ao ponto de produzir fadiga excessiva.

Parágrafo IV

Se são cometidos erros tão prejudiciais no que toca ao exercício físico, erros não menos nocivos são geralmente admitidos no que diz respeito ao trabalho intelectual. É concebido como necessariamente sedentário. Como dissemos, a noção de um trabalhador intelectual logo desperta a imagem de um homem sentado, a cabeça entre as mãos para pensar ou o peito prostrado sobre a mesa para escrever. Repetimos: nenhuma ideia é mais falsa. O primeiro trabalho apenas pode ser

113. François Rabelais (1494-1553), escritor francês. (N.T.)

executado diante da mesa de trabalho. Para traduzir, são necessários gramática e dicionário; para ler, é necessário reter a atenção e fixar as imagens tomando notas, registrando no papel as sugestões evocadas pelo autor. Entretanto, efetuado esse primeiro trabalho, todo o trabalho de memória propriamente dito não só pode ser realizado fora de casa como ganha muito em eficiência se for realizado ao ar livre ou num jardim público. Além desse trabalho de memória, a meditação e a pesquisa de um plano de organização dos materiais são consideravelmente facilitadas pela caminhada ao ar livre. Confesso, na minha própria avaliação, que todas as ideias novas com as quais tive a felicidade de atinar me ocorreram em minhas caminhadas. O Mediterrâneo, os Alpes ou as florestas de Lorraine formam como se fosse o pano de fundo de todas as minhas concepções. E se for verdadeiro, como o afirma Herbert Spencer,[114] em relação a quem não se pode suspeitar de preguiça, "que a organização dos conhecimentos é muito mais importante do que sua aquisição", e se, como ele o diz, "para essa organização são necessárias duas coisas, a saber, o tempo e o trabalho espontâneo do pensamento", proclamo que essa organização nunca é tão vigorosa quanto ao ar livre. *Quidquid conficio aut cogito, in ambulationis fere tempus confero.*[115] O movimento produzido na caminhada, o sangue a circular alegremente, o ar puro e vivo a impregnar o corpo com um oxigênio mais abundante, todas essas circunstâncias fazem com que o pensamento tenha um vigor e uma espontaneidade que raramente experimenta no trabalho sedentário. Mill narra em suas *Memórias* que compôs uma grande parte de sua lógica a caminho dos escritórios da Companhia das Índias. Igualmente é verdadeiro que o trabalho fecundo pode ser executado em grande parte ao ar livre e sob a plena luz do sol.

Parágrafo V

Agora que tratamos do exercício, falta falar do repouso. Repouso não é preguiça. Mais do que isso, a preguiça é incompatível com o repouso. O repouso, com efeito, pressupõe o trabalho anterior e, se não fadiga, ao menos necessidade de reparação. Jamais um preguiçoso

114. *Éducation*, p. 294.

115. Cícero, *Ad Quintil.* 3.

fruiu das alegrias do repouso dignamente conquistado, pois se, como diz Pascal, o frio é agradável para se aquecer, o trabalho é agradável para repousar. O repouso sem o trabalho que o tornou necessário é a indolência acompanhada de seu morno aborrecimento, sua intolerância. Como diz Ruskin,[116] o repouso glorioso é o da camurça deitada ofegante sobre seu leito de granito, e não o do boi no estábulo a ruminar sua forragem.

O repouso por excelência é o sono. Calmo e profundo, ele possibilita as reparações completas. Pouco depois do despertar, experimenta-se um bem-estar, e sente-se em si mesmo uma provisão de energia para o trabalho do dia. Infelizmente, a questão do sono é uma das mais atravancadas de ideias falsas. Com essa mania de regulamentar tudo com base numa autoridade tanto mais ridícula na medida em que sua ciência não passa de um amontoado de leis empíricas, os higienistas limitam a seis ou sete horas o tempo de sono. A única regra aplicável aqui é não ter em relação a isso senão uma regra muito geral, como não ir se deitar muito tarde e levantar-se da cama logo que se acorda.

Dizemos: não ir se deitar muito tarde porque é preciso condenar absolutamente o trabalho prolongado até a meia-noite. Sabe-se que a temperatura do sangue começa a abaixar por volta das quatro horas da tarde, e que o sangue tem a tendência de se atravancar de materiais de desassimilação a caminho da noite. O esforço intelectual nunca é bastante intenso a essa hora, e se parece que nos encontramos bastante em forma, mais do que nos encontramos durante o dia, receio que é só porque a mente debilitada contenta-se demasiado facilmente com um trabalho medíocre que é ilusório.

Some-se a isso que essa tensão tardia da mente é prejudicial ao sono e causa uma agitação cujo risco é tornar o repouso bastante insuficiente. É possível criar uma espécie de febre no momento em que tudo convida para o sono, mas quão ruim é esse cálculo! Esgota-se nosso próprio cérebro a favor de um trabalho medíocre em detrimento do frescor e do vigor da meditação do dia seguinte. O

116. John Ruskin (1819-1900), sociólogo britânico. (N.T.)

resultado mais certo dessa absurda transgressão das leis naturais é o aumento da irritabilidade. Deve-se reservar para a noite os trabalhos materiais, as anotações feitas a lápis no livro e que se deve destacar, as pesquisas de passagens a serem citadas, as informações, etc.

Quanto ao trabalho de logo cedo de manhã, também contesto sua utilidade. Em primeiro lugar, é raro ter energia para levantar-se às quatro horas da manhã todos os dias. É necessário contar com outro auxílio distinto daquele da vontade, sempre fraca, quando se trata, no inverno, por exemplo, de passar da doce tepidez do leito para a atmosfera fria do quarto. Numa cidade do centro, eu ocupava um quarto na casa de um padeiro cujos filhos, ao deixarem o trabalho, eram ordenados a me constranger a levantar-me apesar dos protestos do "animal violentado". Estive, durante todo o inverno, sentado junto à minha mesa de trabalho desde as cinco horas da manhã. O que concluí dessa longa experiência é que, por mais tempo que levasse para iniciar a execução de um trabalho, eu nisso sempre obtinha sucesso perseverando. O trabalho não tardava a se tornar excelente e todas as aquisições de conhecimentos eram definitivas; o resto do dia, porém, era um pouco sonolento — e, em síntese, a utilização das boas horas do dia vale mais do que aquele trabalho antecipado. A única vantagem do método é que nenhum dia é perdido: cada um produz seu trabalho, ao passo que, transferindo o trabalho para as horas livres, corre-se o risco, se a vontade for fraca, de desperdiçar o tempo devido ao esforço.

Todavia, não convém exagerar o tempo de repouso na cama por duas razões: é que, prolongado habitualmente além do tempo necessário e que varia para cada um, o sono "engrossa o sangue". Toda a manhã é com isso arruinada: isso nos torna rabugentos, indolentes e tristes. Tem-se facilidade para sentir frio; tornamo-nos impressionáveis. Mas esse não é o inconveniente mais grave do repouso exagerado: pode-se formular na qualidade de uma regra absoluta, sem exceções, que todo estudante que se deixa levar pela preguiça ficando na cama até muito tarde, que nela permanece muito tempo depois de acordar, é irresistivelmente conduzido a práticas solitárias. Diz-me a que horas te levantas e te direi se és debochado.

Parágrafo VI

Fora do sono, o repouso assume a forma de recreações. É indispensável não trabalhar de modo ininterrupto. A velha comparação da mente com o arco, que constantemente retesado acaba por perder toda a força, é exata. O trabalho sem sua recompensa natural, que é o repouso, se torna uma corveia. Mesmo para a assimilação de nossas aquisições, e para seu desenvolvimento, sua fecundidade, é necessário folgar entre os diversos trabalhos. Esse repouso constitui um ganho puro e simples para o próprio trabalho: com efeito, o trabalho intelectual não progride sem um trabalho ativo nos centros nervosos. Inversamente, reconhece-se frequentemente um trabalho ativo nos centros nervosos, mesmo que esse trabalho não seja acompanhado de uma consciência, haver impulsionado nossas pesquisas intelectuais. Hoje, essa descoberta fecunda da correlação das ideias com um "substrato nervoso" não necessita mais de defesa. Ora, quando o trabalho intelectual cessa, a atividade dos centros nervosos não é logo encerrada: o trabalho inconsciente prossegue, e, afinal, é a fixação e a elaboração das lembranças que tiram proveito disso. Daí a tolice de passar sem tardar a um novo trabalho. A princípio, perde-se o benefício desse trabalho espontâneo que se opera nas regiões subconscientes da mente e, por outro lado, é preciso, por assim dizer, contrariar os fluxos sanguíneos estabelecidos e readaptá-los em conformidade com um plano novo. É como no que se refere a um trem posto em movimento que é preciso parar, fazê-lo recuar para em seguida mover as agulhas nas linhas a fim de direcioná-lo para uma outra via. Mais vale deixar esgotar-se de uma maneira totalmente natural o impulso adquirido, repousando um pouco e fazendo um pouco de exercício, a aguardar que a calma seja restabelecida na circulação cerebral. Numa longa prática no ensino, vi com frequência alunos que tinham dificuldade para seguir o andamento do curso, e que não percebiam bem o encadeamento das questões, retornarem, após quinze dias de repouso intelectual absoluto nas férias da Páscoa, transformados. Operou-se uma compactação em seu pensamento; a organização dos materiais foi cuidadosamente consumada, e ei-los definitivamente senhores do seu curso. Sem essa cessação benéfica de aquisições novas, nada disso talvez pudesse ser produzido no caso deles.

Não se clamou ainda o suficiente a respeito do repouso ligado ao trabalho. Como tem razão Töpffer[117] ao declarar: "É preciso trabalhar, meu amigo, e em seguida nada fazer, ver o mundo, tomar ar, vadiar, porque é assim que se digere o que se aprende, que se observa, que se une a ciência à vida em lugar de uni-la apenas à memória".

Entretanto, não convém encarar o repouso como um fim. Não é nem deve ser senão um meio de reavivar nossa energia.

Todavia, há muitas maneiras de repousar, e a escolha das distrações não pode ser indiferente para quem deseja fortalecer sua vontade. Os caracteres essenciais de uma boa distração devem ser tais, de modo a contribuir para acelerar a circulação, o ritmo respiratório e, sobretudo, provocar um extenso trabalho dos músculos do tórax, da coluna vertebral, dos planos musculares do estômago e promover o repouso da visão.

De cara, essas condições necessárias nos levam a banir absolutamente, como tendo todos os inconvenientes do sedentarismo e, de acréscimo, com demasiada frequência, os inconvenientes de uma atmosfera insalubre, os jogos de cartas, o xadrez, e em geral todos os jogos aos quais nos entregamos em locais fechados, num ar sobrecarregado de fumaça de tabaco e pouco renovado.

Ao contrário, a caminhada no campo aberto, as perambulações encantadas nos bosques preenchem uma parte do programa imposto. Infelizmente, esses prazeres não preenchem todas as condições indicadas, visto que deixam imóveis os músculos da coluna vertebral, que são do interesse da respiração, e aqueles que cercam estreitamente o estômago. Em contrapartida, inundam os pulmões de ar puro, promovendo um agradável repouso dos olhos. A patinação, o mais intenso dos prazeres do exercício, e um dos mais completos no que se refere à variedade dos movimentos; a natação no verão, o mais vigoroso dos exercícios respiratórios, apresentam um poder maravilhoso de relaxamento para o trabalhador da inteligência. Somam-se a esses exercícios a canoagem

117. *Presbytère*, LI.

acompanhada das belas paisagens às margens do rio e a jardinagem acompanhada dos movimentos bastante diversificados que ela impõe.[118]

Em casa, nos dias de chuva, o bilhar ou a marcenaria são ocupações excelentes. No jardim, pode-se jogar bola, quilha, pela, todos esses velhos jogos franceses que não deveriam suplantar nem o croqué nem o tênis de quadra gramada. Durante as férias, nada tem tanto valor quanto os alegres "mochilões" nos Alpes, nos Pirineus, nos Vosges ou na Bretanha. É preciso cuidar durante os meses de trabalho (nas férias, isso não apresenta inconvenientes) para que o exercício, mesmo provocando suor, não ultrapasse jamais a lassidão. Toda fadiga representa excesso, pois, somada ao trabalho intelectual, torna-se esgotamento.

Além dos benefícios imediatos das distrações bem concebidas, a alegria dos exercícios sadios tem, como toda emoção jubilosa leve, uma função higiênica muito grande. O melhor dos fortificantes, foi dito, é a alegria; a alegria física é como o canto de triunfo do organismo bem equilibrado. E quando a essas alegrias animais vêm se juntar as satisfações elevadas do trabalho intelectual, que não são exclusivas de nenhuma felicidade — bem mais do que isso, que conferem um sabor tão puro e tão delicioso aos outros prazeres —, a felicidade é completa: para os jovens suficientemente senhores de si mesmos para regular suas vidas da maneira correta, a vida vale a pena de ser vivida. Dessa coorte de elite podemos todos fazer parte se soubermos querê-lo.

Parágrafo VII

Em resumo, a energia da vontade, da vontade perseverante, envolve a possibilidade de longos esforços. Ora, na ausência da saúde, não há esforços duradouros. Portanto, a saúde é uma condição essencial da energia moral. Ninguém aqui ingressa se não for geômetra, dizia Platão; ninguém aqui ingressa, diríamos nós de bom grado, se não seguir as leis da higiene naquilo que elas têm de certo. Do mesmo modo que a vontade é feita de mínimos esforços reiterados, é feita em seus fundamentos de mínimos cuidados higiênicos: cuidados referentes à

118. Não nos referimos aqui nem à caça, frequentemente extenuante, e que é incapaz em qualquer caso de ser um exercício habitual, nem à esgrima, que, provocando uma fadiga *nervosa*, é formalmente contraindicada para as pessoas que executam trabalho intelectual. (Ver Lagrange, *l'Exercice chez les adultes*, p. 299 ss.)

nutrição, ao ar que se respira, à circulação do sangue. Pressupõe ela um repouso e exercícios físicos bem concebidos. No que diz respeito a isso, devemos combater o exagero atualmente em moda na nossa imitação banal da Inglaterra. Estendemos o escrúpulo a ponto de passarmos em revista sumária as distrações nocivas e as que são proveitosas, não sem haver, ao longo desse trajeto, precisado as condições de um trabalho intelectual fecundo. É que estamos profundamente convictos de que a inteligência, a sensibilidade e a vontade dependem em larga medida do estado do corpo. Se uma alma, como o diz Bossuet, é senhora do corpo que anima, ela não o habitará por muito tempo se o corpo se achar debilitado, arruinado. Em tais condições, podemos tentar um esforço heroico, mas esse esforço heroico não poderá ser sucedido logo por alguns outros, pois um esgotamento absoluto será a consequência do primeiro. E, na vida, como foi construída para nós pela civilização, as ocasiões de heroísmo são raras, tão raras que não é a favor delas que devemos nos preparar, mas, sim, a favor dos esforços minuciosos reiterados, repetidos a cada dia, a cada hora. Descobriremos, também, que uma vontade temperada por esses esforços perpétuos estará mais do que outra disponível para as proezas quando soar a hora de realizá-las. Dá-se, entretanto, o nome de constância, de espírito de perseverança,[119] a esses esforços reiterados, e desde que há perseverança no esforço, é necessário haver perseverança também na eclosão das forças. Nunca se pensa até que ponto tinham razão os antigos quando enunciavam aquela sua famosa máxima: *mens sana in corpore sano*. Estejamos, portanto, bem de saúde para fornecer à nossa vontade as provisões de energia física, sem as quais todo esforço, de qualquer tipo que seja, se mantém obsoleto e infecundo.

Capítulo V — Olhadela geral

Eis que chegamos ao termo da primeira parte de nosso tratado.

Determinamos com clareza a natureza dos inimigos a serem combatidos nesta luta tão nobre e tão fecunda contra as potências

119. No original, "*esprit de suite*", disposição psicológica que nos estimula a concluir aquilo que começamos. (N.T.).

inferiores de nossa natureza. Compreendemos que as paixões não têm tanta importância nessa luta pela conquista de si mesmo, a considerar a ajuda que prestam à grande inimiga, ou seja, à preguiça, força de inércia que tende incessantemente a fazer o ser humano tombar novamente ao estágio do qual teve tanta dificuldade para se elevar por intermédio de séculos de esforços. Compreendemos que, por autodomínio, devia-se evitar entender uma vontade intermitente, que a suprema energia é a energia contínua, prolongada durante meses e anos, e que a pedra de toque do querer é a duração.

Na sequência, tivemos de livrar nosso caminho de duas teorias filosóficas, em nossa opinião tão desestimulantes uma quanto a outra. Uma delas sustenta que nada podemos fazer quanto ao nosso caráter, que este é predeterminado, inato, que somos o que somos, que nada podemos tentar em prol de nossa libertação, teoria absurda e que denota um tal costume de pensar com as palavras e uma tal ignorância dos fatos elementares da psicologia que seria de se espantar vê-la sustentada por filósofos de valor se não se conhecesse a poderosa sugestão exercida pelas teorias preconcebidas, sugestão que confere à mente antolhos que a impedem de ver os fatos mais evidentes.

A outra teoria, a do livre-arbítrio, não é nem menos ingênua nem menos nociva, na medida em que considera a reforma do caráter como obra de um instante e certamente afastou os moralistas do estudo da psicologia, quando, entretanto, é apenas no conhecimento aprofundado das leis de nossa natureza que se pode descobrir as indicações que nos possibilitarão a reforma de nosso caráter.

Uma vez o terreno desobstruído dessas duas teorias, ingressamos no estudo psicológico de nossa matéria. Observamos o grande poder que temos sobre nossas ideias, e o apoio precário que elas podem nos conceder diretamente, enquanto nosso poder diretamente sobre o sentimento todo-poderoso sobre nós é quase nulo. Mas felizmente, com a ajuda do tempo e de uma diplomacia perspicaz, podemos contornar todas as dificuldades e, mediante procedimentos indiretos, granjear a vitória quando a derrota parecia certa. Esses procedimentos que nos concedem o autodomínio foram estudados pacientemente por nós nos capítulos a respeito da reflexão meditativa, a respeito da ação, e tivemos, convencidos da estreiteza das relações do físico com o moral, de examinar num capítulo acerca da higiene as condições fisiológicas favoráveis ao exercício da vontade.

A parte puramente teórica de nossa obra está, portanto, terminada. Resta-nos agora nos dedicarmos aos detalhes e aplicar à vida do estudante as grandes leis gerais avaliadas até aqui em si mesmas. Em outros termos, devemos estudar minuciosamente a natureza dos perigos exatos que ameaçam a autonomia moral do estudante e a natureza dos auxílios que ele pode encontrar a fim de evitá-los, seja em si mesmo, seja externamente.

Dividimos esta segunda parte, que é um tratado prático, em dois livros, os livros IV e V.

O livro IV compreende duas grandes divisões: uma consagrada aos inimigos a serem combatidos (*pars destruens*), enquanto a outra (*pars construens*) é a exposição das meditações apropriadas para produzir no jovem um vivo desejo de uma vida enérgica unicamente submetida à vontade.

O livro V passa em revista os aliados externos que o estudante pode encontrar para a educação de sua vontade na sociedade que o circunda.

II. Parte prática

Livro IV — As meditações particulares

Capítulo I — Os inimigos a serem combatidos: o sentimentalismo vago e a sensualidade

Parágrafo I

Os inimigos a serem combatidos são, como vimos, dois: a sensualidade e a preguiça. Sendo a preguiça o perpétuo abandono de si mesmo, constitui o "ambiente" necessário ao desenvolvimento de todos os germes viciosos, e, num certo sentido, toda paixão vil envolve preguiça. Se fôssemos um pouco mais longe, não recearíamos absolutamente em declarar que todas as paixões inferiores são, como diziam os estoicos, um afrouxamento da vontade. Estar apaixonado, o que é, com efeito, senão cessar de ser senhor de si mesmo? A paixão é a animalidade vitoriosa, é o impulso cego da hereditariedade que obscurece a inteligência, a oprime e, muito mais do que isso, a põe a seu serviço. É a supressão em nós da humanidade, o rebaixamento daquilo que produz simultaneamente nossa honra e nossa razão de ser; voltamos a fazer parte, durante o período que ela grunhe, da escala zoológica.

E, contudo, as paixões são menos perigosas, em nossa opinião, por conta de sua breve duração, do que essas forças que exercem uma ação prejudicial a todos os instantes e que comparamos à ação do peso na pedra. E, do mesmo modo que um edifício só é sólido quando o arquiteto consegue contornar, em proveito da estabilidade das paredes, as próprias leis que dizem respeito ao peso, aqui a obra de nossa regeneração só será duradoura quando houvermos absolutamente neutralizado a ação das potências hostis, a elas opondo a organização vitoriosa das forças favoráveis à nossa meta, e tivermos, inclusive, obrigado certas potências entre essas potências hostis a lutarem a nosso favor. Mas como reconhecer, à primeira vista, por assim dizer, se uma força nos é hostil ou favorável? Nada mais simples. Toda força psicológica é perigosa para nossa vontade se atuar no mesmo sentido da preguiça e vantajosa se atuar em sentido contrário.

A obra a ser empreendida torna-se então bastante nítida. Impõe-se, para começar, enfraquecer ou destruir, se possível, as potências que tendem a arruinar a energia e conferir a maior força àquelas que tendem a lhe transmitir mais vigor.

As causas do enfraquecimento da vontade perseverante são numerosas. A mais importante é esse sentimentalismo vago tão frequente entre os jovens e que encaminha imperceptivelmente a imaginação a se comprazer em fantasias voluptuosas, que são a causa costumeira dos tristes hábitos solitários. Vêm, em seguida, a influência nociva dos colegas que interromperam todo esforço de aprimoramento de si mesmos, a vida de frequentadores do café e do restaurante, a tristeza, o desencorajamento e a temível plêiade de sofismas da qual se servem os preguiçosos para desculparem sua indolência, sofismas repetidos com tanta frequência que se impõem até às pessoas esclarecidas, e que acabam por granjear autoridade, a evidência de axiomas: axiomas, presume-se, danosos!

Parágrafo II

Começaremos, portanto, o estudo dos fatos psicológicos nocivos à vontade pelo exame do sentimentalismo vago, das aspirações destituídas de objetivo.

No colégio, o adolescente, conservado sob a disciplina da casa, ocupado pelas tarefas múltiplas e obrigatórias, seu interesse mantido na incerteza por meio da emulação, por meio da preocupação com os exames, forçado a viver uma vida sóbria e rigorosamente regrada, dispõe de pouquíssimo tempo para abandonar-se a fantasias prolongadas, ao menos hoje que o número das horas de estudo foi diminuído e, das horas de recreação, aumentado. Ele não pode mais, ou pouco pode, como... Ai de nós... quase todos os alunos internos faziam outrora, consagrar porções consideráveis de seus estudos vespertinos à fantasia e à evocação de cenas de ternura apaixonada. Mas, ao sair do liceu, repentinamente lançado sozinho numa cidade, sem a presença dos pais, sem vigilância, sem trabalho de imediato obrigatório, e mesmo sem trabalho claramente definido, suas horas de completo abandono, de indolência, de preguiça absoluta vão se acumular.

Devido a certas circunstâncias desfavoráveis, nessa mesma época consumam-se transformações fisiológicas há muito tempo em elaboração.[120] O crescimento está quase completado; o enorme esforço necessário à criança para classificar e ordenar seu mundo exterior está findo: a grande quantidade de forças sem emprego vai se converter numa causa de perturbações. O despertar completo do sentido genético colore subitamente o pensamento de reflexos que ele não tinha. A imaginação se põe a ocupar uma função. É esse estado de sofrimento real, porém poetizado pela literatura, que Beaumarchais[121] retrata tão bem em Querubim. Não se ama nenhuma determinada mulher, está-se ainda a "amar o amor". Há em nós, nessa idade, um tal poder de transfiguração, um tal vigor de uma vida transbordante, uma tal necessidade de se prodigalizar externamente, de devotar-se a alguma causa, de se sacrificar, que é uma época abençoada.

Mas ai de nós...! É um momento decisivo na vida: *é necessário* que esse ardor seja despendido. Se ele não se canaliza para ocupações honradas, corre o risco de se encaminhar para os prazeres vis e vergonhosos. Nesse momento, trava-se a luta de Hércules entre o vício e a virtude. Seja qual for o partido escolhido, será adotado com um ímpeto extremo. No que toca à maioria dos jovens, não há dúvida quanto à escolha. Dirigem-se para onde os leva o aborrecimento do estudo, os exemplos deploráveis, a ausência de recreações sadias, a fraqueza de sua vontade, sua imaginação já tornada suja e corrompida. No que respeita a esses jovens, é impróprio dizer que desertaram da luta, pois nem por um só momento tentam lutar. É preciso, ademais, confessar que esses belos romances que se vivem em imaginação, esse futuro que se arranja segundo o que os agrada, são infinitamente mais interessantes do que o trabalho e exigem menos esforços. Assim, considerando que o estudo se torna desanimador, como um estudante pode sempre remeter para o dia seguinte o que faz presentemente, ele se deixa levar por suas fantasias que absorvem o melhor de seu tempo. Quantos jovens vivem assim um romance, construído de todas as peças, durante semanas e

---

120. Parece-nos que o autor se refere à puberdade, com a eclosão da sexualidade. (N.T.)
121. Pierre Augustin de Beaumarchais (1732-1799), escritor francês. (N.T.)

semanas, retomando o tema de cem maneiras diferentes, imaginando sua heroína em muitas conjunturas, a ela dirigindo, inclusive em voz alta, frases que eles nunca julgam suficientemente ternas, suficientemente doces, suficientemente calorosas! Ah...! Os romances de nossos romancistas são pálidos e descoloridos se comparados aos nossos próprios romances dos dezoito anos! Falta às suas situações e aos seus personagens essa imensa superabundância de afeição, essa generosidade desinteressada que é o apanágio desses anos privilegiados. Não é senão mais tarde, quando a imaginação se encaminhou para objetos sérios e se arrefeceu, que pedimos aos romancistas que substituam para nós o poeta que fomos e que não somos mais. Infelizmente, esses belos romances são graças às horas devidas ao trabalho que os construímos, e com demasiada frequência os jovens assumem tão bem o hábito da fantasia que todo trabalho sério se torna impossível. Basta uma palavra lida, uma sugestão, para nos tornarem absolutamente estranhos ao nosso trabalho. Depressa transcorre uma hora antes que nos tornemos novamente senhores de nós mesmos. E, além disso, a título de contraste, a vida solitária do estudante isolado no seu quarto, seus trabalhos frequentemente desagradáveis, parecem tão amargos que toda coragem desaparece. É tão duro descer de um céu encantado para o prosaico da vida real! De todas as maneiras, a fantasia vaga é muito prejudicial. Quantas horas fecundas para o trabalho são consumidas, inúteis e vazias!

Esse desperdício de inteligência e de sentimento provém de causas superficiais, de um desregramento da imaginação, mas infelizmente também de causas profundas.

Uma causa profunda é a transformação fisiológica a que nos referimos. É a chegada da virilidade. É, por outro lado, o distanciamento considerável que existe entre essa capacidade fisiológica e a capacidade social correspondente. Depois do encerramento de seus estudos secundários, o jovem deve trabalhar de oito a dez anos para gerar para si uma situação que lhe possibilite casar-se "segundo as conveniências". Admite-se entre nós que uma jovem deva "comprar" seu marido, e raros são os jovens que ousam enfrentar o casamento sem dote, e contar com sua juventude, seu ardor, sua coragem para alcançarem o bem-estar. Preferem esperar e fazem frequentemente um péssimo cálculo, pois infelizmente o dote não vai desacompanhado da moça e, com demasiada frequência, aquele é compensado pela saúde frágil, as preferências no que se refere aos gastos, a incapacidade de qualquer trabalho interior dela, e pelos inconvenientes que resultam da ociosidade da mulher tanto para esta quanto para o marido.

Com tais costumes sociais, um estudante raramente consegue se casar antes dos 30 anos, de sorte que os dez anos mais belos da vida se passam ou nas lutas sempre penosas contra as necessidades fisiológicas ou então no vício. Ora, são raros aqueles que lutam por muito tempo, e é numa vida tola, absurda e desmoralizante que a maioria dos estudantes desperdiça sua juventude.

É triste efetuar a avaliação da soma das infelicidades causadas pela moda fatal do casamento tardio. Quantas alegrias, quanta saúde, quanta energia esbanjada loucamente! Pois, se o casamento apresenta inconvenientes, se impõe duras obrigações, ele as impõe numa idade em que se consegue suportá-las alegremente. Os esforços necessários para viver e assegurar a vida da família não são, todavia, esforços exclusivamente egoístas; formam para o jovem uma disciplina viril e sadia de trabalho para os outros. Além disso, se o casamento sem dote apresenta inconvenientes, apresenta expressivas vantagens morais. O marido e a esposa sentem sua absoluta solidariedade. Constitui interesse primordial da mulher confiar ao marido uma inteligência impecável e supervisionar de perto sua saúde. Ela não delega a alguma doméstica sem moralidade o cuidado de preparar a refeição. Os diversos alimentos são para ela um teclado estudado e conhecido que ela manuseia habilmente e do qual conhece os efeitos sobre a saúde daquele que é tudo para ela. O marido, por outro lado, sente-se encarregado das almas, não experimenta nenhuma inquietude, pois pode prevenir as chances de morte mediante um seguro de vida. Deixa em casa, ao partir, uma mulher de bom senso e de bom coração, de corpo sadio e vigorosa. Sabe que sempre encontrará, ao retornar, uma afeição certa e consolos bons em seus dissabores. Sabe que voltará a ver a casa limpa, asseada, e com esse ar de festa que as moradias felizes têm. Não há para um jovem sentimento mais fortificante do que o produzido por essa associação de duas pessoas de bom senso e de bom coração contra a infelicidade e a doença. Conforme se avança na vida, a afeição e a felicidade aumentam: o trabalho de uma e a economia da outra possibilitam o embelezamento do interior de casa; cada joia comprada, cada móvel novo são o resultado do sacrifício de todo prazer, de toda alegria que não são comuns; isso, sem falar dos filhos, cria vínculos de uma força extraordinária. Nos lares que começaram modestamente, o bem-estar aumenta com a idade, os encargos diminuem e a velhice é perfeitamente feliz, porque só se frui bem da segurança, da tranquilidade, da riqueza após haver trabalhado longamente para obtê-las. Tanto isso é verdade que, como diz o poeta:

> (...) O ser humano frui por muito tempo e sem remorsos
> apenas os bens dispendiosamente pagos por seus esforços (...).[122]

Não se deve, portanto, hesitar em casar jovem, e como isso somente é possível renunciando aos dotes polpudos, se terá a vantagem de escolher a esposa por ela mesma, por suas qualidades. É preciso, ademais, confessar que as jovens que nossos estudantes desposarão muito tarde estão cada vez menos aptas para o casamento. A educação de estufa que elas recebem, a ausência de exercícios, de ar puro, o abuso do espartilho, as tornam com muita frequência inaptas para os encargos da gravidez. São pouquíssimas as que têm coragem ou força para alimentar seus filhos. Há unanimidade entre os médicos na constatação da frequência alarmante dos desarranjos do útero.

E o mais grave: a ociosidade absoluta na qual passam os anos que se seguem à saída do pensionato ou internato, a alimentação excelente de que dispõem, a ausência de qualquer fadiga, os serões excitantes aos quais são levadas, a ópera, a leitura dos romances sentimentais que lhes são permitidos e que lhes servem os diários de modas ou das senhoritas, esse conjunto de causas faz com que a imaginação delas

122. Sully Prudhomme, "Le Sacrifice". In: *Le Bonheur*, X.

não possa deixar de ser pervertida. Ignora-se quão terríveis são os sofrimentos ocultos das jovens ociosas.

Em acréscimo, educadas à margem da vida, percebendo somente as aparências polidas das relações mundanas, seguras adicionalmente do amanhã, nada conhecem da verdade, e as ideias que fazem das coisas são ideias eminentemente próprias a produzirem, quando surge a realidade, desilusões dolorosas. Elas têm em geral, com certeza, menos bom senso do que as jovens das famílias de trabalhadores.

Mas, é o que dizem, ao menos as jovens ricas têm a superioridade da instrução. Ai de nós! Alimenta-se, quanto a esse ponto, grandes ilusões. Elas mal chegam a uma cultura sólida. São capazes de introduzir na memória muitas coisas, mas que não se espere delas esforços de imaginação criadora. É muito dificilmente que se obtém delas "a personalidade", e M. Manuel, inspetor-geral, desde muito tempo presidente do júri de agregação das jovens, o constata em muitos de seus relatórios anuais. Que se acresça a isso que, seja lá o que for que elas fazem, experimentamos, ao desposá-las, tal avanço em relação a elas que parecerão aos seus maridos, sobretudo se o marido trabalha e pensa, apenas alunas medíocres. Mas mesmo sem grande instrução, a mulher sensata, que tem bom discernimento, capaz de observação perspicaz, é infinitamente valiosa para o homem de talento. Com efeito, ele vive, e de maneira crescente, acima da humanidade. Efetua com perseverança sua busca das ideias e acaba por perder todo ponto de contato com o mundo que o circunda. A mulher, ela, vive inteiramente nesse mundo. É capaz de nele fazer abundantes colheitas de observações que, para o marido, desdenhoso do detalhe, passaram despercebidas. Ela serve de traço de união entre o mundo e ele; ela extrai às vezes de um lance de rede uma pesca miraculosa de informações preciosas das quais o marido vê o alcance geral. Stuart Mill se refere constantemente em termos extremamente elogiosos a Madame Taylor; ao contrário, seus amigos, e principalmente Bain,[123] declaram que a inteligência dela era muito ordinária. Eles não compreenderam que, para um pensador como Mill, muito confinado na abstração, se Madame Taylor possuía

123. Alexander Bain, *Stuart Mill, a criticism*. Longmans Green, Londres, 1882, p. 163.

bom discernimento, perspicácia e espírito observador, devia fornecer a ele, como declara Mill, a matéria de suas mais belas teorias econômicas. Ora, em sua *Economia política*, Mill constantemente louva a inteligência eminentemente prática das mulheres, seu gênio pelo detalhe. Eis aí a grande influência de Madame Taylor; e, devido a um motivo inteiramente semelhante, uma mulher dotada de um espírito de observação um tanto terra a terra, porém perspicaz, é mais valiosa para o pensador do que todo um harém de mulheres sábias.[124]

Mas não importa quão cedo possa se casar um jovem dedicado ao trabalho intelectual, como não pode se casar ao sair do liceu ou do ginásio, restam-lhe vários anos durante os quais lhe é necessário lutar para se libertar da submissão às necessidades fisiológicas. Essa luta é pura questão de tática; se mal empreendida, a derrota é certa.

Parágrafo III

Não devemos temer, num livro escrito sobretudo para os jovens de 18 a 20 anos, abordar essa questão tão importante da sensualidade. Não falar de uma coisa da qual os mais puros gênios humanos sofreram é pura hipocrisia. Kant escreveu sobre esse assunto uma belíssima página substituída na tradução francesa por muitas reticências! Estas reticências revelam muito a respeito do estado de espírito do público quanto a essa questão, e quando se pensa na grosseria das palavras trocadas após o jantar, na sala de fumar, pelos homens "bem-educados", seria necessário ser um tolo para encarar como moeda autêntica esse pudor que não passa de hipocrisia, e para não ousar dizer o que constitui o dever de um homem corajoso dizer. É demasiado verdadeiro que o sentimentalismo vago produzido pela puberdade logo se transforma em sensualidade. As imagens confusas tornam-se nítidas, os desejos imprecisos convertem-se em atos,

124. A mulher é afligida por uma miopia intelectual, diz muito pertinentemente Schopenhauer, que lhe permite, por meio de uma espécie de intuição, ver de uma maneira penetrante as coisas próximas (...). Para nós, ao contrário, nosso olhar ultrapassa, sem nelas se deter, as coisas que são para nós muito visíveis, e procura muito além. Temos necessidade de sermos encaminhados a uma maneira de ver mais simples e mais rápida. *Pensées et fragments*, Alcan, p. 131.

e o estudante ou se deixa levar para hábitos vergonhosos ou então, como a minoria dos jovens mais audaciosos ou mais ricos, busca as mulheres cuja profissão é se venderem.

As consequências desse estado de coisas costumam ser a tal ponto levadas ao exagero que o retrato exageradamente sobrecarregado não aterroriza ninguém. Não é menos verdadeiro que a saúde se ressente seriamente dos excessos. Os jovens que os cometem adquirem um aspecto de envelhecimento, que é produzido pela consunção dorsal, a inegável debilidade muscular, um peso na medula espinhal, sintomas ocultados que se deixam passar no acesso de loucura da exuberância animal. As cores do corpo e do rosto esmaecem, o frescor desaparece; os olhos perdem o brilho, inexpressivos e lânguidos; são circundados por um círculo azulado. A fisionomia indica as marcas do abatimento. Tudo é indicativo de uma fadiga, a qual, se repetindo frequentemente, não tarda a atacar as próprias fontes da vida. É, por assim dizer, a preparação das gastralgias, das nevralgias, das hipertrofias do coração, do enfraquecimento da visão que principiarão a desolar a existência dos imprevidentes desde os 30 anos de idade.

Mas não é somente o corpo que sofre a influência desastrosa da sensualidade; a memória perde prodigiosamente sua eficiência, o intelecto, toda sua energia, toda sua força. Arrasta-se, por assim dizer, lânguido, e como se tomado por um entorpecimento. A atenção é débil, vacilante. Os dias transcorrem numa indiferença apática, num desleixo, numa preguiça repugnante. Perde-se, principalmente, essa alegria masculina transmitida pelo trabalho: ele se torna uma corveia, uma vez que lhe falta sua recompensa natural.

Enfim, o hábito do prazer físico, das emoções grosseiras e intensas substitui as emoções mais suaves, porém duradouras, da alma. Esses abalos violentos arruínam a alegria dos prazeres tranquilos. E, como as alegrias sensuais são efêmeras, deixando depois delas a fadiga e o tédio, o caráter da pessoa torna-se habitualmente triste, melancólico, portador de uma tristeza caracterizada por um acabrunhamento que incentiva a busca dos prazeres turbulentos, brutais, violentos. Trata-se de um círculo vicioso desolador.

É ocioso acrescentar a esse quadro de modo algum exagerado as consequências sociais do deboche, tão dolorosas para a mulher numa sociedade como a nossa, ainda semibárbara, que assegura aos jovens das classes ricas a impunidade da sedução, e que se empenha em tornar inofensivas as consequências do deboche no que diz respeito às moças submetidas.

As causas dessa sensualidade são múltiplas. Vimos que há uma orgânica. Do mesmo modo que o chamado feito pelo estômago à consciência assume a forma desse sofrimento denominado fome, do mesmo modo que o chamado das vias respiratórias reside na sensação de sufocamento que ocorre violentamente desde que o ar pare de chegar aos pulmões, há um chamado dos órgãos sexuais quando o fluido seminal neles se acumula, chamado brutal, imperioso, e que por uma potência mal explicada, uma vez que o desejo não é satisfeito, transtorna a ação regular da inteligência.

Todavia, não há aqui, como no caso da fome, sofrimento por falta, mas, sim, sofrimento devido ao excesso. Há superabundância de forças a serem despendidas. Ora, em fisiologia, como num orçamento, as transferências de fundos são possíveis, e pode-se inscrever num capítulo diferente as somas não empregadas. Há um sistema de equivalências a ser descoberto, e não importa qual seja a origem da força superabundante, uma fadiga, de qualquer espécie que seja, a consome e a destrói.

Resulta que, se a necessidade se mantivesse estável, a luta contra ela, contra suas solicitações, seria fácil. Mas essa necessidade é como que fustigada, superexcitada por muitas causas que por vezes transformam as solicitações num impulso de loucura furiosa, irresistível, capaz de conduzir à perpetração de atos insensatos, criminosos.

A primeira causa de superexcitação reside em nosso regime alimentar. Já o vimos: quase todos nós comemos demais. Nossa alimentação é ao mesmo tempo excessiva e forte demais; como diz Tolstói,[125] nutrimo-nos como garanhões. Observa deixar a mesa esses estudantes corados, congestionados, falando alto, tomados de uma alegria

125. *Sonate à Kreutzer.*

violenta — e diz se o trabalho intelectual lhes será possível durante as horas de digestão trabalhosa sucessivas e se a pura animalidade não irá neles triunfar?

Somemos a essa causa de excitação a posição de sentados demasiado longa, frequentemente na atmosfera quente das salas de aula, ou na atmosfera pesada, densa dos cafés no inverno. Somemos ainda o sono prolongado, que é uma causa certa de sensualidade exasperada: dizemos causa certa pois, no torpor da manhã que sucede ao sono, a vontade se encontra como se derretida: o animal impera sem oposição. A própria mente está sonolenta — e, se parece a muitas pessoas que o trabalho de meditação dessas horas tépidas é excelente, enganam-se: a agudeza, o fio do espírito está menos cortante. As ideias mais banais parecem originais, e, quando se quer escrever os belos pensamentos matutinos, descobre-se que nada é realizado; o pretenso trabalho da mente não passava de um automatismo de pensamento sem grande valor.

Trata-se, com efeito, de automatismo, e o autômato em nós é o animal solto, com seus instintos, seus desejos, e seu pendor natural, o fim de sua corrida, é o prazer sensual, de modo que se pode formular como uma regra que não admite exceção, como dissemos anteriormente, que todo jovem que se conserva na cama uma ou muitas horas após o despertar é *fatalmente* vicioso.

A essas causas de ordem física vem se somar a influência do meio. É claro que a companhia de colegas medíocres, destituídos de caráter, de energia e de moralidade, só pode ser muito prejudicial. E, infelizmente, é preciso decerto confessá-lo, há entre os estudantes de todos os países um número considerável de indivíduos que não passam de patifes. Produz-se dentro dos grupos uma emulação insensata: a nata dos loucos dá o tom aos outros. No restaurante, sobretudo nas numerosas mesas das pequenas faculdades, as refeições são ruidosas, as discussões ridículas, sem método, tornam-se acaloradas. Sai-se de uma excitação excessiva completamente pronto para sujeitar-se às sugestões de colegas grosseiros e audaciosos. Corre-se para as cervejarias e começa a orgia. Depois de abalos de tal violência, torna-se incapaz por muito tempo de retornar ao trabalho tranquilo e às alegrias delicadas do pensamento. Esses deboches produzem um depósito, por assim dizer, de um fermento ruim que desarranja os sentimentos superiores tão instáveis no jovem.

Se as causas da depravação consistissem apenas nisso, as naturezas simplesmente boas poderiam, afinal, evitá-las. Infelizmente, existem outras sugestões de ordem mais elevada, e sofismas que circulam, aceitos, que legitimam os piores excessos.

Na parte de psicologia do livro, estudamos as relações da inclinação (pendor) com a inteligência.

Por si mesma cega, a inclinação recebe do intelecto sua direção precisa e, a partir do momento que se torna consciente do fim e dos meios, seu poder duplica. Por outro lado, a inclinação atrai, por assim dizer, e agrupa em torno de si ideias da mesma natureza que ela; empresta a elas seu poder e delas recebe um poder aumentado. Há aí uma estreita aliança, mais do que uma aliança, uma solidariedade tal que tudo o que enfraquece uma das partes contratantes enfraquece a outra, e tudo que fortalece uma fortalece a outra. Isso é especialmente verdadeiro no que toca às inclinações de ordem sexual. As imagens nesse caso têm um poder considerável de realização. Repercutem com uma rapidez prodigiosa nos órgãos reprodutores. Quando a inclinação é excitada, ela inflama a inteligência inteira e tende a produzir uma sugestão violenta quase alucinatória; e, inversamente, nenhuma inclinação é mais facilmente despertada pelas ideias ou imagens. O papel da imaginação na paixão amorosa é tão grande que não há como exagerá-lo. Principalmente numa mente desocupada, pode-se dizer que o trabalho automático do pensamento tem por objeto principal esse tipo de desejos. E a prova disso é que o amor só pôde ser a ocupação dominante da vida nos cursos, e no "mundo" atual, uma vez que as pessoas mundanas vivem na mais deplorável ociosidade. No caso dos trabalhadores, ele não é senão o que deve ser: um elemento preliminar e acessório.

Assim, constitui uma infelicidade bastante grande o fato de nessa luta já tão difícil, em lugar de ser sustentado e encorajado pelo ambiente em que vive, o estudante encontra nele somente excitações diante das quais só lhe resta capitular. O mais ínfimo acidente pode aqui romper a barra tão frágil do leme e entregar a alma ao automatismo da paixão.

Acontece com a consciência do jovem o que acontece com o mar no mês de março: nunca está calma, e, quando está aparentemente, um exame atento descobre poderosas "vagas de enorme amplitude" que o vento mais insignificante pode transformar num marulho temível. Seria necessário, portanto, evitar mediante um cuidado escrupuloso tudo que for capaz de provocar uma tempestade, ainda que momentânea. Mas como fazer isso no que diz respeito a quem vive no meio de uma sociedade e de uma literatura que são pródigas em excitações? O jovem vive, por assim dizer, numa atmosfera embriagante. Tudo parece combinado em torno dele para transtornar seu discernimento no tocante aos prazeres do amor. Não há a menor dúvida de que a maioria das pessoas "bem-educadas" é estranha aos prazeres artísticos e intelectuais e, frequentemente, também incapaz de fruir profundamente e de maneira duradoura as belezas da natureza. Ao contrário, os prazeres sensuais, acessíveis não somente ao ser humano, mas a quase todos os animais, não exigem sacrifícios prolongados: são facilmente atingidos e, logo que os gostos delicados desaparecem, não se é mais capaz de outros prazeres senão dos grosseiros.

O resultado desse estado de coisas geral é o fato de todas as reuniões mundanas serem simples excitações sensuais que se mascaram com pretextos diversos, música, jogos cênicos, etc. O jovem que, no retorno de um serão, entra novamente no seu modesto quarto de estudante, aí entra com a imaginação repleta de perturbações. O contraste produzido entre essas luzes, essas danças, essas toaletes provocantes e seu pobre aposento de trabalho revela-se mortal para a saúde da mente. Não há para ele impressão mais desencorajadora, pois nada o habituou a fazer a crítica desses pretensos prazeres. Ele jamais se convenceu da verdade de que, rico como ele é em forças e em ilusões, não consegue ver o que é a realidade. Ele forja com todas as peças seu mundo exterior e as personagens às quais nesse mundo ele transmite movimento, e essa alucinação é tão vívida que se interpõe entre ele e a realidade que ela para ele oculta. Não é de se espantar que, por contraste, sua vida tão calma, tão tranquila, tão livre, tão verdadeiramente feliz lhe pareça insuportavelmente monótona e triste. Jamais tentou, o pobre estudante, penetrar em seu próprio interior. Nada em sua educação anterior o precaveu contra esses perigos. Muito pelo contrário! A literatura contemporânea é quase majoritariamente uma glorificação do ato sexual. A crermos em muitos dos nossos romancistas, em muitos de nossos poetas, a meta mais elevada, mais nobre a que um ser humano possa se propor, é a satisfação de um instinto que nos é comum com todos os animais! Não é mais do pensamento que devemos nos orgulhar, nem da ação, mas, sim, de uma necessidade fisiológica! "O que Carlyle[126] mais vigorosamente execrava em Thackeray[127] é que nele o amor é representado à maneira francesa como se estendendo a toda nossa existência e constituindo nela o grande interesse, quando o amor, ao contrário (a coisa que se chama de amor), está limitado a um número muito reduzido de anos da vida do ser humano e, mesmo nessa fração insignificante de tempo, não *passa de um* dos objetos dos quais o ser humano tem de se ocupar em meio a uma plêiade de objetos infinitamente mais importantes (...). A dizer a verdade, toda a questão do amor é uma futilidade tão deplorável que, numa época heroica, ninguém julgava que valia a pena pensar nisso, e muito menos abrir a boca para falar disso."[128]

E Manzoni:[129] "Sou", escreve ele, "daqueles que dizem que não se deve falar do amor de modo a inclinar a alma dos leitores para essa paixão (...). O amor é necessário neste mundo, mas nele sempre haverá bastante dele: portanto, não é verdadeiramente útil que nos esforcemos para cultivá-lo, *pois, ao querê-lo cultivar, não se faz outra coisa senão provocá-lo ali onde não há dele necessidade*. Há outros sentimentos dos quais a moral necessita e que um escritor deve, segundo suas forças, introduzir cada vez mais nas almas, como a compaixão, o amor ao próximo, a brandura, a indulgência, o espírito de sacrifício (...).".

As palavras de Carlyle e as de Manzoni[130] são as mais sensatas que têm sido escritas sobre esse assunto tão importante que é o amor. Além da tendência absurda da literatura da qual o grande público é usuário, ou seja, afinal de contas, a literatura de segunda ordem, um

126. Thomas Carlyle (1795-1881), escritor e historiador escocês. (N.T.)
127. William Thackeray (1811-1863), escritor britânico. (N.T.)
128. Citado por Madame Carlyle.
129. Citado por Bonghi. Cf. *Revue des deux mondes*, 15 de julho de 1893, p. 359.
130. Alessandro Manzoni (1785-1873), escritor italiano. (N.T.)

expressivo número de sofismas circula, os quais de antemão desarmam o estudante nas suas tentativas de obter o autodomínio. Os médicos são os autores da maioria desses sofismas. Eles os formularam num tom incisivo, e com essa fé robusta que muitos deles possuem ao afirmar como axiomas indubitáveis proposições resultantes de induções verdadeiramente pueris. E, para começar, citam o exemplo dos animais a fim de provar mediante a escala inteira a necessidade natural que existe de cumprir essas funções fisiológicas. Isso como se as largas intermitências dessa função no caso da maioria dos animais não contrariassem essa tese e como se, por outro lado, não fosse precisamente o ponto de honra do ser humano saber libertar-se das necessidades puramente animais. O que é, ademais, uma necessidade da qual tantos homens souberam escapar? E não se tem o direito de ficar perplexo quando se lê na obra de um médico célebre que "o amor ocupa na vida um posto preponderante. Ao se alcançar uma certa idade, quando não se pode minimamente mais construir outra esperança senão a de não descer depressa demais o declive que conduz à velhice, reconhece-se que tudo é vaidade, exceto o amor!", o amor físico, bem entendido, pois não se trata de outra coisa em todo o capítulo. Como?! O conjunto das alegrias intelectuais e artísticas, o amor pela natureza, os esforços para a melhoria da sorte dos pobres e dos deserdados da sociedade, o amor paterno, a caridade, tudo isso nada seria, e se trocaria tudo isso por alguns instantes de um espasmo que nos é comum com quase todos os animais! Que o próprio Renan tenha pronunciado frases análogas, nós o compreendemos, visto que jamais esse grande estilista introduziu nos seus estudos preocupações humanas. Seu otimismo um tanto tolo, sinal exterior de uma alma, em síntese, medíocre, não se repugnaria em absoluto com tais concepções. Mas que um médico que todos os dias combate a dor humana, que todos os dias vê as pessoas morrerem, professe uma tal opinião, isso nos deixa perplexos. Mas, que o repitamos, se *isso* fosse o fim supremo da vida humana, por que os amores senis nos pareceriam desprezíveis? E qual seria a existência dos velhos, colocados por sua idade fora da humanidade, da animalidade, deveríamos dizê-lo? Tais máximas são puramente tolas e desprezíveis, que o digamos francamente. Além disso, indicam naqueles que as expressam uma visão tão deplorável, que falseia tanto a realidade, que ficamos perplexos ao encontrá-las em homens de ciência que deveriam estar habituados às inferências sólidas.

Examinemos todos nossa existência, examinemos aquela dos outros. Não é evidente que, no caso da maioria dos camponeses, dos operários, de todas as pessoas que vivem uma vida sadia, ativa, que não comem diariamente até a indigestão e não passam doze horas no leito, o amor é somente, como o diz Carlyle, um elemento preliminar e acessório? Seu papel não é bastante restrito? Que o amor seja tudo para os ociosos, é admissível. Nós sabemos por que se produz para eles jornais e livros destinados a os estimular. Mas quão severa é a punição deles! À idade em que essas satisfações lhes são recusadas, a vida murcha para eles e perde todo interesse: apresentam o espetáculo grotesco e repugnante de libertinos impotentes. Que afirmação lamentável é a de declarar que não há para o velho outras ocupações senão a de se comprazer com imagens sensuais! Não valeria cem vezes mais, como fazia Cícero,[131] felicitar-se por haver escapado da submissão às paixões e consagrar-se à política, à literatura, às artes, à ciência, à filosofia?

Essa opinião estúpida de que o amor é tudo na vida é acompanhada com frequência de sofismas igualmente monstruosos. Declara-se que a castidade é prejudicial à saúde! Não se constata, entretanto, que as ordens religiosas, nas quais a castidade constitui regra absoluta, produzam mais doenças do que a prostituição. Se encerrássemos um jovem num aposento sem livros e sem a possibilidade de trabalhar, certamente a sugestão sensual poderia se tornar irresistível e produzir uma grave perturbação não em sua saúde, mas na sua inteligência. Mas, para um jovem ativo, dotado de energia, a sugestão nunca se torna irresistível. Por mais uma vez, as transferências de fundos são possíveis, e o trabalho logo triunfa sobre o desejo. Por outro lado, os perigos da continência, tão problemáticos, nada são em comparação com as consequências do excesso contrário. Quando somente em Paris há dois hospitais para as doenças que têm essa origem, quando a

131. Marco Túlio Cícero (103-43 a.C.), político, orador, jurista e escritor romano. (N.T.)

cada ano o número de pessoas que contraem o amolecimento da medula espinhal e a ataxia locomotora como consequência de excessos vai aumentando, é, pelo menos, ridículo ver o autor de um alentadíssimo livro de 1.500 páginas *in-8* a respeito de higiene proclamar que a continência mina a saúde! Não é evidente que o prazer venéreo é ruinoso e que, ao contrário, a continência proporciona ao organismo, à inteligência, um vigor e uma plenitude de energia admiráveis? Será que, além disso, o meio de vencer nossos apetites consiste em sempre ceder a eles? Os próprios iniciantes em psicologia não sabem que o caráter essencial dos apetites, sejam quais forem, é uma espécie de insaciabilidade que se intensifica quanto mais cedemos a eles com maior facilidade? É uma curiosa maneira de reprimir a audácia de o inimigo bater em retirada a partir do momento que ele se mostra! Sobretudo, constitui manifestação de uma imensa ignorância de si mesmo esperar controlar os apetites sexuais por meio de concessões. Aqui, ceder não é acalmar, é intensificar. Para controlar a sensualidade, só nos resta lutar contra ela mediante todos os meios. Mas deixemos de lado essas teorias médicas, que são tão ingênuas, tão infantis que tudo que nelas podemos ver é uma nova prova da insuficiência radical dos estudos de lógica, de psicologia e de ética da maioria dos estudantes de medicina.

Convém, portanto, lutar contra o desejo. É verdade que a vitória é difícil. É o supremo triunfo do autodomínio. E quando nos acostumamos a zombar da pureza de um jovem de 20 anos, quando vemos no deboche uma prova de virilidade, não se revela triste pensar na extraordinária inversão das coisas produzida pela linguagem, pelas fórmulas prontas! A força das forças, a energia pura, a vontade libertada, vitoriosa, não consiste em permanecer senhor na luta contra esse instinto tão poderoso? A virilidade está aí, não em outro lugar. Ela se acha nesse autodomínio — e a Igreja tem razão em ver na castidade a garantia suprema da energia da vontade, energia que, por sua vez, garante a possibilidade de todos os outros sacrifícios para o sacerdote.

Contudo, se o triunfo é possível, não é fácil. Ali, como em outra parte, quanto mais invejável é a conquista, mais custam os esforços e as habilidades perseverantes. Os remédios são variados, assim como são as causas.

É urgente combater as condições que apresentam predisposição imediata. Convém regular vigorosamente o sono, só se deitar quando se está cansado e levantar-se a partir do momento em que se acordou. É preciso evitar os leitos macios demais que convidam para a longa preguiça matutina. Se nossa vontade é demasiado fraca para nos tirar logo da cama após despertarmos, deveríamos recorrer a alguma pessoa que não recearíamos quanto a apontar para essa função e que nos obrigará a levantar apesar de nossos protestos nesse momento.

Ademais, o estudante deverá cuidar de sua nutrição, evitar as comidas com muitas calorias, o excesso de carnes, os vinhos capitosos, que só devem ser evitados nessa idade. Para ele, o mais seguro será escolher longe da faculdade uma habitação tranquila, acolhedora, repleta de ar e de sol, e comer frequentemente em casa alguns alimentos fáceis de serem preparados.

Deverá evitar ficar sentado muito tempo, manter em seu quarto uma atmosfera pura e uma temperatura moderada. Deverá sair toda noite e se pôr a meditar no seu trabalho do dia seguinte, prosseguindo na sua caminhada até se cansar; em seguida se deitará. Deverá impor a si essas caminhadas não importa quais sejam as condições do tempo. Como o observa um humorista inglês, a chuva cai sempre muito mais forte e o tempo é muito pior para quem olha a rua pela vidraça de um apartamento do que para quem não tem medo de sair.

Mas não nos esqueçamos de que, quanto aos jovens que têm um regime alimentar moderado e que acatam as leis de uma sábia higiene, as solicitações de ordem fisiológica não são nem frequentes nem difíceis de serem afastadas, e a luta contra a sensualidade seria facilitada se os estímulos de origem intelectual e o prazer que se pode daí extrair não trouxessem à sugestão física o apoio de imagens precisas e de uma atenção indulgente.

Já estudamos extensivamente as relações estreitas entre a inteligência e as paixões. A paixão, por essência cega, é impotente sem a ajuda da inteligência; se ela conseguir conquistar a cumplicidade desta última, a paixão pode exacerbar-se e criar, no seu interesse, um movimento torrencial de ideias e de sentimentos acessórios, ao qual nem as vontades intensamente resolutas são capazes de resistir.

É preciso, portanto, tomar cuidado no sentido de recusar o concurso do pensamento, e, regra geral, a luta direta contra a sensualidade é perigosa; toda a atenção que lhe damos, mesmo para combatê-la, a fortalece. A coragem aqui consiste em esquivar-se. Lutar é agir com astúcia. Atacar o inimigo frontalmente é correr para a derrota. Enquanto as grandes conquistas intelectuais são produzidas nelas pensando sempre, as grandes vitórias sobre a sensualidade são ganhas *não pensando nelas nunca*. Impõe-se, a todo custo, evitar a junção das ideias com a tentação nascente. Impõe-se, a todo custo, evitar o despertar progressivo das imagens sensuais que ainda adormecem na mente. É preciso evitar a leitura dos romances e, sobretudo, dos livros ou jornais licenciosos. Há uma certa página de Diderot[132] que equivale à absorção de uma substância violentamente afrodisíaca. É preciso evitar a visão das gravuras obscenas, as quais são ainda mais perigosas para a tranquilidade da mente do que as descrições. É preciso evitar a companhia dos colegas libertinos: faz-se necessário prever as ocasiões até os mínimos detalhes, jamais se deixar surpreender pela tentação. No início, ela é um simples pensamento ainda destituído de força que se insinua. Se nesse momento estamos despertos, nada mais fácil do que expulsar a importuna. Mas, se permitirmos às imagens adquirir nitidez, se colhermos prazer em evocá-las e nos comprazermos com elas, será tarde demais.

Aí reside a razão de o remédio soberano ser o trabalho intelectual. Quando a mente se acha fortemente ocupada, as solicitações tímidas da paixão são detidas, impotentes, no limiar da consciência. Nenhuma atenção lhes é concedida. A única oportunidade que elas têm de ingressar na consciência é quando a mente se encontra vazia. Com efeito, há mais verdade em crer que a ociosidade é a mãe do vício. Nos momentos de fantasia, ou no momento em que a mente está desocupada, a tentação se introduz na consciência: a atenção sendo dirigida a ela, fortalece-a, e lhe transmite precisão. O despertar das lembranças gravadas na memória se opera gradualmente, e o partido do animal sensual vai se organizando até o instante no qual a

132. Denis Diderot (1713-1784), escritor francês. (N.T.)

vontade racional abdica, deixando o campo livre para as potências da animalidade.

Assim, nos é possível dizer, sem receio de nos enganar, que o preguiçoso e o ocioso estarão muito habitualmente a serviço de sua sensualidade, não só porque a mente desocupada deles deixa a consciência aberta, por assim dizer, às sugestões sexuais, mas também porque um homem, sobretudo um homem jovem, tem necessidade de prazer, de abalos vívidos. E quando não reclamamos esse prazer, esses abalos para o trabalho intelectual, para distrações sadias e robustas, é fatal que se vá reclamá-los, com maior energia e maior violência, para os hábitos viciosos e o deboche.

É por isso que não basta ter a mente ocupada para resistir às paixões sensuais; é necessário que essa ocupação traga consigo prazer, a alegria do trabalho fecundo. O trabalho disperso, a atenção dirigida indiscriminadamente para demasiados objetos, não trazendo consigo nenhuma alegria, mas, bem pelo contrário, produzindo irritação, um descontentamento pessoal muito evidente, é quase tão favorável ao desencadeamento das paixões quanto a própria ociosidade. Unicamente o trabalho metódico e ordenado transmite ao pensamento um interesse poderoso, um interesse *contínuo e duradouro.* Transmite a alegria que experimentam os turistas ao sentirem sua própria energia e ao verem o cimo aproximar-se a cada instante: apenas assim o homem, especialmente o homem jovem, opõe à invasão da mente pelas sugestões sexuais um dique de granito.

Se a esse trabalho jubiloso somam-se hábitos enérgicos, caso se saiba buscar os prazeres que enumeramos anteriormente, não resta, para ser salvo, senão proporcionar às vagas aspirações despertadas pela puberdade satisfações explícitas. Nada é mais fácil nessa idade feliz, que vai dos 18 aos 25 anos, do que apaixonar-se pela natureza, pelas montanhas, pelos bosques, pelo mar, do que amar até a paixão tudo que é belo, grandioso, reconfortante: as belas artes, a literatura, as ciências, a história, sem contar os novos horizontes que o desenvolvimento das ideias sociais oferece para a dedicação. Quanto o jovem que executará tal programa será recompensado por seus esforços! Seu vigor aumentado, sua inteligência ampliada, sua sensibilidade nobremente cultivada construirão para ele uma existência invejável. Os próprios fracassos, uma vez que ele mastigará seu amargor, nada subtrairão de sua dignidade viril; ele saberá erguer-se novamente de maneira resoluta e recomeçar a luta. A vitória completa não é absolutamente possível, mas já é se sair vitorioso nesse combate não ser frequentemente derrotado e jamais aceitar suas próprias derrotas sem ser forçado a isso.

Parágrafo IV

Devemos, porém, estudar mais minuciosamente as duas formas assumidas pela sensualidade na vida do estudante. Já o dissemos que a moralidade mediana dos estudantes é extremamente medíocre, e isso se deve ao fato de que são jogados sem vigilância nem orientação em alguma grande cidade. O resultado é um grande número deles perder sua animação e sua energia valorosa em amores escusos. Ninguém os advertiu; um tanto embriagados e exaltados como se acham, são incapazes, por um longo período, de dissipar as ilusões ingênuas que servem de fundamento à sua concepção da vida de estudante. Ninguém os levou a refletir sobre seus prazeres, e é por isso que chegam somente muito tarde a suspeitar do papel preponderante que desempenha em seus amores *a vaidade*.

Os colegas que veem no restaurante não são aptos para os esclarecer. Muitos deles têm amantes, e parte porque eles próprios são estúpidos, parte por ostentação, exageram no que diz respeito às alegrias de sua situação, sem se darem conta de que essas alegrias são bastante confusas e compradas a um alto preço. São obrigados a viver na companhia de mulheres grosseiras e estúpidas das quais têm de suportar os caprichos, as tolices, o mau humor e os gostos caros. Elas lhes proporcionam, em troca, o prazer material destituído de qualquer felicidade. A maioria dos estudantes só tem amantes por pura vaidade, para que possam se gabar disso, para desfilarem com elas. Se não pudessem guardá-las para "construir e manter a imagem deles mesmos", não poderiam suportá-las por oito horas.[133] Há nesse caso uma absoluta falta de crítica: com o prazer material e as satisfações da vaidade colocados

133. Ver quanto ao assunto um belo capítulo de Maxime du Camp em seu *testament littéraire*: *Le crépuscule, propos du soir*, Hachette, 1893, cap. II, *La vanité*.

num prato da balança, seria necessário colocar no outro as belas manhãs de trabalho positivo e agradável perdidas e substituídas por dias de mal-estar, de ruína física e de embrutecimento. Seria necessário nele colocar as belas viagens tolamente desperdiçadas, as dívidas a serem pagas mais tarde, os arrependimentos da idade madura e todas as tristezas, todas as degradações do momento presente.

Só há um remédio para isso, ou seja, escapar do perigo e, se for tarde demais, uma ruptura resoluta, mudar de ambiente, abandonar os colegas cuja influência julgamos má, mudar de casa, se necessário, e até de bairro. É preciso adotar por meio de pensamentos, de palavras e de atos uma vida contrária à que nos pesa e, sobretudo, é preciso submeter todos os prazeres devidos à companhia das "mulheres de estudantes" a um exame crítico negativo. Se o estudante aplicasse durante quinze dias a esses amores passageiros um bom método de avaliação, se diariamente inscrevesse numa coluna após um exame aprofundado os prazeres e numa outra os aborrecimentos, ficaria estupefato com o resultado. Ficaria talvez ainda mais se a cada dia, ou melhor, a cada duas horas registrasse seu "estado de alma". Começaria a se dar conta da ilusão extraordinária que adultera o período total de cada dia, de cada mês, e que o faz crer que se diverte ou é divertido, quando cada instante considerado em si durante o dia é, antes, um instante de contrariedade, de fastio ou, na melhor das hipóteses, de indiferença. O erro se deve a um fenômeno curioso de autossugestão que expulsa a lembrança da realidade e a substitui por uma lembrança inventada e mentirosa. Essa lembrança falsa é um estado imaginado com todas as peças, é o estado de consciência *esperado*, que, conforme nossa ilusão ingênua, *deveria* existir, mas que não esteve por um só instante presente na consciência. Nossa capacidade de ilusão, nesse aspecto, é realmente tão grande que muito frequentemente não prestamos nenhuma atenção no estado presente, real, de nossa alma, porque esse estado real não se enquadra com o que acreditamos dever se produzir. Ora, em nenhuma outra parte essa ilusão é mais forte nem mais deplorável do que no caso do estudante ao avaliar ele os prazeres que lhe proporcionam as mulheres. Repetimos: a quase totalidade dos momentos passados com esses pobres cérebros repletos de ideias grosseiras ou estúpidas, e de caprichos insuportáveis, é em si desagradável, e a soma desses momentos desagradáveis, influenciada pela vaidade, transforma-se numa lembrança agradável! Não se leva em conta, não receemos dizê-lo novamente, nem o tempo esbanjado, nem o dinheiro gasto tolamente, nem a ruína intelectual que sucedem aos excessos. Não se pensa nas alegrias sacrificadas, nos museus que se teria podido visitar, nas leituras elevadas que se poderia ter feito. Esquece-se o sacrifício das conversações inteligentes, das caminhadas com amigos de qualidade. Não se pensa que o fastio que sucede às orgias é uma das coisas mais tristes da existência e das mais desprezíveis. Não se pensa que com isso nos privamos de visitar, nas férias, os Alpes, ou os Pirineus, ou a Bretanha. Esquece-se que, ao custo de algumas noites de embrutecimento, se poderia ter feito uma viagem à Bélgica, à Holanda ou às margens do Reno ou à Itália. Não se pensam nessas colheitas adoráveis de lembranças que acumulam as viagens nas memórias de vinte anos, mas em lembranças que se ficam remoendo mais tarde e que enfeitiçam os dias de tristeza e de tarefas ingratas. O que é também desperdiçado são os belos livros de arte, os livros de viagens, etc., as gravuras, os quadros, os companheiros fiéis da vida inteira, que se teria nas mãos durante as longas vigílias de inverno, e que não se compra.

A própria vaidade, satisfeita por essa necessidade de se exibir ostensivamente, é de qualidade muito inferior. Com certeza, não vale o mesmo que o orgulho dos sucessos devidos ao trabalho, nem mesmo as mil formas de vaidade desculpáveis do estudante orgulhoso de mostrar seus modestos tesouros artísticos ou de narrar suas viagens. A vida do estudante que "se diverte" é, portanto, uma vida deploravelmente monótona, deploravelmente estéril e, acima de tudo, totalmente estúpida, estúpida até alcançar as raias da náusea.

Parágrafo V

As consequências sociais da prostituição são tão lamentáveis; a vida tão triste, denominada por antífrase sem dúvida, "a vida alegre" prepara tão bem o jovem para uma moral "de camelô" e frequentemente para renúncias, capitulações de uma crueldade horrível... Enfim, os perigos que ameaçam a saúde do estudante são tão grandes, e é tão duradoura a repercussão para os anos seguintes dos desperdícios de dinheiro e de tempo, que, por todos esses motivos reunidos, os hábitos viciosos pareceriam não merecer mais reprovação. Para começar, tudo que comprometem é a saúde geral; não geram enfermidades ignóbeis. Por outro lado, suas consequências só recaem sobre quem as merece. Não levam as vítimas a sofrer com as crianças abandonadas; não causam nem suicídios nem dramas familiares; o infeliz que se entrega a eles não deixa ninguém, ao deixar a faculdade, que por toda a vida condenará seu nome. Ademais, esses vícios não têm, por si mesmos, nada de sedutor. Nenhuma questão de vaidade vem adulterar a avaliação dos prazeres que se tira deles. Trata-se pura e simplesmente de um vício, e um vício vergonhoso que se esconde. É evidentemente uma tara. Constitui um caso patológico muito claro e só se morre por causa dele lamentando dele morrer. Todas essas razões fazem com que o tratamento seja simples e a cura, certa. Esse hábito deplorável, nenhum sofisma oculta sua feiura; nenhum romancista, nenhum poeta, que eu conheça, cantou suas doçuras e sua glória. Nenhum pai de família disse ao seu filho: "Vai, entrega-te a essas práticas. É necessário que a juventude aconteça!". Não se vê esse vício, coisa estranha, ser estimulado sequer pela grave autoridade dos médicos. Após ter sido o amor declarado "necessário à saúde", eis aqueles que, com uma inconsequência ridícula, condenam essa forma tão simples, tão econômica e tão segura do amor físico como eles o admiram! Se o cumprimento das funções fisiológicas é sagrado, não se justifica mais esse ostracismo contra as satisfações que estão exclusivamente ao alcance dos estudantes tímidos, pobres ou disformes. Impossível concluir de suas premissas uma reprimenda endereçada a esse vício. Mas deixemos de lado essas contradições grotescas. Continua certo de que o infeliz atingido por essa neurose é reduzido às suas próprias sensações, sem a combinação com sentimentos adicionais. É o que torna a luta, não direi fácil, mas possível. Aqui ainda, a necessidade é pouca coisa; é possível operar "transferências de fundos" e inscrever numa outra subdivisão do orçamento os excedentes de forças. Todo o mal provém da imaginação, de modo que é prudente, a partir do momento em que uma sugestão se eleva na consciência, e em que nos sentimos antecipadamente vencidos, sair de onde se está, procurar uma companhia, ou se pôr a trabalhar com energia. Sobretudo neste caso, a luta direta é perigosa; e é fugindo que se conquista a vitória. É preciso seguir adiante como se faz quando os cães latem, pois, quanto mais tempo prestarmos atenção nos seus latidos, mais eles latirão. Se o êxito absoluto é impossível, é necessário ao menos esforçar-se para tornar tão raras quanto possível as quedas e empenhar-se em aumentar o intervalo entre elas. Nos casos graves de hábitos inveterados, não se deve temer o recurso a medidas cirúrgicas sem nenhuma gravidade.

Acrescentemos que a principal causa desse vício é, ainda, o vazio da mente que concede toda a força às sugestões e a ausência de excitações sadias e vigorosas. O principal remédio é, portanto, que o repitamos, o trabalho metódico, ou seja, fecundo e alegre e uma vida repleta de prazeres ativos e enérgicos.

Capítulo II — Os inimigos a serem combatidos: os colegas, etc.

Finda a parte essencial de nossa tarefa, resta passar em revista rapidamente os perigos secundários que ameaçam o trabalho do estudante. Está claro que ele deve escolher cuidadosamente os colegas com os quais deve conviver. Em torno de si encontrará, sob a aparência de amigos, os mais certos inimigos de seu futuro. Para começar, um certo número de jovens ricos que, não motivados pela preocupação da existência, e estragados pelos hábitos indolentes de casa, passam tolamente sua existência preparando a nulidade da idade madura, e que, constrangidos a se reconhecerem como um tanto desprezíveis, a fim de esconder esse desprezo íntimo, zombam dos hábitos laboriosos dos trabalhadores. Mas existe outra espécie mais temível e que já provoca seus enormes danos no colégio, ou seja, os pessimistas por fraqueza, os destituídos de coragem de antes do combate. Como todos os impotentes, eles são extremamente invejosos e dotados de um ciúme hipócrita e vil. Esse estado de espírito desprezível faz deles os prosélitos de um novo gênero, quer dizer, prosélitos pacientes, perseverantes. A meta deles parece ser desencorajar as boas vontades; exercem uma constante ação deprimente. À espreita ante todas as fraquezas, acabam por adquirir uma influência nociva. Conscientes de sua fraqueza e do triste futuro que os aguarda, experimentam prazer em impedir que os outros se esforcem.

Outros são simplesmente preguiçosos que exortarão, que solicitarão ao colega que não realize nada. Tentarão arrastá-lo para a cervejaria e facilitarão suas oportunidades de deboche. Os estudantes franceses são bem superiores, sob certos aspectos, aos estudantes alemães encerrados cuidadosamente em sociedades que lhes subtraem toda iniciativa, toda independência, e os levam a beber excessivamente.[134] São mais sóbrios e dispõem mais de si mesmos. Entretanto, na maioria sobrestimam demais a extensão da sua própria liberdade. Embora abandonados numa grande cidade, sua escravidão é muito dura e eles a levam para toda parte com eles. O problema é que a causa reside neles. A vaidade, que é tão grande por volta dos 20 anos, os submete com docilidade à opinião pública, ou seja, à opinião dos colegas, e principalmente dos piores patifes, que geralmente apresentam a autoridade concedida pela audácia, por um comportamento decidido seguro de si mesmo, por um tom peremptório e por um vocabulário violento cujo objetivo é manchar a conduta correta e respeitável. Quase sempre apresentam o conjunto de qualidades que são impostas às vontades débeis, e eles dão o tom a todos que deles se aproximam. Essa autoridade cresce com a força conferida pelos prosélitos já convertidos, que cegamente aceitam como uma vida de prazer, como a vida por excelência do estudante a mais fatigante, a mais vazia, a mais tola das vidas imaginável. Arruínam sua saúde e sua inteligência a fim de agradar aquele que admiram a ponto de o imitar servilmente. "Se as pessoas se limitassem aos seus próprios vícios", observa Chesterfield,[135] "poucas seriam tão viciosas como são!" Brilhar como brilham os jovens que levam a vida do prazer é brilhar, como diz o mesmo autor, como faz a madeira apodrecida na

---

134. Cf. Th. de Wyzewa, *La vie et les moeurs en Allemagne: Revue des deux mondes*, 15 de março, ano LXI.

135. *Lettres de lord Chesterfield à son fils Ph. Stanhope*. Cartas de setembro/outubro de 1748.

obscuridade. O jovem verdadeiramente independente é o que rejeita tais sugestões, que sabe denominar essa felicidade com seu verdadeiro nome, ou seja, corveia fatigante e perigosa. Sabe opor às solicitações uma recusa polida, mas inabalável. Não se deixa envolver pelo ridículo, evita toda tentativa de discussão sobre o trabalho e sobre as questões de prazer cuja solução resplandecente de verdade ele enxerga. Sabe que a maioria dos colegas jamais refletiu no rumo de suas próprias vidas, sabe que são arrastados como num turbilhão, joguetes inconscientes, sacudidos pelas forças exteriores, e não atribui mais importância à opinião deles do que o faz um médico alienista em relação aos desequilibrados que examina. O quê!? Porque esses jovens têm preconceitos absurdos, eu, que tenho consciência desse absurdo, iria me submeter à sua maneira de ver! Iria sacrificar minha liberdade, minha saúde, as alegrias fecundas do trabalho com o intuito de evitar seus sarcasmos, e a fim de merecer seu perdão ou mesmo sua admiração! Eu, que sei que seus prazeres não passam de fadiga e de atordoamento, iria aderir à sua agitação ruidosa? Advertido de que a linguagem corrente não passa do receptáculo da mediocridade e da grosseria das multidões, eu seria submetido à influência dos epítetos, das associações de palavras, das fórmulas, dos pretensos axiomas que servem para legitimar o triunfo do animal humano sobre a vontade racional! Nunca tal abdicação: a solidão é mil vezes preferível. Mais vale fugir das casernas dos estudantes, estabelecer-se num bairro cujo distanciamento desagrada os colegas desocupados, um domicílio bem arrumado, elegante, adornado, de uma limpeza que brilha, alegrado pela presença do sol e mesmo pelo verde, se possível for. É preciso buscar a companhia de pessoas superiores a nós mesmos, visitar nossos professores, mantê-los ao corrente de nossos trabalhos, de nossas esperanças, de nossos dissabores, e procurar entre eles uma espécie de diretor de consciência. É preciso substituir a cervejaria, o café pela visita metódica aos museus, pelas caminhadas no campo, pelos diálogos em casa com um ou dois amigos possuidores de firmeza e elevação de espírito.

Quanto à atitude do estudante diante das associações de amigos, deve ser a de uma completa simpatia. A grande quantidade de estudantes só tem a ganhar ao abandonar os cafés em favor da casa dos estudantes. Nela, encontrará um ambiente certamente medíocre, mas também os elementos superiores poderão aí se encontrar, se conhecer e extrair proveito da simpatia que os une. O único perigo — imenso, mas não maior do que no café — são esses hábitos que lançam nas regiões obscuras de nossa atividade raízes profundas, e que gradativamente controlam nossa vontade, a imobilizam: como Gulliver preso ao solo pelos mil miúdos fios de seus cabelos que os liliputianos haviam atado a um igual número de minúsculas estacas fixadas na terra… O estudante, pouco a pouco, tem necessidade da excitação produzida pelos colegas; tem necessidade de fazer parte das reuniões costumeiras que consomem, nas salas frequentemente cheias da fumaça do tabaco, e numa imobilidade danosa, as horas subtraídas da caminhada ao ar puro. Outro perigo enorme é esse amontoado de jornais e de revistas cuja leitura causa a dispersão da mente, a fazem perder o rumo e, consequentemente, aniquila suas forças. O pensamento recebe com isso uma excitação febril, análoga àquela produzida pelos estimulantes no corpo; e essa excitação é duplamente ruinosa: ruinosa em si mesma, enquanto excitação, e ruinosa pela sua esterilidade sucessiva. Quem não fica de mau humor e nervoso após a leitura de oito ou dez jornais, e não foi levado a comparar o nocivo cansaço dos nervos que se sucede a essa leitura com o contentamento incisivo e vigoroso proporcionado pelo trabalho metódico, eficaz e frutífero?

Mas à condição de permanecer senhor de si, *de não adquirir hábitos*, se não dispersar suas forças mentais, o estudante pode encontrar em “sua casa” uma diversão proveitosa, uma alegria repousante, o riso de amigos alegres, mesmo discussões sugestivas. E eu o repito, aí são oferecidas mais chances de encontrar os elementos de uma sociedade de amigos distintos, de qualidade. Do mesmo modo que a gráfica libertou a inteligência pondo ao alcance dos intelectos independentes as obras dos grandes gênios de todos os tempos, as associações de estudantes libertam cada um deles das ligações banais do restaurante, dos encontros casuais, e põem ao seu alcance mentes e caracteres muito diferentes uns dos outros, e entre os quais podem encontrar amigos de acordo com seus sentimentos. Sem essas associações, os relacionamentos permaneceriam acontecendo segundo o acaso. Essas associações de jovens atuam como exposições de almas, as quais possibilitam a formação dos agrupamentos de mentes e de caracteres simpáticos, seja por semelhança, seja por contraste, agrupamentos que são necessários para a educação pessoal, como o veremos.

Quanto às relações mundanas, tudo que o estudante pode adquirir com elas é a comodidade no que diz respeito às posturas, e esse verniz de distinção que constitui o único butim que se pode delas obter. O que se chama de "o mundo", sobretudo *en province*,[136] não é uma sociedade própria para transmitir têmpera à inteligência ou ao caráter. Nesse ambiente, a moral apresenta uma inferioridade desoladora e uma hipocrisia sem limites. O dinheiro aí legitima tudo. A religião que aí impera é a adoração servil da fortuna: o jovem aí mal recebe as lições acima do nível médio baixíssimo das consciências. Certamente, não recebe aí nenhuma lição de sobriedade. Nesse ambiente, não aprende a dar apreço à superioridade da inteligência nem à do caráter. As pessoas do mundo, devido à sua falta de toda cultura profunda, estão estreitamente submetidas aos preconceitos dominantes. A estupidez sendo contagiosa, o jovem não tardará, se a exercer com demasiada frequência, a assistir à desagregação de suas ideias mais caras e, o que é mais grave, a ver reduzida ao ridículo sua generosa indignação contra um estado social falho, e a oposição à sua sede de justiça e de abnegação. O mundo o tornará logo, com seu exemplo, indiferente a tudo que não constitui objeto de preocupação com carreira. Suprimirá dele todas as razões que se tem para viver e secará nele a fonte do entusiasmo. O avanço importante terá sido realizado quando ele tiver se tornado um desses homens "sempre observadores, sempre ouvintes, nunca pensantes" que Marivaux[137] compara judiciosamente a pessoas que passariam

136. Esta expressão designa todas as regiões da França, exceto sua capital, Paris, e os subúrbios desta. Não confundir com Provence, que é uma determinada região no sudeste da França, próxima do Mar Mediterrâneo, cuja capital é Aix-en-Provence, e que foi uma antiga *província* romana. (N.T.)

137. *Vie de Marianne*, Parte V (Macaulay considera este romance o mais admirável de todos que já foram escritos, e ele tem razão).

suas vidas junto a suas janelas.[138] O grande avanço terá sido realizado quando ele vier a viver sem se interessar por nada, forçado, para esconder de si mesmo o vazio horrivelmente tedioso de sua existência, a se sujeitar às obrigações tirânicas que fazem da vida do homem do mundo a vida ao mesmo tempo mais fatigante, mais tola e mais irremediavelmente monótona que se pode imaginar. Toda discussão sobre questões em desacordo constitui, nesse mundo, sinal de uma má educação, e o diálogo nele só pode girar em torno de futilidades. Um jovem inteligente e dotado de caráter é nele expatriado; nele, este jovem não só perde seu tempo, como também sempre deixa aí algo de seu vigor moral. Com certeza, mais vale a companhia dos colegas, o choque violento das opiniões preconcebidas, parcialidades, as discussões dispersas, como as dos heróis de Homero,[139] de epítetos apaixonados...

Capítulo III — Os inimigos a serem combatidos: os sofismas dos preguiçosos

Parágrafo I

A preguiça, como todas as paixões, procura ser legitimada pela inteligência. E, como a maioria dos homens não tenta sequer combater em si mesmos as inclinações inferiores, é de se prever que os axiomas solenes, os provérbios de aspecto infalível não faltarão para a desculpa e mesmo para a glorificação dos preguiçosos.

Estudamos anteriormente e, nós esperamos, destruímos definitivamente a crença na imutabilidade do caráter recebido ao nascer. Vimos, nessa teoria ingênua, um exemplo do poder que têm as palavras para nos fazer crer na unidade das coisas que designam. Só voltamos a isso para observar que suporte poderoso essa crença proporciona à nossa covardia e à nossa preguiça. Talvez tenha ela encontrado, em nossa rebeldia contra a extensão da conquista de nós mesmos, o motor de sua força e, a título de um justo retorno, transmite cem vezes à nossa preguiça a força que dela tomou emprestada. Essa teoria é, ademais, apenas um dos

138. Pierre de Marivaux (1688-1763), comediógrafo francês. (N.T.)

139. Homero (século IX a.C.), poeta épico grego. (N.T.)

suportes que a preguiça encontra no arsenal das máximas inventadas por seus sectários. O diabo, segundo uma velha fábula, é obrigado a variar nas suas iscas para tentar os outros viciosos. No caso dos preguiçosos, não há utilidade em nada disso. Engolem as iscas mais grosseiras, e aquele terrível pescador está certo de apanhar uma presa a cada lance de sua vara de pescar. Com efeito, nenhuma paixão é mais zelosa no que respeita a aceitar as justificações mais falaciosas e mais ingênuas.

A queixa é geral entre os estudantes; aqueles que são obrigados a aceitar, para viver, funções de repetidores ou de professores em colégios pequenos, ou de preceptores, até mesmo esses que devem ministrar algumas lições, declaram, a se rivalizarem, que o trabalho material os absorve. Ora, o tempo, como o dissemos, é sempre solvável a quem o sabe administrar. É impossível que, nas vinte e quatro horas do dia, não se possa encontrar as quatro horas necessárias e suficientes a todos para uma sólida cultura intelectual. Bastam, com efeito, algumas horas por dia se tivermos o cuidado de dispor para o estudo o tempo em que a mente está de posse de todo seu vigor, de todos os seus recursos. Se a essas horas de vigorosa atenção adicionarmos para os trabalhos de notas, de cópia, de organização dos materiais, a utilização dos momentos que habitualmente perdemos tolamente, não existe carreira que não possibilite paralelamente a ela o mais amplo desenvolvimento intelectual, tanto mais as profissões que aparentemente menos envolvem rotina, como o direito, a medicina e o magistério, que não tardam, como já dissemos, a pararem quase que por completo de recorrer à inteligência. Ao cabo de poucos anos, o professor saberá seu curso; o advogado e o médico terão esgotado, salvo por raras exceções, todos os casos novos. Isso mesmo explica encontrarmos nos postos mais elevados tantos homens notáveis em suas especialidades, mas que deixaram, sem dúvida, enferrujar, por falta de uso, suas faculdades superiores e que, fora de suas ocupações obrigatórias, são de uma estupidez que nos deixa estupefatos. A fadiga do magistério, entre outras, não é de modo algum de natureza intelectual. Provém do esgotamento dos músculos que contribuem para a emissão da palavra, e, como esses músculos formam um grupo restrito, são muito suscetíveis à fadiga. Essa fadiga localizada, porém, tem apenas uma repercussão moderada no estado das forças gerais, e não exclui em absoluto a possibilidade do trabalho intelectual.

Ademais, muitas pessoas reconhecem, quando são pressionadas, que poderiam encontrar três ou quatro horas diárias para o estudo. Declaram, porém, que, para chegarem, teriam que trabalhar, pelo menos, seis horas por dia e, portanto, tenho razão em não fazer nada! Ora...! — direi eu. Põe-te, então, a trabalhar três horas por dia e verás depressa que não é inútil trabalhar, que a soma das horas de trabalho é a mesma com base em três horas por dia em seis meses do que com base em seis horas em três meses. A mesma para o trabalho, não a mesma para os resultados, pois, como diz Leibniz, "está longe de fazer diferença se à nossa mente se aplica um polimento pelo excesso de estudo ou o contrário disso; ela compromete com isso sua agudeza".

Outros preguiçosos admitem que não falta tempo, mas declaram que é inútil se pôr a trabalhar quando não se está disposto. A mente que suporta um peso, que se acha sonolenta, não produz nada que valha a pena. Assim, de manhã, acrescentam eles, renunciamos ao trabalho devido a quanto perdemos de tempo para "dar início à atividade". Que erro! Se o sono foi profundo, é *sempre* possível, persistindo por quinze minutos se esforçando, "dar início à atividade". *Jamais*, a menos que a noite não tenha sido repousante, vi jovens não serem recompensados por um excelente trabalho por sua perseverança na luta contra essa sonolência matinal. A inteligência desperta logo, atua com facilidade, e, afinal de contas, esse pretenso torpor da inteligência não passa de um torpor da vontade.

Parágrafo II

Não nos é possível passar em revista todos os sofismas da preguiça. Entretanto, num livro dedicado aos jovens que trabalham, devemos destacar um dos mais nocivos axiomas que circulam, axioma enunciado muito levianamente por homens que estão longe de suspeitar dos estragos que causam suas palavras.

Desencoraja-se antecipadamente os trabalhadores lhes dizendo que a condição deles os fixa nas pequenas cidades, repetindo-se em todo lugar que o trabalho intelectual só é possível nas grandes universidades. Na França, ouve-se com frequência dizer que apenas em

Paris esse trabalho é possível. Não existe afirmação mais nociva nem mais desencorajadora do que essa solenemente retomada por homens de talento.

Ora, essa afirmação contém apenas uma ínfima parcela de verdade. Salvo por algumas autoridades que possamos citar para lhe dar sustentação, ela é quase inteiramente falsa.

Em primeiro lugar, tem contra si fatos. A maioria dos grandes pensadores amadureceu suas ideias na solidão. Descartes, Espinoza, Kant, Rousseau e, atualmente,[140] Darwin, Stuart Mill, Renouvier, Spencer, Tolstói, os quais renovaram o pensamento moderno em tantos aspectos, devem a maior parte de seu sucesso à solidão.[141]

E, com efeito, nada há na natureza do trabalho intelectual que necessite a residência em Paris. Que somente em Paris na França se recebe a sanção do talento, que somente Paris seja capaz de organizar em torno do homem que chegou uma publicidade constantemente renovada, nisso acreditamos. Por causa de nossa centralização excessiva, nossa atenção se volta para Paris e é tão só para esse centro que os olhares de todos convergem, e é só nele que as reputações adquirem brilho. No entanto, esse privilégio não está reservado especificamente ao talento, um assassino célebre podendo se beneficiar dessa publicidade tanto quanto um escritor cujas obras perdurarão por séculos.

Ademais, se Paris é útil para a exposição ostensiva dos nomes célebres, Paris não é necessária durante o longo período dos trabalhos, dos esforços que deve preceder o início do sucesso.

Que Paris seja indispensável ao físico, ao psicofísico que necessitam de laboratórios, isso não foi de modo algum provado e isso cessaria absolutamente de ser verdadeiro se as faculdades erigidas em universidades, detentoras do direito de posse e de aquisição, pudessem desenvolver mais suas instalações.[142] Essas universidades

140. Esta obra foi publicada pela primeira vez em 1893. (N.T.)

141. Ou seja, aos locais isolados e tranquilos, distantes das cidades grandes. (N.T.)

142. Tem-se boas razões para se surpreender e se afligir quando se descobre que o projeto de M. Liard a respeito das universidades regionais malogrou diante do Senado graças à intervenção de um antigo professor de filosofia, M. Challemel-Lacour. Esse projeto, assegurando a liberdade do professor de faculdade, livrava absolutamente o pensamento científico de toda ingerência estranha e, além disso, era uma magnífica tentativa de descentralização intelectual.

forneceriam uma nova prova da lei formulada por Haeckel, o grande naturalista alemão, de que "as produções científicas das universidades estão na razão inversa de sua grandeza". É que nas ciências, como em outros lugares, o vigor intelectual, a iniciativa, a paixão pela pesquisa substituem os suportes materiais e, por meio de escassos recursos, produzem maravilhas, ao passo que com laboratórios esplêndidos a inércia do pensamento se mantém estéril. Portanto, o que importa aqui é ter o entusiasmo realizador das grandes coisas. Um laboratório só serve para *verificar* ideias preconcebidas; a descoberta é a ideia, e as ideias não são os aparelhos que as sugerem.

Fora as ciências, resta a história que tem necessidade de documentos que se deve consultar onde eles se encontram. Contudo, a filosofia, a literatura, a filosofia da história, e entre as ciências as matemáticas, a botânica, a zoologia, a química vegetal, a geologia, necessitam elas que se habite uma cidade grande? Se o talento consiste menos na absorção de numerosos materiais do que na assimilação de materiais seletos, de qualidade, e se as mentes de valor se distinguem principalmente por sua capacidade de organizar os fatos observados ou recolhidos, e de vivificá-los, quem não percebe que períodos longos de meditação e de calma devem suceder as nossas escavações nas bibliotecas?

Essas grandes bibliotecas não deixam, inclusive, de apresentar sérios inconvenientes. Com a facilidade de ver o que nossos predecessores pensaram das questões que nos interessam, acaba-se por perder o hábito de pensar por si mesmo. E, como nenhuma capacidade debilita-se mais cedo por falta de exercício do que aquela do esforço pessoal, chega-se muito cedo a se substituir sempre, e em toda parte, os esforços de pesquisa ativa pessoal pelos esforços de memória. Quase sempre a capacidade de pensamento pessoal é inversamente proporcional à riqueza dos suportes fornecidos pelo meio em que se vive. É por esse motivo que os estudantes dotados de uma memória muito eficiente são quase sempre inferiores aos seus colegas menos bem dotados nesse aspecto. Estes últimos, desconfiados de sua capacidade de retenção, a ela recorrem o menos possível. Efetuam uma escolha escrupulosa dos materiais que a repetição introduzirá na memória.

Confiam a esta somente aquilo que é essencial, deixando o esquecimento dar fim a tudo que não passa de acidente. E, quanto ao próprio essencial, é urgente que seja organizado intensamente. Tal tipo de memória é como um exército de elite poderosamente "enquadrado". Assim, aquele para quem estão fechadas as inúmeras bibliotecas só se cerca de livros seletos, de muita qualidade, que ele lê cuidadosamente, meditando e criticando no que toca ao seu conteúdo, substituindo o que lhe falta pela observação pessoal e por esforços de perspicácia que constituem uma admirável têmpera para a mente.

A tranquilidade recolhida é indispensável para esse trabalho de organização de que falamos e é difícil gozar dessa tranquilidade em Paris. Além do que em Paris não se obtém jamais esse silêncio absoluto oferecido pelo campo e onde nos harmonizamos, por assim dizer, com o pensar, enquanto o ambiente oferecido por Paris é deplorável do ponto de vista da higiene. O horizonte de chaminés e de condutos de ventilação das fossas que se tem diante da janela, esse ambiente artificial, superexcitante, esse sedentarismo quase obrigatório tanto do prazer quanto do estudo, tudo isso contribui para arruinar a saúde.

Além disso, acaba-se por obter em Paris um pouco dessa agitação oca que é, por assim dizer, a característica do habitante das grandes cidades. As impressões aí são demasiadamente multiplicadas, são fervilhantes em torno de nós; nessa agitação, acaba-se por perder muito da própria personalidade. A atenção dirige-se constantemente para pequenas coisas. Somos aí, justamente porque é difícil recuperar o autodomínio nessa corrida precipitada, muito submetidos à moda. Some-se a isso que o próprio trabalho apresenta nesse caso algo de febril e de vicioso. Tudo que se tem a fazer para convencer-se de quanto o estado de espírito do trabalhador intelectual se ressente de todas as causas de irritabilidade circundantes é ler a pesquisa muito instrutiva e muito sincera feita por M. Huret sobre a evolução literária.[143] Nela se verão os efeitos do acotovelamento num meio de pessoas irritadas e experimentaremos compaixão ante os sofrimentos de todos esses jovens literatos devorados pelos anseios, pelas inquietudes, em suma, muito

143. Jules Huret, *Enquête sur l'évolution littéraire*, Hachette, 1891.

infelizes. Quanto a mim, eu o declaro, se percebo quanto morar num espaço exíguo, num quarto andar de uma rua barulhenta, longe dos campos e dos bosques, pode produzir de irritação, não vejo de modo algum o que esse estado de coisas consegue somar ao valor intelectual de um jovem.

E não se venha nos falar da sociedade que se frequenta em Paris. Posso, na parte mais recuada de um povoado, me relacionar com as maiores mentes contemporâneas. Para isso, basta que eu compre seus livros. Tendo esses grandes homens confiado o melhor de seu gênio às suas obras, e ordinariamente não gostando minimamente de falar das obras cuja criação não foi boa, consideram sua presença na sociedade como se fosse um relaxamento. Além disso, o proveito intelectual que os jovens extraem do relacionamento com eles é tão modesto quanto pode ser importante aquele que extraem da meditação com base em suas obras. A imensa vantagem que tais relações podem representar para um jovem de talento e dotado de energia é a nobre emulação que se experimenta ao tocar, por assim dizer, os resultados de uma vida de trabalho, mas tais relações constituem o lote de uma minoria.

A única grande vantagem de residir em Paris — e essa é inestimável — é a cultura estética que Paris consegue nos oferecer. Música, pintura, escultura, eloquência: para estas existe nessa cidade maravilhosa uma iniciação artística que falta na maioria das cidades provincianas, ou seja, além de Paris e seus subúrbios. Mas, uma vez recebida essa iniciação, as cidades à exceção de Paris e seus subúrbios apresentam ao trabalhador intelectual muitos recursos para os que desejam utilizá-los. Ademais, ser um provinciano não é habitar algum povoado ou alguma subprefeitura. Pode-se ser provinciano em Paris, pois, se essa designação tem um significado, tudo que pode significar é a ausência de toda preocupação superior. O provinciano é a pessoa cuja mente só contém material para tagarelice malevolente destituída de importância, que nada vê na vida além de comer, beber, dormir e ganhar dinheiro. É o imbecil que não tem outro passatempo senão fumar, jogar cartas, emitir pilhérias grosseiras com pessoas do mesmo nível intelectual dele. Contudo, se nas províncias, ou seja, fora de Paris e seus subúrbios, que seja num povoado, um jovem é capaz de apreciar a natureza, caso se mantenha em comunicação constante com os maiores pensadores, com certeza não merece o epíteto tornado ultrajante de provinciano.

E que compensações não se encontra por se achar distanciado dos grandes centros! Alguns autores compararam as pequenas cidades a conventos. Nelas, com efeito, encontram-se o silêncio e a tranquilidade dos claustros. Pode-se nelas seguir a marcha de nosso próprio pensamento sem sermos incessantemente distraídos pelo meio que nos cerca. Não mais dispersão. Vive-se consigo mesmo. Desfrutamos de nosso próprio pensamento. Nessa grande serenidade, as impressões mais raras ganham em profundidade. As ideias despertam pouco a pouco e se reúnem segundo suas afinidades; as lembranças readquirem vida, e o crescimento lento, calmo e poderoso da inteligência é muito superior ao desenvolvimento discordante, irregular, desigual e febril de que ela é objeto nas grandes cidades.

Nessas pequenas cidades, as noites são noites de repouso que deixam os dias seguintes repletos de energia, e as horas de recreação passadas nos bosques, ao ar livre, são horas para revigorar. É o fim da irritabilidade e da agitação; a pesquisa assídua e tranquila de uma ideia até suas mais profundas ramificações torna-se fácil. Pode-se executar os trabalhos que exigem o concurso da memória, e com que resultados! Sem ter de ficar curvado sobre a mesa de trabalho, mas nas florestas, nos campos. O sangue, estimulado pela caminhada e, por assim dizer, inundado de oxigênio, registra de uma vez por todas no cérebro as lembranças que lhe confiamos nesses momentos felizes. O trabalho de composição e a meditação tornam-se fáceis: as ideias fluem na mente, se reúnem alegremente; nos reinstalamos à mesa de trabalho munidos de um plano exato, de uma ampla colheita de imagens e de ideias e, ademais, de todas as vantagens do prisma da saúde e da higiene concedidas pelo exercício ao ar livre e puro.

No entanto, é inútil insistir, pois jamais são as circunstâncias externas que produzem o talento. O desenvolvimento não se produz de fora para dentro, mas positivamente de dentro para fora. As circunstâncias externas nunca passam de acessórios: auxiliam ou atuam contra, e talvez menos do que se crê habitualmente. Não convém, portanto, classificar os estudantes em estudantes que residem em Paris e estudantes que não residem em Paris: existem apenas duas grandes categorias a serem estabelecidas no que toca a eles: os que agem com seriedade, os dotados de energia, e os que desconhecem como agir, os de vontade fraca; os primeiros, independentemente do ambiente em que se acham, realizarão, dispondo de poucos meios, maravilhas, e geralmente sua energia começará por criar os meios. Os segundos, mesmo que cercados por bibliotecas e laboratórios, nada realizam e nunca realizarão algo.

Parágrafo III

Chegamos quase ao fim do livro IV e era necessário abordar minuciosamente a questão do sentimentalismo vago, estado que põe a vontade seriamente em perigo. Examinamos suas causas e seus remédios, suas soluções, depois do que tivemos que destruir as ingênuas ilusões que produzem equívocos tão prodigiosos no que diz respeito à avaliação que o estudante faz de seus prazeres. Tivemos que nos deter nesse triste assunto da sensualidade, nas formas diversas assumidas por ela e examinar os meios de lutar contra elas. Enfim, foi necessário durante esse trajeto destruir os preconceitos, os sofismas sob forma de axiomas sugeridos pela preguiça àqueles que a todo custo se recusam a trabalhar. Resta-nos agora efetuar a operação inversa, ou seja, construir em lugar de destruir. As meditações de caráter destrutivo, negativo, que acabamos de indicar a título de exemplos, e que cada estudante deverá completar por suas próprias experiências e reflexões, devem ser sucedidas pelas meditações fortalecedoras, aptas a estimular a vontade e consolidar a energia.

Capítulo IV — As alegrias do trabalho

Parágrafo I

Não existe pensamento mais consternador do que aquele que nos evoca o célere transcorrer de nossa existência. Sentimos a partida irremediável das horas, dos dias, dos anos. Tomamos consciência desse processo que nos conduz rapidamente para a morte. Aqueles que desperdiçam seu tempo com ocupações frívolas, que não deixam obras para marcar o caminho percorrido, experimentam, ao lançarem um olhar atrás, uma impressão singular: os anos que não deixam outra recordação exceto a dos esforços que os preencheram de modo frutífero parecem vazios. A vida que transcorreu se reduz a nada na consciência, e irresistivelmente nasce o pensamento de que o passado é apenas um sonho vão.

Por outro lado, quando a trajetória da existência começa a perder interesse no que toca à novidade, quando as dificuldades da existência nos esclareceram sobre o limite de nossas forças, e surge a monotonia do presente e do futuro, a marcha da vida parece acelerar-se, e a essa impressão de que o passado é apenas um sonho soma-se uma outra, mais penosa, a de que o próprio presente é um. Para aqueles que não sabem triunfar sobre as fatalidades da vida orgânica, sobre a preguiça, sobre as dependências da vida social e da profissão, belas horas de meditação, mesmo este sonho, têm algo de dolorosamente passivo. São transportados, como prisioneiros, num trem expresso, e contra sua própria vontade.

O sábio é levado tão depressa quanto eles, mas o sábio refletiu na inutilidade de toda resistência, e libertou-se aceitando o que não pode evitar, e se esforça, ao menos, em conferir ao trajeto a aparência de um longo trajeto. E o consegue não permitindo que o passado desapareça por inteiro. Ele sabe que, para aqueles cuja passagem não deixa traços, esse sentimento de que a existência é uma ilusão tênue, destituída de realidade, se torna intolerável. Sabe que esse sentimento é inevitável no caso dos ociosos, no caso dos "homens do mundo", no caso dos políticos ordinários cuja vida é malbaratada por preocupações insignificantes e pelo esforço estéril, no caso de todos aqueles, em resumo, cujo trabalho não deixa resultados palpáveis.

Ora, não se pode evitar esse sentimento destrutivo da realidade a não ser que se tenha subordinado nossa existência inteira a algum grande pensamento que concretizemos pouco a pouco mediante nossos esforços. Experimenta-se, então, um sentimento contrário, aquele da realidade da vida. Já muito vivo no cultivador do qual cada esforço deixa traços, é no caso do escritor compenetrado de seu papel social que ele atinge seu desenvolvimento mais elevado. Para ele, cada dia acrescenta aos resultados tangíveis da véspera. Sua vida acaba mesmo por identificar-se em parte com sua obra, e por tomar dela emprestada alguma coisa de sua realidade concreta. Consequentemente, pode-se dizer que a vida do trabalhador é infinitamente mais profunda e mais substancial do que a do ocioso. A preguiça cotidiana, portanto, nos subtrai o sentimento de nossa existência, substituindo-o por um sonho vão e desprezível. Exclusivamente o trabalho alegre, tranquilo e fecundo consegue transmitir à vida todo o seu sabor. Esse sentimento tão pleno que chamamos de "se sentir viver" tão só o trabalho o pode regularizar, torná-lo habitual; ele decuplica a alegria de viver, e o preguiçoso o ignora.

Por outro lado, se a vida do trabalhador intelectual não fosse naturalmente fecunda em horas deliciosas, se não fosse uma fonte viva de onde jorram copiosamente as alegrias da vida ativa, lhe restaria ser o contrário de uma vida ociosa. E pelo único fato de o trabalhador escapar das inquietudes, das preocupações mesquinhas, do tédio morno e intolerável dos ociosos, sua existência, entre todas, é invejável. "Durante minha estada em Maer, minha saúde se revelou ruim e fui escandalosamente preguiçoso: a impressão que ficou para mim foi a de que nada é tão intolerável quanto a preguiça."[144] "Quando um soldado se queixa das dificuldades que tem, ou um agricultor, que os coloquemos sem fazer nada", disse Pascal. Com efeito, o preguiçoso é um "heautontimorumenos",[145] um carrasco de si mesmo, e a ociosidade absoluta da mente e do corpo não demora para engendrar um pesado e doloroso tédio. Este tédio pesado e doloroso, muitas pessoas ricas, livres graças à fortuna da necessidade salutar do trabalho, e não tendo a coragem de empreender alguma tarefa duradoura, não tardam a experimentar. Mergulham no *spleen*,[146] arrastam seu desgosto para

144. *Diário de Darwin*, agosto de 1839.

145. O autor registra o grego transliterado de *eautou* (*heatoy*), de "si mesmo", e *timwrhma* (*timórema*), na acepção de "castigo". (N.T.)

146. O autor emprega esta palavra da língua inglesa que podemos traduzir neste contexto como "melancolia" ou mesmo "tédio". (N.T.)

todos os lugares ou buscam nos prazeres sensuais um desvio, o qual não tarda, pela sua saciedade, a redobrar o sofrimento dessas pessoas.

Mas a ociosidade absoluta é rara, e, como diz o provérbio, "o diabo esforça-se para descobrir um trabalho para aqueles que não o têm". Quando a mente não dispõe de ocupações elevadas, não tarda a ser invadida por preocupações mesquinhas. Quem não faz nada tem tempo para mastigar e ruminar suas menores contrariedades. Essa ruminação, longe de alimentar a mente, a arruína. A força dos sentimentos não canalizada, impedida de expandir-se, a fim de fertilizá-los nas regiões elevadas de nossa natureza, expande-se nas regiões sórdidas da animalidade e aí se corrompe. As feridas imperceptíveis do amor-próprio exacerbam-se, as contrariedades inevitáveis da vida envenenam os dias, perturbam o sono. Visto de perto, não é nada invejável o repouso do grande senhor! Os próprios prazeres se tornam nesse caso corveias; perdem todo o sabor, tornam-se cáusticos, porque para o ser humano o prazer é inseparável da atividade. A preguiça repercute, inclusive, no corpo e tende a esgotar a saúde por conta da languidez, a indolência que ela entroniza nas funções de nutrição e de relação. Quanto à inteligência, suas características nesse estado são a confusão e a preocupação estéril e fatigante. A mente rói a si mesma, conforme a incisiva expressão popular. Quanto à vontade, mal chega a ser proveitoso lembrar com que prontidão deplorável ela se atrofia no homem ocioso; todo esforço se torna doloroso para ele, a tal ponto que encontra um meio de sofrer onde o homem ativo sequer suspeita da possibilidade de um sofrimento. Quão diferente é o trabalhador! Sendo o trabalho a forma contínua, duradoura do esforço, constata-se constituir ele uma educação excelente da vontade. E mais do que todos os outros trabalhos, o trabalho intelectual, uma vez que com a maioria dos trabalhos manuais pode coexistir uma divagação do espírito quase completa. Ao contrário, o trabalho intelectual supõe ao mesmo tempo a obediência do corpo por assim dizer vendado pela atenção e a vigorosa disciplina dos pensamentos e dos sentimentos. Se esse poder ditatorial exercido sobre o pensamento não for obedecido por fadiga de um absoluto abandono de si mesmo, caso se tenha cuidado para não abusar de suas forças, se soubermos administrá-las de maneira a conservar durante as longas horas que não se pode conferir ao trabalho um vigor reduzido, mas suficiente, será conquistado o hábito dessa presença de espírito, desse despertar do autodomínio. E, como o segredo da felicidade consiste somente numa orientação de nosso próprio pensamento e de nossos sentimentos, terá sido descoberta, por essa via indireta do trabalho, a pedra filosofal da felicidade.

É, ademais, triste que o vulgo, que construiu a linguagem, tenha associado à palavra trabalho todas as noções de dificuldade, de fadiga, de dor, quando na psicologia é de uma evidência incisiva que todo esforço produz prazer, contanto que o gasto não ultrapasse o que consegue fornecer o processo normal e regular da nutrição.[147] Montaigne faz a observação quanto à virtude de que "a mais explícita marca da sabedoria é um prazer constante... seu estado é... sempre sereno... a virtude não está plantada no topo de uma colina abrupta, repleta de asperezas e inacessível: aqueles que dela se aproximaram a têm, ao contrário, instalada numa bela planície fértil e florida... Se nos for possível aí chegar, quem souber dela o endereço, por rotas sombrias, relvadas e docemente floridas... por não haver visitado essa virtude suprema, bela, triunfante, amorosa, igualmente deliciosa e corajosa, inimiga professa e irreconciliável do amargor, do desprazer, do temor e do constrangimento... eles são levados a simular enganosamente essa imagem tola, triste, de querela, ameaçadora, que solapa, e a instalar sobre um rochedo à distância, repleto de sarças, fantasma a espantar as pessoas".[148] O que diz Montaigne da virtude ele poderia ter dito do trabalho intelectual. Jamais se informará aos jovens o suficiente a respeito de sua natureza real, que é, ela também, "bela, triunfante, inimiga professa e irreconciliável do amargor, docemente florida e deliciosa".

Isso porque a felicidade oferecida pelo trabalho não é puramente uma felicidade negativa. Ele não impede apenas a vida de perder seu sabor, de se transformar num sonho destituído de realidade. Não impede somente o espírito de ser invadido pelas contrariedades e pelas

147. Ver, para o desenvolvimento desta ideia, e as provas rigorosas que lhe servem de apoio, na *Revue philosophique*, de maio de 1890, nosso artigo "Plaisir et douleur" [Prazer e dor].

148. Montaigne, *Essais* (Ensaios), I, XXV.

menores inquietações, como também é por si mesmo, e devido aos efeitos de sua acumulação, uma fonte viva de felicidade.

Por si mesmo, ele nos eleva bem acima do vulgo. Faz-nos ingressar num pé de igualdade perfeita e de encantadora intimidade na sociedade das mentes mais importantes e mais nobres de todos os tempos. Por meio disso, ele renova constantemente a nosso favor as fontes de interesse. Enquanto o ocioso *tem necessidade* de uma sociedade com frequência mesmo muito inferior para passar o tempo, o trabalhador basta a si mesmo. A impossibilidade de se bastar coloca o ocioso na dependência dos outros, obriga-o a mil servidões que o trabalhador não conhece. Assim, quando se diz "o trabalho é a liberdade", não há nisso nenhuma metáfora. Epicteto divide as coisas em coisas que dependem de nós e coisas que não dependem de nós. Observa que é da busca das coisas que não dependem de nós que provém a maioria de nossos dissabores, de nossos sofrimentos. Ora, enquanto a felicidade do ocioso depende unicamente dos outros, o ser humano habituado ao trabalho encontra seus maiores prazeres em si mesmo.

Ademais, a sucessão dos dias, que para o ocioso só marca o progresso da idade e de uma vida estéril, faz crescer lenta, mas seguramente, o tesouro dos conhecimentos do estudante laborioso, e do mesmo modo que a cada noite pode-se avaliar o crescimento de certas plantas, após cada semana de esforços o jovem pode conscientizar-se da capacidade aumentada de suas faculdades. Esses desenvolvimentos lentos, porém indefinidamente repetidos, o conduzirão a um grau de capacidade intelectual elevadíssimo. E como depois da grandeza moral nada brilha com um brilho tão intenso quanto uma inteligência cultivada, ao passo que o ocioso se estupidifica com a idade, o trabalhador assiste de ano a ano aumentar sua autoridade sobre os que o cercam.

Assim, o que acontece? É que a velhice, afastando pouco a pouco todos os prazeres dos sentidos, apresentando às satisfações puramente egoístas os mais duros desmentidos, multiplica para aqueles que se enriqueceram com uma ampla cultura humana as alegrias da vida. Nenhuma das fontes de felicidade verdadeira pode secar com o desenrolar dos anos. Nem o interesse que se tem pela ciência, pelas belas-letras, pela natureza, pela humanidade diminui. Muito pelo contrário. E nada é mais justo do que as palavras de Quinet:[149] "Quando a velhice chegou, eu a encontrei incomparavelmente menos amarga do que fora afirmado por vós. Os anos que anunciastes a mim como o cúmulo da infelicidade e da angústia foram para mim mais doces do que aqueles da juventude (...). Esperava, para mim, estar num cimo gelado, deserto, estreito, inundado pela bruma; percebi, ao contrário, em torno de mim, um vasto horizonte que jamais fora antes revelado aos meus olhos. Via com maior clareza dentro de mim mesmo e em cada coisa (...)". E ele acrescentava: "Afirmais que os sentimentos perdem sua força ao vivermos. Quanto a mim, sinto muito positivamente que vivesse eu um século e nunca me acostumaria ao que me deixa indignado hoje".[150]

Assim, a vida do trabalhador intelectual é a vida feliz por excelência. Não nos priva de nenhum prazer genuíno. Ela exclusivamente nos oferece plenamente o sentimento da realidade de nossa existência; expulsa essa impressão inevitável e dolorosa para o ocioso, de que a vida é um sonho sem consistência. Arranca-nos da miserável servidão à ideia que faz do desocupado um chocalho infantil que as circunstâncias exteriores agitam. Não permite que a mente rumine preocupações medíocres ou pensamentos vis. A esses benefícios indiretos a vida laboriosa soma outros: tempera a vontade que é fonte de toda felicidade duradoura, converte-nos em habitantes da cidade de luz povoada pela elite da humanidade e, enfim, prepara para nós uma velhice feliz, cercada de deferência e respeito. Por meio de um desvio, concede prodigamente, além dos gozos superiores do espírito e da alma, inclusive as mais doces satisfações do orgulho, e que se resumem na autoridade que adquirimos e no sentimento de sua superioridade. O resultado é essas satisfações que são buscadas pelos medíocres e que frequentemente não encontram, e quão eventualmente imperfeitas e impuras na exibição ostensiva de seu luxo, na sua fortuna, nos cargos, no poder político, serem encontradas pelo trabalhador sem que ele as busque, e como

149. Edgar Quinet (1803-1875), político e historiador francês. (N.T.)

150. *L'esprit nouveau*, livro VII, cap. II.

um adicional dado acima do mercado, a título de generosidade, em meio à rica colheita das alegrias superiores das quais o cumulam as leis justas que se acham no fundo das coisas.

Parágrafo II

É claro que as ponderações precedentes, tanto as meditações "destrutivas" quanto as meditações destinadas a fortalecer o desejo do bem, não podem passar de esboços. Esboços, ademais, bastante incompletos e que cada um deverá enriquecer de acordo com suas experiências pessoais, de acordo com suas reflexões e suas leituras.[151] O ponto essencial nessas espécies de meditações é jamais passar superficialmente nem por uma ideia nem por um sentimento apto a reforçar o tédio da vida ociosa, ou apto a impulsionar a boa vontade. É preciso, como o dizíamos anteriormente, que cada consideração "destile" lentamente na alma, penetre-a até o âmago e produza vivos movimentos de repulsão ou de afeição.

Até aqui, estudamos, sobretudo, nossos recursos íntimos. Resta lançar um olhar no mundo exterior, no *ambiente*, no sentido mais geral, e examinar de perto os auxílios que nele pode encontrar o jovem desejoso de completar a educação de sua vontade.

Livro V — Os recursos do ambiente

Capítulo I – A opinião, os professores, etc.

Parágrafo I

Tivemos até aqui de examinar a questão da *educação da vontade* como se dispuséssemos apenas de recursos puramente pessoais,

151. Este autor considera seu *A educação da vontade* como o mais útil dos livros que escreveu e escreverá e, em síntese, sua obra capital. Assim, conta com conservá-la ainda por longos anos nela trabalhando a fim de completá-la, conferir-lhe acabamento e, por assim dizer, "tosquiá-la novamente"... Isso significa que ele aceitará com reconhecimento todas as comunicações que se queira lhe fazer acerca desse assunto que é de seu interesse.

como se estivéssemos isolados, impossibilitados de esperar um apoio qualquer da sociedade.

Mas fica bem claro que, abandonados dessa maneira à nossa própria energia, não tardaríamos a depor nossas armas e nos acomodar, desencorajados diante da extensão da conquista de nós mesmos. Isso porque, se o impulso para o aperfeiçoamento de nossa vontade deve necessariamente originar-se de nossa natureza moral íntima, esse impulso precisa ser sustentado por sentimentos sociais muito fortes.

Na realidade, não estamos nunca isolados e reduzidos aos nossos próprios recursos: nossa família, aqueles que nos cercam de perto, as pessoas de nosso povoado ou de nossa pequena cidade sustentam nossos esforços por meio de seus aplausos, por meio de um aumento de afeição e de simpatia, sem prejuízo, quando se trata de êxitos brilhantes, dos aplausos de um público maior.

Nada de importante no mundo é realizado sem esforços prolongados, e nenhum esforço pode se sustentar durante meses e anos sem essa galvanização da energia por parte da opinião pública. Essas mesmas pessoas que rejeitam abertamente as opiniões recebidas descobrem na calorosa simpatia de uma minoria entusiasta a coragem de enfrentar destemidamente a maioria. Resistir sozinho, porém, a uma unanimidade, e durante longos anos, constitui uma obra sobre-humana da qual não conheço nenhum exemplo.

Bain falando com Mill acerca da energia declarava que suas duas fontes essenciais são ou um vigor naturalmente superabundante ou então um estimulante que excite vivamente. Mill respondeu: "*There, stimulation is what people never sufficiently allow for*".[152] Com efeito, a opinião pública é um estimulante da energia, e, quando nada nem ninguém a contradiz, seu poder pode tornar-se prodigioso. Impossível exagerar seus efeitos. Em Atenas, a unanimidade quanto à admiração pela força física e pelo gênio literário fez surgir, apesar das modestas dimensões do território, a maior safra de atletas, de poetas e de

152. *John Stuart Mill, a Criticism*, por A. Bain Londres, Longmans, 1882, p. 149. [Nesse ponto, estímulo é o que as pessoas jamais levam suficientemente em consideração. (N.T.)]

filósofos que jamais a região havia colhido. Na Lacedemônia, o desejo do louvor público produziu uma raça de uma energia extraordinária. Conhece-se a história, afinal provável, da criança espartana que foi surpreendida roubando uma raposa, e que, a tendo escondido sob sua túnica, se deixou cruelmente morder a ponto de ter o ventre dilacerado sem trair seu segredo. Que não se venha dizer que se trata nesse caso de povos excepcionais, uma vez que se assiste nos últimos escalões da espécie humana os peles-vermelhas suportarem, para o insulto de seus inimigos, os suplícios mais cruéis e muitos celerados descobrirem, devido ao medo de parecerem covardes, uma coragem estoica para se dirigirem ao cadafalso. E nas nossas sociedades modernas o desejo não de conquistar a independência e a segurança, mas, sim, de obter o luxo, manter as aparências, e o desejo de enlamear a reputação dos outros, de exibir uma vaidade tola, levam todo um povo de comerciantes, de banqueiros e de industriais a exercer as ocupações mais desagradáveis e repulsivas. Quase todas as pessoas julgam as coisas unicamente pelo valor que a opinião lhes confere. E não só a opinião enche de ar as velas que movem nosso barco como também é ela que comanda o leme, nos retirando inclusive a escolha de nossa rota e nos reduzindo a um papel puramente passivo.

Esse poder da opinião sobre nós é tão forte que não conseguimos suportar sinais de desdém, mesmo de desconhecidos, mesmo de pessoas que temos todos os motivos para desprezar. Quando a presença de um estranho leva os jovens a realizar prodígios, todos os professores de ginástica sabem isso. Na escola de natação, na pista de patinação, sentir-se observado duplica a ousadia. Se, além disso, se deseja medir esse pleno poder dos outros sobre nós, que se avalie o sofrimento que experimentaríamos ao irmos vestidos de mendigos até mesmo numa cidade onde nunca fomos e, sobretudo, atravessar nossa própria rua num traje ridículo. Que se avalie o sofrimento que sente uma mulher quando traja um vestido que não está na moda e se verá o peso que tem sobre nós as opiniões alheias. Lembro-me claramente da dor aguda que experimentei há vinte anos, sendo naquela ocasião ainda bastante jovem, ao sair vestido com uma túnica que tinha no cotovelo uma peça minúscula que, sem dúvida, fui o único a observar!

Ora, esse despotismo amedrontador que a sociedade exerce sobre nossas ações mais insignificantes, não se pensa em organizá-lo deliberadamente a favor do bem. Deixamos que essa força se perca sem a utilizarmos.

No colégio, a criança sofre no mais alto grau a pressão da opinião de seus colegas, de seus professores, de seus pais, porque há a convergência dessas forças diversas. Todavia, essas forças só são exercidas em vista do trabalho intelectual e mesmo nesse aspecto os colegas julgam muito mal. Têm um certo desprezo pelo colega muito estudioso, mas de inteligência medíocre. Os êxitos fáceis, por assim dizer elegantes, e que se manifestam tão só graças à fertilidade do solo, os seduzem. Encontramos nas crianças o erro capital de nossos sistemas de educação, que sacrificam o cultivo da vontade a favor da cultura intelectual. Mas, *grosso modo*, a tripla opinião dos pais, dos professores e dos alunos se mescla um tanto confusamente numa grande corrente de direção única. Assim, obtém-se no liceu maravilhas de jovens que, entregues a si mesmos, não farão mais nada.

Ademais, essa opinião se traduz nitidamente toda semana por marcas tangíveis, pelas posições conquistadas em composição, pelas notas lidas em classe, pelas censuras ou os elogios do professor diante de todos os condiscípulos. Apela-se, inclusive, excessivamente para sentimentos egoístas, para a emulação, para o desejo de elogio, e não suficientemente para o sentimento pessoal do dever. Não se chama suficientemente a atenção para o intenso prazer proporcionado pelo sentimento do vigor intelectual aumentado, para a alegria do autoaprimoramento, para as múltiplas satisfações proporcionadas pelo trabalho, por ele mesmo de imediato e por suas consequências. Cerca-se o aluno, por assim dizer, de cortiças, em lugar de ensiná-lo a nadar sem dispositivos auxiliares. Isso é a tal ponto prejudicial que, a partir do momento que ele chega à faculdade, se acha completamente isolado. O professor está numa posição elevada demais, e os pais estão muito longe. Tudo que resta para a ação do estudante é a ideia do futuro, ideia bem imprecisa e que, ademais, o exemplo dos mais velhos que chegaram sem grandes esforços acaba por reduzir à impotência. A aproximação do exame causa esforços momentâneos, sempre desordenados e que contêm mais nutrição artificial do que uma nutrição sadia.

O estudante poderia ser sustentado exteriormente pela opinião de seus colegas. Infelizmente, essa opinião, como vimos, em geral glorifica ou envolve glorificar tudo menos o trabalho. Se um jovem necessita, para boas realizações, desse estímulo que é o louvor dos outros jovens, deverá esperá-lo apenas de um pequeno grupo, de uma elite meticulosamente escolhida na multidão. O estudante que decide fazer de sua vida algo diferente de uma análise efetiva das canções de Béranger[153] ou das poesias de Alfred de Musset[154] pode facilmente, se quiser, encontrar e mesmo criar um ambiente propício aos seus projetos. São numerosos os jovens que saem do liceu com aspirações elevadas. Mas, como o observa Mill:[155] "A disposição para sentimentos nobres é em, muitas naturezas, uma planta delicada, facilmente levada a murchar pelas influências hostis (...). No caso da maioria dos jovens, essa planta morre facilmente se as ocupações deles, a sociedade na qual se acham lançados, não são favoráveis ao exercício de suas nobres faculdades (...). Os homens perdem suas aspirações nobres tal como perdem seus gostos intelectuais, porque não dispõem do tempo ou do gosto para cultivá-los; e se dedicam aos prazeres vis não porque os preferem, mas porque são os únicos facilmente atingidos, e logo são também os únicos que são capazes de procurar".

A melhor solução das dificuldades provenientes da inferioridade moral da massa dos estudantes estaria, para quem tem metas um pouco elevadas, na formação de pequenos grupos de três ou quatro colegas decididos a conjugar seus esforços.

É aqui que o papel dos professores de faculdade poderia ser imenso caso se conscientizassem da grandeza de sua tarefa e de sua autoridade sobre os estudantes. Infelizmente, os erros vigentes no que diz respeito ao papel do ensino superior impedem a maioria deles de se darem

153. Pierre de Béranger (1780-1857), cancionista francês. (N.T.)

154. Alfred de Musset (1810-1857), poeta francês. (N.T.)

155. *Utilitarisme*. Trad. Lemonnier. Cap. II.

conta de seus deveres. Vai-se repetindo[156] que o papel do professor de faculdade difere essencialmente daquele do professor do liceu. Este último é, antes de tudo, um educador. O primeiro é um sábio. O papel do professor do liceu é atuar sobre a alma da criança, modelá-la, caso o possa fazer; ao professor da faculdade cabe a serena indiferença do pesquisador que não tem outra preocupação senão a verdade.

Ora, tais afirmativas são monstruosas, nem mais nem menos. Para começar, elas supõem como objeto de acordo postulados inaceitáveis. Supõem, por sua vez, que o professor de uma universidade é um sábio, um cientista cujos únicos deveres são os relativos à ciência. Essa suposição seria aceitável se o professor vivesse apenas de sua ciência, de suas descobertas, se estivesse isolado em seu laboratório ou em seu gabinete de trabalho.

Mas não é o que acontece. Ainda que seja o professor de uma universidade, ele passa no caixa todo mês. Esse pequeno ato tão rapidamente expedido, e que só se reproduz doze vezes por ano, basta, entretanto, para transformar a situação do sábio, do cientista, naquela de um professor *antes de tudo o mais*, alguém que tem deveres não só com relação à ciência, mas também com relação aos estudantes.

Para se dar conta corretamente desses deveres, é necessário estudar o estado de alma do estudante quando este chega à faculdade. A matéria desse estudo nos é fornecida por um retorno imparcial na direção de nós mesmos, pelas queixas de antigos condiscípulos, consignadas em cartas, pela resposta de estudantes atuais a colegas que consentiram em lhes escrever verdadeiros questionários habilmente dissimulados; enfim, pelas confidências de estudantes, seja direta e amigavelmente provocadas, seja surpreendidas em alguma confissão que escapou, seja dadas ingenuamente mediante algumas palavras características para um observador atento.

Esse estado de alma, ei-lo em seus largos traços: durante as primeiras semanas, o estudante experimenta uma embriaguez semelhante à do prisioneiro que se acaba de libertar. É, por assim dizer,

---

156. E o próprio M. Fouillée aceitou, *en passant*, essas concepções superficiais no seu livro tão admirável no que diz respeito ao ensino secundário clássico.

um estado negativo; é a sensação de ser libertado de todo constrangimento. A quase unanimidade experimenta a necessidade de confirmar para si mesmo essa liberdade por meio da algazarra, pela permanência prolongada noite adentro nas cervejarias e outros lugares. Que orgulho no dia seguinte poder se gabar de ter voltado para casa às duas horas da madrugada...! O grande contingente dos medíocres, dos destituídos de vontade, prosseguirá por todo o tempo nessa vida tola, fatigante e estéril. As naturezas de elite não tardam a se recompor. Depois, a falta de dinheiro logo força os estudantes pobres a mudar de vida, a romper com os colegas preguiçosos; e é sob o peso desse fecundo constrangimento que desperta o gosto por uma vida superior no que se refere a muitos bons intelectos de vontade precária. Tais são as duas únicas categorias de estudantes que merecem o interesse de seus mestres e, graças a Deus, eles formam um efetivo consolador.

Uma vez tenha o hábito da liberdade dissipado a louca embriaguez dos primeiros tempos, e os jovens ponderem sobre seu comportamento, quase todos sentem que estão duramente isolados. Muitos percebem claramente o que lhes falta. Nessa idade, a necessidade de uma vigorosa união na vida moral é tão intensa que eles procuram instintivamente amigos junto aos quais reencontrarão suas próprias aspirações. Seria fácil formar tais grupos, como dizíamos, se todos os jovens corajosos se insurgissem resolutamente contra a tirania da opinião do meio, que os força a parecer serem aquilo que no âmago de si mesmos eles se esforçam para não serem. Quantos, por timidez, por falta de coragem moral, repetem as fórmulas admitidas que sentem que são falsas, simulam uma concepção medíocre da vida que eles não têm, afetam uma grosseria que de início os repugna, e a qual, ai de nós, se habituam.

Mas esses grupos com os iguais não bastam, a menos que um dos colegas tenha um valor moral decididamente predominante, o que é muito dificilmente possível nessa idade. Uma necessidade se desprende de um apoio mais elevado, de uma aprovação pessoal proveniente do alto. É essa necessidade tão humana que a Igreja Católica satisfaz por meio dos diretores de consciência. Aqui, não há nada de semelhante: o abandono é completo. Ora, quando se constata que admiração os estudantes têm pelos mestres que estimam, quando se experimenta a força de sua fé neles, por pouco que esses mestres se mostrem dignos quanto ao seu talento, só se pode ficar profundamente entristecido ao pensar que nada se faz desse sentimento. O professor mal conhece seus alunos, nada sabe dos antecedentes deles, da família deles, dos desejos deles, das aspirações deles, dos sonhos futuros deles. Se ao menos se suspeitasse da importância que pode ter uma frase de encorajamento, um bom conselho, até mesmo uma censura amigável, nessas horas abençoadas dos vinte anos! Se a universidade, com sua cultura moral superior, sua ciência profunda, tomasse emprestado da Igreja Católica tudo o que o conhecimento admirável do coração humano sugeriu a essa prodigiosa instituição, a universidade comandaria, incontestavelmente e sem qualquer rivalidade possível, a alma da juventude. Quando se pensa no que Fichte[157] e os professores alemães, apesar de sua ignorância da psicologia, puderam fazer para a grandeza da Alemanha, unicamente pela convergência perfeita de suas concepções e pela ação com toda a franqueza e sem intermediários sobre seus estudantes, ficamos desolados ao ver que nada fazemos, quando, porém, movimentos dez vezes mais poderosos seriam possíveis com nossos jovens! Que se veja o que ocorreu na França, e o que pôde realizar um homem enérgico, consciente do fim que estabeleceu para si. Soube, em primeiro lugar, reunir os estudantes.

Em seguida, uma vez criados alguns grupos, bastou-lhe dizer em termos muito claros a qual tarefa internacional a juventude da França devia se propor, e essas fórmulas precisas, pronunciadas por um homem amado pelos jovens, orientaram, como um poderoso ímã, numa direção idêntica inumeráveis forças, até então no estado anárquico, e que se aniquilavam ao entrarem em contradição. Ora, se o que M. Lavisse fez para um ponto determinado e para o conjunto dos estudantes cada professor fizesse na intimidade para a elite de seus alunos, os resultados obtidos ultrapassariam todas as expectativas.

157. Johann Gottlieb Fichte (1762-1814), filósofo alemão. (N.T.)

O corpo docente poderia criar no país essa aristocracia a qual nos referimos antes, aristocracia de caracteres temperados para todas as incumbências superiores.

Parágrafo II

O segundo postulado inaceitável que supõe a concepção habitual que se faz do ensino superior é a identidade da erudição e da ciência. Os estudantes se queixam da massa colossal e indigesta de materiais que têm de assimilar e se queixam também de sua falta de experiência relativamente a um bom método de trabalho. Há conexão entre essas duas queixas. Se o estudante não dispõe de um bom método de trabalho, isso tem a ver e resulta do absurdo da organização dos estudos. Parece que se aceita como um axioma que um estudante, uma vez egresso da faculdade, nunca mais trabalhará. Disso decorre que, enquanto está sob nossa responsabilidade, nos esforçamos para despejar nele como "num funil" todas as noções que é possível fazê-lo aprender. Exige-se de sua memória um empenho sobre-humano. Consequentemente, os resultados desse método são estimulantes! Fazemos a maioria dos jovens definitivamente desgostar do trabalho. Essa bela maneira de fazer as coisas supõe, ademais, o que é falso, que tudo que se aprende se conserva na memória! Como se não fosse apenas aquilo que se repete frequentemente o que se fixa e como se a repetição frequente pudesse se estender a toda uma enciclopédia repugnante!

Que se acrescente que é bastante inútil discutir passo a passo os inconvenientes do ensino superior tal como o constituem as necessidades de exames mal concebidos. É suficiente descobrir a base que sustenta todo o sistema. Essa base é a ideia errônea que se tem quanto à natureza da ciência, quanto ao valor de uma mente científica, quanto às qualidades essenciais do "pesquisador", quanto ao modo de transmissão da ciência aos discípulos. A Alemanha nos causou muito mal nos comunicando suas falsas concepções sobre todos esses pontos: não, a erudição não é a ciência! Pouco falta para que seja sua negação. A palavra "ciência" nos sugere logo a ideia de saber acumulado, enquanto deveria nos sugerir a ideia de uma mente ousada, vigorosa, repleta de iniciativa, porém extremamente prudente na verificação. A maioria dos cientistas de primeira ordem, dos grandes descobridores, é muito mais ignorante do que seus alunos. Sequer conseguem ser verdadeiros cientistas se não tiverem a mente muito livre, e a condição de toda descoberta é, sobretudo, uma atividade intelectual infatigável numa direção determinada. Já citamos (I, II) a célebre resposta que Newton deu a quem lhe perguntou sobre o segredo de seu fecundo método. Mostramos Darwin se interditando toda leitura que não se relacionava aos objetos de suas reflexões, e, durante perto de trinta anos, dirigindo sua mente curiosa a todos os fatos suscetíveis de ingressarem como células vivas no organismo que é seu sistema. Força de reflexão infinitamente paciente e penetrante, espírito crítico sempre atento, eis o que produz um grande cientista. E essa paciência, essa orientação toda orientada para um idêntico fim, para sustentá-la, é preciso a paixão da verdade, um entusiasmo duradouro.

A erudição, pelo contrário, tende a pesar sobre a mente. O amontoado de fatos menores atravanca a memória: uma mente superior deixa em suas notas o máximo de coisas possíveis, a distinção de ser um dicionário ambulante não o tenta: ele procura extrair as ideias dominantes de suas pesquisas; ele as submete a uma crítica estrita, e se elas resistem a longas provas, ele as adota, permite que ganhem força lentamente; ele as *ama*, e, assim vivificadas, vão deixar de ser no pensamento ideias mortas, passivas, para se tornarem potências ativas, vigorosas. A partir desse momento, a ideia, inicialmente sugerida pelo estudo dos fatos, vai, por sua vez, *organizar* os fatos. Como um ímã atrai a limalha e a dispõe em figuras regulares, a ideia instala ordem na desordem, faz de uma papelada confusa uma obra de arte, de materiais amontoados, um edifício. Fatos destituídos de importância aparente vão sobressair à plena luz, fatos que atravancam vão ser rejeitados com desprezo. Um homem que experimenta a felicidade de ter assim, devidamente verificadas, algumas ideias capazes de se converterem em agentes de poderosas organizações de fatos é um grande homem.

Portanto, o valor do cientista não é proporcional à acumulação de fatos que se amontoam. Esse valor é proporcional à energia do espírito de pesquisa e de aventura, se posso assim me expressar, constantemente controlado por uma crítica rigorosa. O *número* dos fatos não é nada, enquanto sua *qualidade* é tudo. É isso que se esquece demasiado no ensino superior. Nele, não se desenvolve de modo algum o vigor do juízo, a audácia ao mesmo tempo que a prudência: sobrecarrega-se o jovem com noções de valor muito desigual. Tudo que se cultiva é sua memória, de modo a esquecer o essencial, que é, não temamos repeti-lo *ad nauseam*, o espírito de iniciativa aliado à dúvida metódica.

Que se note que o exame é singularmente facilitado no estado de coisas atual tanto para o aluno quanto para o mestre. Para o primeiro, uma "dose cavalar de conhecimento" consciencioso basta para iludir-se. Quanto ao examinador, é para ele bem mais fácil constatar se o aluno sabe isso, depois ainda isso e ainda aquilo, do que emitir uma opinião a respeito do valor intelectual do aluno. O exame se converte numa loteria. Que sejam apuradas essas afirmativas em relação ao programa monstruoso do primeiro ano de medicina, em relação àquele para obter o diploma em ciências naturais, em relação àquele para obter o diploma em história, sem falar daquele da maioria das agregações,[158] e se verá a descoberto essa fatal tendência de transformar o ensino superior em cultivo da memória.[159]

Ora, é necessário que os professores saibam disso: o que há de melhor no ensino deles não são seus cursos. Necessariamente

158. No original, "*agrégations*"; na França, concursos para admissão de professores de liceu, e, no caso de certas faculdades, para admissão de professores universitários. (N.T.)

159. Desafio um homem de bom senso a ler sem indignação a lista das questões formuladas aos candidatos à Politécnica e a Saint-Cyr. Queria desencorajar todos os intelectos de valor quanto a terem acesso a essas escolas, que não se calcule em relação a isso outra coisa. A própria escola militar substitui o trabalho que envolve reflexão por esforços de memória exagerados. Cf. *Nouvelle revue: la mission sociale de l'officier*, 1 e 15 de julho de 1893.

fragmentários em si mesmos, desvinculados dos outros cursos, não servem para grande coisa, e os mais belos cursos do mundo, desde a saída do liceu (e já, inclusive, antes), não valem algumas horas de um esforço pessoal sincero do estudante. O que constitui o elevado valor do ensino superior são os trabalhos práticos. É o contato do aluno com o mestre. A princípio, pelo próprio fato de ali estar, o mestre prova a possibilidade do trabalho. Ele é o exemplo vivo, concreto, tangível e respeitado do que se pode fazer trabalhando. Por outro lado, suas conversas, seus estímulos, suas confissões, suas semiconfidências sobre o método; e, mais do que tudo isso, o exemplo dado no laboratório; e mais do que tudo isso ainda, a iniciativa do aluno estimulado; os trabalhos pessoais suscitados, as exposições diante dos colegas, os relatórios claros e simples de livros lidos, tudo isso executado sob o controle benevolente do mestre eis aí o que constitui o ensino fecundo. Quanto mais brilhante é um professor, mais agrada a si mesmo ao se ouvir falar; quanto mais intervém, menos eu lhe confiaria os jovens: é necessário que ele os faça "*andar depressa na sua frente*", como diz Montaigne.[160] Não se aprende mais da arte do trabalho e não se realizam mais verdadeiros progressos quanto ao espírito científico escutando um mestre, do que se realizam progressos na ginástica assistindo a uma representação num circo.

Como se pode ver, as duas necessidades essenciais do estudante, a de uma orientação moral e a de uma orientação quanto ao método de trabalho, constituem um remédio comum: o contato íntimo do professor com o aluno. O próprio professor aí encontrará sua recompensa, porque, suscitando em seus discípulos o entusiasmo científico, ele executará uma nova têmpera no seu próprio. Por outro lado, ele se convencerá facilmente de que todos os grandes movimentos do pensamento realizados no mundo foram realizados não pela transmissão dos conhecimentos, mas pela transmissão de um amor ardente pelo verdadeiro ou por alguma grande causa, e pela transmissão de bons métodos de trabalho, ou seja, em síntese, que a ascendência só é efetivada no contato do ser humano com o ser humano e da alma

160. *Essais*, XXV.

com a alma. Foi assim que Sócrates transmitiu a Platão um método e seu entusiasmo pelo verdadeiro. É assim ainda que se explica que na Alemanha todos os grandes gênios científicos saíram de pequenos centros universitários,[161] nos quais o professor e o aluno estavam nesse contato de alma com alma do qual acabamos de falar.

Capítulo II — Influência dos "grandes mortos"

Se a vida intelectual e a energia da vontade se temperam com tal intensidade nesse contato vivificante do aluno com o mestre, o estudante pode encontrar em sua solidão um sucedâneo enfraquecido dessa ação pessoal. Há, com efeito, mortos que são simultaneamente mais vivos e mais capazes de transmitir a vida do que os vivos. Na falta do convívio de modelos que agem e falam, nada tem mais valor, para manter o entusiasmo moral, do que a contemplação de vidas puras, simples, heroicas. Esse "*exército de grandes testemunhas*" nos ajuda a combater o bom combate. Na calma e na solidão, essa prática "das grandes almas dos melhores séculos" fortalece maravilhosamente a vontade. "Eu me recordo", diz Michelet, "que na infelicidade consumada, nas privações do presente, no temor do futuro, o inimigo estando a dois passos (1814), e meus inimigos de mim zombando todos os dias, um dia, numa manhã de quinta-feira, experimentei uma completa prostração: sem aquecimento (a neve cobria tudo), sem ter certeza se haveria pão à noite, tudo parecendo findar para mim — provei intimamente um puro sentimento estoico —, golpeei com minha mão que estalava de frio minha mesa de carvalho, e senti um júbilo viril, misto de juventude e expectativa de futuro (...). Quem me transmitiu esse impulso de vigor e coragem? Aqueles com os quais eu convivia a cada dia, isto é, meus autores favoritos. A cada dia estava mais atraído para essa importante sociedade."[162] Stuart Mill[163] diz que seu pai gostava de pôr em suas mãos livros que forneciam o exemplo de homens dotados de energia e repletos de recursos na luta

161. Cf. Haeckel, *Les preuves du transformisme*, p. 35.
162. *Ma jeunesse*, p. 99.
163. *Mémoires*, p. 8.

contra duras dificuldades que conseguiram vencer: livros de viagens, Robinson Crusoé, etc. — e, adiante,[164] ele narra o efeito vivificante nele produzido pelo retrato que Platão traça de Sócrates, ou a vida de Condorcet[165] da autoria de Turgot. Com efeito, tais leituras conseguem deixar impressões profundas e duradouras. Admirável proeza dos heróis do pensamento, uma vez que vemos Sócrates, depois de mais de dois mil anos decorridos, conservar toda sua autoridade e seu maravilhoso poder de acender o mais puro entusiasmo nas almas juvenis.

É lamentável não dispormos, como a Igreja católica, das vidas dos santos laicos para o manuseio dos jovens. A vida de um filósofo como Espinoza não produz uma impressão extraordinária de admiração naqueles que dele leem a impressionante narrativa? É de se lastimar que uma coletânea única não reúna tantas biografias exemplares disseminadas um pouco em toda parte. Um tal livro seria o Plutarco no qual os trabalhadores do intelecto iriam retemperar sua energia; a ideia do calendário de Auguste Comte[166] que impunha diariamente a meditação sobre a vida de um benfeitor da humanidade era excelente. Ademais, a educação clássica bem compreendida não tem precisamente por fim acender nas almas dos alunos um entusiasmo tranquilo e duradouro por tudo que é grandioso, nobre e generoso? E não alcançou ela sua meta se uma elite assim penetrada por um ideal elevado não consegue mais posteriormente derrogar nem recair no nível médio? Essa elite destinada a formar o batalhão sagrado com base no qual o mundo civilizado fixa os olhos deve sua superioridade ao longo convívio com os mais puros gênios humanos da Antiguidade.

Infelizmente, se podemos retemperar nesse convívio nossos sentimentos generosos, esses mortos não nos fornecem os conselhos precisos dos quais temos necessidade e, nós o repetimos ainda mais uma vez, nada consegue substituir de maneira absoluta a direção de consciência de um mestre experiente e amável.

---

164. Ibidem, p. 108.
165. Antoine de Condorcet (1743-1794), filósofo francês. (N.T.)
166. Auguste Comte (1798-1857), filósofo francês. (N.T.)

Conclusão

Os capítulos precedentes fazem-nos pensar esperançosamente quanto seria fácil a tarefa do autodomínio se tudo na educação nacional convergisse para essa grande conquista...! Porque, enfim, se a luta contra a preguiça e a sensualidade não é fácil, ao menos é possível, e o conhecimento de nossos recursos psicológicos deve nos proporcionar confiança. A conclusão que é produto da obra inteira é que podemos reformar nosso caráter, é que podemos realizar nós mesmos a educação de nossa própria vontade, é que com o tempo e o conhecimento das leis de nossa natureza estamos seguros de chegar a um elevado domínio de nós mesmos. O que é possível obter das naturezas humanas superiores a religião católica nos permite prever que seria possível obter da elite dos jovens. E que não nos venham dizer que as religiões reveladas dispõem de meios que não temos nem podemos ter. Caso se examine do que é feito o poder formidável das igrejas sobre os fiéis, descobre-se que os meios de ação delas podem ser divididos em duas grandes categorias: os meios puramente humanos e os meios de ordem puramente religiosa.

Os meios humanos são redutíveis a três: o poder da autoridade, a saber, autoridade dos homens de gênio mortos, autoridade dos bispos, dos sacerdotes, dos teólogos, etc. e, outrora, inclusive a autoridade civil pondo a serviço da fé a prisão, a tortura, a fogueira. A esse poder hoje bem reduzido somava-se todo o peso da opinião pública: o ódio, o desprezo, os maus procedimentos dos crentes contra os descrentes. Enfim, desde a infância, a educação religiosa molda a criança, e mediante repetições sob todas as formas, o ensinamento oral, as leituras, as cerimônias públicas, os sermões, etc., introduz tenazmente no mais profundo de sua alma os sentimentos religiosos.

Ora, esses três poderes não poderíamos nós possuir a um grau mais elevado do que as igrejas? Será que no que respeita a esse grande objetivo do autoaprimoramento não existe um acordo unânime entre os pensadores de toda ordem? Há, como no que toca aos dogmas religiosos, dissidências possíveis? Não temos nós também a educação infantil? E se nossos métodos se tornassem coerentes, se todos nós tomássemos consciência da meta a ser perseguida, nosso poder não se tornaria enorme? E não poderíamos moldar conforme nossa vontade a alma da criança? Quanto à opinião pública, cabe à educação transformá-la, já não se dirige a admiração com frequência ao que é grandioso e generoso? Os sentimentos elevados constituem causa de união entre os homens e tendem a se fortalecer mais rapidamente do que os outros, a saber, que constituem causa de divisões. Eis porque com frequência uma multidão composta, na maior parte, de patifes aplaude todo discurso honesto. Ademais, a opinião pública é imitadora e basta uma minoria de pessoas honestas determinadas para orientá-la no caminho correto. O que se pôde fazer em Atenas em prol da beleza e do talento, em Esparta, a favor da abnegação, quem ousará afirmar que as sociedades atuais não poderão fazer jamais em favor de uma obra ainda mais nobre?

Mas, que se acrescente, nenhuma obra de aprimoramento moral profundo é possível se não tiver como fundamento os meios de ordem religiosa. Nisso ainda acreditamos, mas acreditamos também que a única verdade religiosa necessária, e suficiente, é admitir que o universo e a vida humana não dispensam um objetivo moral, e que nenhum esforço em prol do bem é perdido. Vimos anteriormente[167] que essa tese tem a seu favor sérias hipóteses e que, em última análise, é preciso escolher necessariamente entre ela e a tese contrária e que, seja qual for a escolha que se faça, não se pode justificá-la experimentalmente. Escolha por escolha, importa preferir as hipóteses mais expressivas, quanto mais que a hipótese moralista, além de ser mais provável, de ser ela, inclusive, a única a ter um sentido para nós, é ao mesmo tempo consoladora e socialmente indispensável. Esse mínimo de verdade religiosa pode se tornar para os espíritos pensantes uma fonte copiosa de sentimentos religiosos poderosos. Essa crença, além de em nada lesar as religiões reveladas, pode contê-las como o gênero contém em potência as espécies. Ademais, esse mínimo de crença religiosa só podendo bastar aos espíritos cultos, o pensador considerará como aliadas para o mesmo fim as religiões cristãs, na

167. Ver antes, no livro III, capítulo I, parágrafo IV.

medida, ao menos, em que elas se encerrem num respeito escrupuloso às opiniões dissidentes. Dizemos isso positivamente: aliadas porque as religiões cristãs assumiram como tarefa essencial a luta contra a natureza animal no ser humano, ou seja, afinal a educação da vontade em vista do domínio em nós da razão sobre as potências brutais da sensibilidade egoísta.

Impõe-se, portanto, com uma força irresistível, a convicção de que todo homem pode, apoiado pelo tempo e por todos nossos recursos psicológicos, alcançar o autodomínio. Sendo essa obra suprema possível, deve, por conta de sua importância, assumir a posição preponderante em nossas preocupações. Nossa felicidade depende da educação da vontade, pois a felicidade consiste em constranger as ideias e os sentimentos agradáveis a proporcionarem tudo que podem proporcionar de alegria, e em interditar aos pensamentos e às emoções dolorosos o acesso à consciência ou, ao menos, em impedi-los de invadi-la. A felicidade, portanto, supõe que se seja num grau elevadíssimo senhor da atenção, que não é senão a vontade no seu grau mais eminente.

Não é apenas nossa felicidade que depende do grau do poder adquirido sobre si mesmo, mas também a elevada cultura intelectual. O gênio é, antes de tudo, uma longa paciência: as obras científicas e literárias que maximamente enaltecem o espírito humano não são de modo algum devidas à superioridade da inteligência, como se crê geralmente, mas, sim, à superioridade de uma vontade admiravelmente senhora de si mesma. É com base nesse ponto de vista que será necessário renovar completamente nosso ensino secundário e superior. Faz-se urgente destruir o culto absurdo e exclusivo da memória que debilita as forças vivas da nação. Será necessário empregarmos o machado nas matas inextricáveis dos programas de toda ordem, que executemos grandes cortes em todos os sentidos, e que lhes concedamos o dia presente e claro e o ar, e que saibamos até mesmo sacrificar plantas belíssimas, mas que são demasiado compactas e nocivas a si mesmas. Substituamos em toda parte o "empanturramento" da memória pelos exercícios ativos,[168] os trabalhos que transmitem têmpera à opinião, a iniciativa intelectual, as deduções vigorosas. É cultivando a vontade que se produzirão homens de gênio, visto que todas as qualidades de primeira ordem atribuídas à inteligência são, na realidade, qualidades que envolvem energia e constância da vontade.

Em nosso século, dirigimos todos os nossos esforços para a conquista do mundo exterior. Com isso, tudo que fizemos foi duplicar nossas cobiças, exasperar nossos desejos e, em suma, estamos mais inquietos, mais perturbados, mais infelizes do que antes. O problema é que essas conquistas exteriores desviaram nossa atenção dos aprimoramentos interiores. Deixamos de lado a obra essencial, ou seja, a educação de nossa vontade. Deixamos assim, por uma aberração inconcebível, a critério do acaso o cuidado de temperar o instrumento por excelência de nossa capacidade intelectual e de nossa felicidade.

As questões sociais vão, ademais, nos impor uma necessidade urgente de modificar radicalmente nosso sistema educacional. Essas questões só são insolúveis e de um perigo tão angustiante porque deixamos de fazer preceder, tanto na escola primária quanto no colégio, a educação moral de seu fundamento, que é a educação da vontade. Fornecem-se excelentes regras de conduta a pessoas que não exercitamos na boa conduta, a pessoas egoístas, irascíveis, preguiçosas, sensuais, com frequência, é verdade, desejosas de se corrigirem, mas que, graças a essa teoria desastrosa do livre-arbítrio, a qual desestimula as boas vontades, nunca aprenderam que a liberdade, o autodomínio, devem ser conquistados pouco a pouco. Ninguém lhes ensinou que, com a condição de empregar os meios necessários, a conquista de si mesmo é possível até mesmo nos casos mais destituídos de esperança. Ninguém lhes ensinou a tática que assegura a vitória. Ninguém lhes

168. Esta substituição é, por vezes, bem fácil; assim M. Couat, reitor de Bordeaux, presidente do júri de agregação de gramática, propõe, no seu relatório de 1892 (*Revue universitaire*, de 15 de dezembro de 1892), a supressão da designação dos autores. Em lugar de preparar inteiramente tais e tais textos impostos, deveria ser obtido o domínio do latim e do grego. As provas orais serão mais medíocres, mas quem não percebe que essa transformação irá substituir um trabalho mnemônico por um trabalho inteligente?

inspirou o desejo ardente de partir para a guerra para o bom combate. Não sabem nem quanto esse autodomínio encerra nobreza por si mesmo nem quanto ele é rico em consequências a favor da felicidade e a elevada cultura intelectual. Se cada um fizesse o esforço de pensar na necessidade dessa obra e na generosidade extremamente copiosa com a qual os menores esforços a seu favor são recompensados, ela seria colocada não só no primeiro escalão das preocupações pessoais e públicas, mas absolutamente naquele superior, como a obra capital, a mais urgente de todas.

Este livro foi impresso pela Rettec
em fonte Minion Pro sobre papel Ivory Bulk 65 g/m²
para a Edipro no inverno de 2025.